STUDIA
HUMANITATIS
문명텍스트

STUDIA HUMANITATIS
문명텍스트
31

헤겔과 시민사회

『법철학』「시민사회」장 해설

G. W. F. 헤겔 지음 | 박배형 주해

서울대학교출판문화원

STUDIA HUMANITATIS
문명텍스트
31

헤겔과 시민사회

『법철학』「시민사회」장 해설

초판 1쇄 발행 2017년 3월 25일
초판 2쇄 발행 2020년 3월 30일

지은이 G. W. F. 헤겔
주해자 박배형
펴낸이 오세정
펴낸곳 서울대학교출판문화원

출판등록 제15-3호

주소 08826 서울 관악구 관악로 1
대표전화 02-880-5252 | **팩스** 02-889-0785
도서주문 02-889-4424, 02-880-7995
이메일 snubook@snu.ac.kr
홈페이지 www.snupress.com

ISBN 978-89-521-1860-8 94160
978-89-521-1574-4 (세트)

이 저서는 2007년 정부(교육과학기술부)의 재원으로
한국연구재단의 지원을 받아 수행된 연구임(NRF-2007-361-AL0016).

✽ 머리말

이 책은 헤겔의 『법철학』 제3부 2장(章)인 「시민사회」를 번역하고 해설한 주해서이다. 헤겔은 시민사회에 관한 자신의 사상을 이 「시민사회」장에서 체계적으로 총괄하여 제시하고 있다. 「시민사회」장에서 제시된 그의 이론을 우리는 흔히 헤겔의 시민사회론이라고 부르는데, 이 책은 이 장을 분석하고 상론함으로써 그의 시민사회론의 전모를 이해하는 데 도움을 주고자 한다.

헤겔의 『법철학』은 플라톤의 『국가』, 아리스토텔레스의 『정치학』, 홉스의 『리바이어던』, 루소의 『사회계약론』과 같은, 서양의 실천철학 내지는 정치철학의 계보를 잇는 걸작으로 알려져 있다. 현대에서는 아마도 롤스의 『정의론』 정도가 비견될 수 있을 것이다.

롤스는 헤겔을 "온건하게 진보적인 개혁성향의 자유주의자(moderately progressive reform-minded liberal)"라고 평가하지만,[1] 그의 정치철학적 입장에 대해서는 당대의 보수·반동적 프로이센 국가를 옹호한 국가주의 내지는 전체주의라는 해석부터, 인권과 사회적 평등 그리

---

1 John Rawls, *Lectures on the History of Moral Philosophy*, Cambridge, MA., Harvard University Press, 2000, p. 330.

고 복지를 중시하는 사회복지국가 이념을 대변한다는 해석까지 다양하다. 이렇게 다양한 해석이 나오게 된 이유는 한편으로는 그의 사상이 갖는 다면성과 복합성에 있겠지만, 다른 한편으로는 그의 서술에서 종종 발견되는 모호함과 미묘함에도 있을 것이다. 게다가 헤겔의 철학 저술을 접해본 사람이라면 누구나 그 악명 높은 난해함 때문에 일단 기가 질리지 않을 수 없다. 그렇기에 헤겔을 비난하고 비판하는 쪽에서건, 아니면 그를 지지하고 추종하는 쪽에서건 그의 텍스트를 붙잡고 씨름해온 역사가 이미 200년이나 되어가지만, 그가 쓴 상당수의 문장들은 여전히 암호처럼 혹은 수수께끼처럼 다가오곤 한다. 그렇다면 우리는 왜 이토록 읽기 어렵고 기나긴 노고의 시간을 요구하는 헤겔 철학을 읽고 이해하고자 노력하는가? 그것은 우리가 그의 철학에서 발견하게 되는 통찰의 깊이와 현실을 종합적으로 포착하는 강력한 사상의 힘 때문일 것이다. 필자도 아마 이러한 깊이와 힘에 이끌려 여전히 그의 텍스트를 끌어안고 생각에 생각을 거듭하고 있는지 모른다. 그렇지만 어떤 철학이라도 우리 시대를 파악하고 우리 시대의 문제를 풀어 나가는 데 있어 도움이 되지 않는다면, 그것의 매력 역시 반감되고 말 것이다. 이러한 실천적 차원에서 보아 헤겔 철학은, 또 그의 실천철학은, 아니 더 구체적으로 그의 시민사회론은 깊이 파고들어 연구해볼 충분한 가치가 있다. 헤겔의 시민사회론은 당대에 이미 "경탄"의 대상이었고[2] 오늘날에도 여전히 현대 시민사회의 분석을 위한 "19세기의 가장 중요한 선조이자 영감의 원천"

---

2 Manfred Riedel, *Zwischen Tradition und Revolution: Studien zu Hegels Rechtsphilosophie*, Stuttgart, Klett-Cotta, 1982, p. 139.

에 해당한다.[3]

아마도 『법철학』이 지니는 철학사적 가치와 사회 현실에 대한 실천적 함의 때문인지, 이 저작은 출간 이후 많은 논란을 일으켰을 뿐 아니라 그간 국내외를 통틀어 이에 대한 적지 않은 연구서가 출현하였다. 그러나 이 저작에 대한 주해서는 드물며, 국내에서는 더더욱 드물다. 『법철학』은 워낙 방대한 규모의 저작이어서 이에 대해 상세한 주가 달린 주해서를 쓰는 일은 몇 년이 걸릴지 모르는 지난한 작업이다. 참고로 말하면 『법철학』은 필자가 번역과 해설의 저본으로 사용한 주어캄프(Suhrkamp)사 판으로 치면 500쪽이 넘는 대작이다. 그리하여 필자는 언젠가 국내에 본격적인 『법철학』 주해서가 나오기를 기대하는 한편, 능력의 부족을 통감하면서도 『법철학』의 일부만이라도 주해하는 일에 나서기로 했다. 이런 과감하다고 할 수 있을 시도의 이유를 대자면 '시민사회'라는 주제가 갖는 학문적이고 실제적인 중요성이 아닐까 싶다. 이 주제와 연관된 제반 학문 분야의 연구 성과들과 콘퍼런스들 그리고 매스컴에서의 언급들이 바로 이 주제가 갖는 중요성과 의의를 방증한다. 그리고 오늘날 '시민사회'는 대중에게 매우 친숙하며, 일상생활에서 빈번히 듣게 되는 개념이기도 하다. 이는 많은 중요한 철학 개념들이 일반 대중에게 생소한 것과는 확연히 다르다. 물론 시민사회 개념의 체계적인 의미 그리고 시민사회의 현실적이고 미래지향적인 전망에 대해 연구하는 일은 필자와 같은 연구자들의 몫이겠지만 말이다.

3 진 L. 코헨, 앤드루 아라토, 『시민사회와 정치이론 1』, 박형신, 이혜경 역, 한길사, 2013, 70쪽.

오늘날 '시민사회'라고 하면 대체로 가정과 정치권력체로서의 국가 사이에 존재하면서 자발적 결사체와 네트워크들로 이루어진 공적 영역을 의미한다. 인터넷 위키피디아(Wikipedia)에서 검색해보면 이와 유사하게 '시민사회'를 "시민들의 이익 및 의지를 대변하는 비정부기구(NGO)와 기관들의 집합체(aggregate of non-governmental organizations and institutions that manifest interests and will of citizens)"로 규정하는 정의가 가장 먼저 제공된다. 물론 이 개념에 대한 정의가 하나만 있는 것은 아니지만, 대개 시민사회를 이런 식으로 이해하면 예컨대 언론에서 나오는 시민사회 관련 기사를 이해하는 데 별 무리가 없을 것이다. 그렇기에 '시민사회'란 말을 들으면 우리는 흔히 비정부기구나 사회운동단체들을 떠올린다.

그런데 '시민사회'란 사실상 매우 장구한 역사를 지니는 개념으로서 오늘날 통용되는 의미를 갖기까지 여러 변용과 중첩 그리고 혁신의 과정을 거쳐왔다. 그리고 그것은 본래 지금보다 훨씬 포괄적인 의미를 지닌 개념이었다. 한편, '시민사회'라는 주제는 주로 정치철학 내지 실천철학, 역사학 및 사회과학에서 많이 다루어지지만, 문명론적 시각에서도 중요한 주제이다. 예를 들어 시민사회를 발전시킨다는 것은 보다 문명화된 사회질서를 만들어간다는 의미를 포함한다. 이런 개념적 포함관계는 '시민사회'가 본래 함축하는 의미로부터 잘 드러난다. 즉 '시민사회'에 상응하는 영어 표현인 'Civil Society'에서 'Civil'은 우리가 '문명'으로 번역하는 'Civilization'의 어근이다. 그러니까 모든 시민사회가 문명적으로 동일한 수준에 있는 것은 아니겠지만, 적어도 모든 시민사회는 문명화된 상태를 지향하며, 우리가 문명적 요소들이라고 여기는 많은 것들을 포함하고 있다. 그리고 헤겔의 『법철학』 「시민사회」장은 특히 근대적 의미에서의 문명화된 사회가 갖는 내적 구조를 상세히 분석하고 있다. 실제로 그가 이 「시민사회」장에서 제시하는 것은, 근대적 시민의 탄생과 자본주의의 발전 그리고 산업혁명이라는 배경 속에서 등장한 근대 시민사회를 대상으로 하는 최초의 종합적이고 체계적인 이론이다.

이 책에서 필자는 두 가지를 목표로 삼았다. 그 하나가 직접적이라면 다른 하나는 간접적인데, 전자는 주해의 형식을 빌려 헤겔이 묘사하고 있는 근대 시민사회의 상(像)을 가능한 한 알기 쉽게 해설하는 것이다. 그리고 후자는 그의 시민사회론이 오늘날에도 여전히 유효함을 밝히는 것이다. 헤겔이 제시하는 시민사회의 상은 사실상 조선 후기에서 일제 강점기를 거치며 서양 근대 문명의 충격과 세례를 받았던 대한민국의 근대화 기획에서, 우리 사회가 의식적으로건 무의식적으로건 추구하고 추종했던 서양 근대 사회의 전형적 양상을 표현하고 있다. 왜냐하면—근대 서양에서 출현한—민주주의적 법질서와 사회제도를 갖춘 자본주의적 산업화라는 틀이 이 근대화 기획의 골자였다고 할 때, 헤겔이 제시하는 시민사회의 상은 이러한 틀의 원형적 모습을 보여주기 때문이다. 그렇기에 헤겔의 시민사회론은 해방 이후 대한민국이 지향해왔던 산업화와 민주화의 원형적 모습을 이해하기 위해서도, 또 이제 서양 근대 문명의 극복이라는 시대적 과제에 직면하고 있는 우리 사회를 이해하기 위해서도 큰 의의를 지니는 것이다. 필자는 이 책의 목표가 달성되어 이러한 의의가 잘 드러나게 되기를 바랄 뿐이다.

이 책은 해제, 번역과 각주, 그리고 부록으로 이루어져 있다. 해제는 시민사회에 대한 개념사적 서술과 헤겔의 시민사회론이 갖는 역사적이고 학문적인 의의 그리고 「시민사회」장 전체에 대한 요약을 담고 있다. 원문 번역은 가능한 한 직역을 원칙으로 하였으나 이해를 돕기 위한 의역도 부가되었다. 헤겔의 『법철학』 「시민사회」장은 182절부터 256절(§§ 182-256)에 해당하는 부분인데, 일련번호가 붙은 이 절들은 모든 경우에 그런 것은 아니지만 대개 주 텍스트로서의 본문과 일종의 주석(註釋)으로 구성되어 있다. 헤겔은 자신의 서술이 지녀야 할 논리적 명료성과 간결함을 위해 본문을 압축적이면서도 다소 추상적으로 서술하고 있다. 이와는 달리 주석은 본문에 대한 그 자신의 내용적 보충과 종종 예를 곁들인 설명으로 이루어져 있다. 이 책에서는 본문과 주석을 구별하기 위해 주석을 원서의 조판형식에 맞추어 들여쓰기로 처리하고 '〈주석〉'으로 표시했다. 이 책의 각주는 난해한 개념과 구절들에 대한 설명을 주로 담았지만, 이것들이 위치한 맥락이 드러날 수 있게 하여 독자들의 이해에 도움을 주고자 했다.

이 책의 부록은 두 부분으로 이루어지는데, 「부록 1」은 『법철학』 「시민사회」장에 추가된 텍스트이다. 원문에 "Zusatz"로 표시되어 각 절에 부가된 이 추가 텍스트는 본래 헤겔이 1821년 『법철학』을 출판했을 때에는 포함되지 않았고 나중에 '추가'되었다. 즉 이것은 헤겔 사후 최초의 헤겔 전집이 출판될 때 『법철학』 출판을 담당한 그의 제자 간스(Eduard Gans)가 편집하여 추가한 텍스트이다(1833년 베를린에서 출판). 간스는 헤겔 자신의 강의 노트와 헤겔의 강의를 들었던 제자들인 호토(Heinrich Gustav Hotho) 그리고 그리스하임(Karl Gustav von Griesheim)의 필기 노트를 토대로 하여 이 추가 텍스트를 작성하였다. 이 추가 텍스트는 헤겔이 직접 쓴 텍스트의 이해를 돕는다는 장점이 있지만, 작성자인 간스의 주관적인 견해와 오해가 상당수 포함되어 있다는 것이 연구자들의 중론이다. 그리하여 1911년에 헤겔의 『법철학』을 다시 편집해 펠릭스 마이너(Felix Meiner) 출판사에서 출간한(제2판 1921, 제3판 1930) 라손(Georg Lasson)은 이 저작의 맨 뒷부분에 추가 텍스트를 배치하였고, 라손에 뒤이어 『법철학』을 새로 편집하여 1955년 같은 출판사에서 출간한 호프마이스터(Johannes Hoffmeister)는 추가 텍스트를 아예 빼버리기도 했다. 이 책에서는 이 추가 텍스트가 헤겔이 직접 쓴 것이 아니므로 주해 대상에서 제외하였다. 그러나 독자들에게 이 추가 텍스트는 헤겔 자신의 『법철학』 텍스트보다 수월하게 읽히기 때문에 이해도를 높이는 데 유용할 수 있다. 그래서 필자는 이러한 유용성의 측면을 십분 고려하여 추가 텍스트를 이 책에 포함하기로 결정하였고, 이것을 헤겔 자신의 텍스트와 구별하기 위해 책의 부록으로 뒷부분에 수록하였다. 결국 필자는 라손의 선례를 따른 셈이다. 그렇지만 오랫동안 『법철학』의 권위 있는 영어 번역본으로 평가받고 있는 녹스(Thomas M. Knox)의 *Hegel's Philosophy of Right* (Oxford, Clarendon Press, 1952)도 역시 이 방식을 채택하고 있다. 「부록 2」는 헤겔의 시민사회론과 직접적으로 연관되는 주제를 다룬 일종의 보론(補論)으로서 본래 『헤겔연구』 제31호와 제36호에 실렸던 두 논문들인데, 이 주해서의 의도에 맞게 약간의 수정과 보완을 거쳤다. 이 중 「보론 1. 헤겔 철학에서 국가와 시민사회의 목적에 관하여」는 『우리와 헤겔 철학: 윤병태 교수 정년 기념 논집』(용의 숲, 2016)에 다시금 변형된 버전으로 실리기도 했다. 필자는 이 논문들이 헤겔의 시민사회론을 보다 넓은 맥락에서 이해하는 데 도움을 줄 수 있을 것으로 기대한다.

이 책은 서울대학교 인문학연구원 HK문명연구사업단의 인문 고전 번역·주해 사업의 일환으로 기획되었다. 사업단 내의 여러 연구 프로그램에 참여하는 과정에서 이 책을 쓰는 데 많은 도움을 준 여러 동료 선생님들께 감사의 마음을 전한다. 특히 공동연구 세미나와 콜로키움에서 있었던 발표와 토론의 시간은 이 책의 완성도를 높여준 귀중한 시간이었다. 필자가 실감하는 것은, 책을 쓰는 일은 고독한 일이지만 혼자의 힘만으로 책을 쓰는 게 아니라는 점이다. 필자가 도움을 받은 분들은 또 있다. 필자를 헤겔 철학으로 인도해주시고 지금도 철학과 삶에 대한 가르침을 주시는 서울대학교 미학과의 이창환 선생님, 그리고 정기적으로 모여 헤겔 철학과 인문학의 문제들에 대해 논의하고 고민하는 한국헤겔학회의 여러 선생님들이 그분들이다. 필자는 평소에 지녔던 감사의 뜻을 이 자리를 빌려 고백하고 싶다.

이 책을 탈고하려니 독일 유학 시절 필자를 지도해주셨던 은사(恩師) 미하엘 볼프 선생님의 헤겔 법철학 세미나가 떠오른다. 이 세미나에 참석하려고 종종 눈 덮인 들길을 자전거로 달려 학교로 가곤 했었다. 이제는 아련한 추억이 되어버린 그때만 해도 이런 날이 올 것이라고는 미처 생각하지 못했다. 감사하며 조심스런 마음이 앞선다. 끝으로 이 책 초고의 오자·탈자를 바로잡고 독자들에게 보다 친숙한 문장들로 바꾸는 데 도움을 준 서울대학교 철학과 박사과정의 최건 군과 미학과 석사과정의 손민주 양에게 고마운 마음을 전하며, 이 책의 완성도를 높이기 위해 함께 애써준 서울대학교출판문화원 관계자 여러분께도 감사 인사를 드린다.

2017년 3월
봄기운 가득한 관악산을 바라보며
박배형

❁ 차례

일러두기

1. 번역문에서 각주는 주해자의 주이다.
2. 각주의 말미에 '(편집자 주)'로 표시되어 있는 것은 원전의 편집자가 첨가한 주이다.
3. 번역문에서 굵은 글씨체는 원전에는 이탤릭체로 강조된 것이다.
4. 번역문에서 대괄호[ ] 속의 내용은 특별한 설명이 없는 한, 주해자가 첨가한 것이다.
5. 참고문헌 중 1차문헌은 이 책의 저술에서 중요하게 참고한 순서로 정리하였다.

헤겔의 시민사회론에 대하여

■ **해제**

1. 들어가는 말

헤겔(Georg Wilhelm Friedrich Hegel, 1770-1831)의 시민사회론은 그의 사상적 완숙기의 저작인 『법철학(*Grundlinien der Philosophie des Rechts*)』(1820)[1]에서 그 체계적인 전모를 드러내고 있다. 『법철학』은 내용적으로 보면 오늘날 우리가 세분해서 말하는 윤리학과 사회철학, 그리고 정치철학 모두를 포함하는 종합적인 실천철학적 저술이다.[2] 『법철

---

1 G. W. F. Hegel, *Grundlinien der Philosophie des Rechts* (이하 GPR로 축약), Bd. 7 der von E. Moldenhauer und K. M. Michel besorgten Theorie-Werkausgabe(이하 TWA로 축약), Frankfurt a. M., 1969ff. 이 저술의 원어 이름 전체를 고려한 번역어로서 그간 국내에서는 '법철학 강요' 또는 '법철학 요강'이라는 명칭이 사용되기도 했다. 그러나 축약된 '법철학'이라는 명칭이 관례적으로 더 많이 사용되고 있기에, 필자는 간편성이라는 장점을 살려 이 번역어를 택했다.

2 독일어에서 '법(Recht)'은 영어에서 법에 해당하는 'law'와 달리 훨씬 넓은 의미를 갖는다. 즉 'Recht'는 일반적으로 영어에서의 law와 right 모두를 포괄하는 의미를 가지며, 우리말의 법, 권리, 정의 등을 모두 함축한다. 그리하여 헤겔의 『법철학』을 영역한 녹스 역시 이러한 번역의 고충을 토로하면서 그가 이 책의 제목을 "Hegel's Philosophy of Right"로 번역한 이유에 대해 설명하고 있다. *Hegel's Philosophy of Right*, Thomas M. Knox (trans.), Oxford, Clarendon Press, 1952, p. vi. 특히 헤겔은 자신이 『법철학』에서 논하고 있는 "법(Recht)"이 일반적 의미에서의 "시민법"뿐만 아니라 "도덕

학』이 출간 이래로 뜨거운 찬반 양론을 불러일으키면서 오늘날까지도 여전히 강력한 영향력을 행사해온 것과 마찬가지로,[3] 이 안에 담긴 헤겔의 시민사회론 역시 많은 논란을 일으키면서 현대의 실천철학적 지평뿐만 아니라 사회과학적 영역에서까지 그 이론적 실효성을 보여주고 있다.[4]

헤겔의 『법철학』은 세 부분으로 구성되어 있고 제3부 「인륜성(Sittlichkeit)」은 다시금 각각 「가족」, 「시민사회」, 「국가」의 세 장(章)으로 구분되는데, 이 세 가지는 모두 일종의 공동체의 성격을 갖는다. 여기서 "인륜성"이란 윤리적 차원과 정치적 차원을 결합하고 있는 헤겔의 독특한 개념으로서,[5] 고대 그리스의 '에토스(ethos)' 개념에

성"과 "인륜성" 모두를 포함하는 의미를 갖는다고 말하는데, 이는 『법철학』이 바로 「추상법」, 「도덕성」, 「인륜성」의 세 부분으로 구성되어 있는 것에 정확히 상응한다. 그렇기에 헤겔의 『법철학』은 내용적으로 보아 종합적인 실천철학적 저술인 것이다. GPR, § 33, Zus.

3 헤겔 연구가 우드는 철학자로서 헤겔의 위대한 공적과 그의 현재적 의미가 그의 이론철학에 있는 것이 아니라, 사회철학과 정치철학을 포함하는 실천철학에 있다고 주장한다. Allen W. Wood, *Hegel's Ethical Thought*, Cambridge and New York, Cambridge University Press, 1990, pp. 5-6.

4 현대의 권위 있는 사회과학 이론가들이자 시민사회 연구가들이기도 한 코헨과 아라토는 시민사회에 대한 종합적 이론서인 그들의 공동저술에서 헤겔의 중요성에 대해 "실제로 어느 누구도 헤겔이 20세기 시민사회 분석에서 19세기의 가장 중요한 선조이자 영감의 원천으로서의 지위를 지닌다는 것에 심각하게 이의를 제기할 수는 없을 것"이라고 말하면서, 그를 "대표적인" "시민사회" 이론가로 평가한다. 진 L. 코헨, 앤드루 아라토, 『시민사회와 정치이론 1』, 박형신, 이혜경 역, 한길사, 2013, 70, 220쪽.

5 여기서 "인륜성"으로 번역한 "Sittlichkeit"나 흔히 '도덕(성)'으로 번역되곤 하는 'Moralität'는 사실상 모두 '윤리'로 번역할 수 있는 말로서, 우리말의 쓰임에서 '도덕'이나 '윤리'가 별 차이가 없는 것과 마찬가지로 독일어에서도 역시 혼용되는 용어들이다. 그러나 헤겔 철학에서 그리고 『법철학』 내에서도 마찬가지로 "Sittlichkeit"가 내포하는 의미가 특별한 까닭에, 필자는 이를 살리기 위해서 '도덕'이나 '윤리'와

그 연원을 두고 있다.[6] 그리하여 헤겔이 말하는 인륜성이란 한 사회와 국가에서 공유되고 인정되는 규범과 가치, 그리고 이를 실현하는 제도와 관습의 총체를 말한다. 다시 말해서 이 개념은 좁은 의미에서의 도덕규범, 공동체의 관습과 제도들, 공동체가 추구하는 공동선의 관념들, 법, 정치제도의 요소들을 모두 포괄하는 종합적인 성격을 지니고 있다. 이렇듯 인륜성이란 공동체를 전제로 또 공동체를 이루고 살아가는 인간을 전제로 삼으며, 이러한 공동체를 통해서만 실현될 수 있는 것이다. 그렇기에 헤겔은 가족, 시민사회, 국가라는 근본적이고 대표적인 공동체들의 성격과 특징 그리고 이들 공동체를 구성하는 인간의 본질적 양상을 서술함으로써 자신의 인륜성 개념을 구체적으로 제시하고 있다. 그리고 그는『법철학』제3부의 2장에 해당하는「시민사회」장에서 가족이라는 사적 공동체와 국가라는 공적 공동체의 중간에 놓인 "시민사회"에 관한 자신의 이론을 전개하고 있는

는 다른 번역어를 사용하는 것이 바람직하다고 생각한다. 그렇기에 그동안 학계에서도 대체로는 '인륜성'이라는 번역어를 사용해왔다. 물론 흔히 말하는 '윤리'나 '도덕'을 포함하면서 좀 더 복합적인 의미를 지니는 개념에 대한 번역어로서 '인륜성'이라는 용어가 최선이냐에 대해서는 논란이 있을 수 있다. 그렇지만 필자는 더 나은 용어가 발견될 때까지 우선은 상당 기간 검증된 이 번역어를 쓰는 것이 좋겠다고 판단한다. 영어권에서 통용되는 "Sittlichkeit"의 번역어는 'ethical life'이다. 이를 우리말로 옮기면 '윤리적 삶' 정도가 될 텐데, 이 'ethical life'라는 번역어 역시 헤겔의 "Sittlichkeit" 개념의 의미를 온전히 전달한다고 볼 수는 없을 것이다. 다른 한편 이 번역어는 헤겔의 "Sittlichkeit" 개념이 일반적인 의미에서의 'morality'와는 다르다는 사실을 잘 보여준다.

6 'ethos'란 고대 그리스어에서 본래 '관습', '성격'이라는 의미를 지니는데, 어떤 공동체나 민족의 공유된 가치, 믿음, 규범, 이상들을 가리키는 말로 사용되었다. 잘 알려져 있다시피 흔히 '윤리적', '윤리학'으로 번역되는 'ethical', 'ethics'는 여기에서 기원한다.

것이다.

이상의 서술에서 우리는 "인륜성"이 왜 헤겔의 『법철학』 내의 한 부분으로 포함되어 있는지 그리고 왜 "시민사회"가 "인륜성"에 속하는 한 주제로 다루어지는지에 대한 설명을 발견할 수 있다. 그런데 헤겔의 실천철학에서 특기할 만한 것은 『법철학』의 전체 주제이기도 한 "법"과[7] 『법철학』의 한 핵심 개념인 "인륜성" 그리고 "자유" 개념이 불가분적으로 결합되어 있다는 점이다. 그에 따르면 "법"은 인간의 자유의지로부터 필연적으로 도출되는 것으로서, "자유의지의 현존재"이자 "자유의 모든 규정들의 현존재"를 뜻한다.[8] 또한 그는 인륜성 역시 "자유의 이념"에 다름 아닌 것으로 규정한다. 그리고 그에 따르면 이 "자유의 이념"은 "살아 있는 선(善)으로서 자신의 앎과 의지의 활동을 자기의식 속에서 가지며 자기의식의 행위를 통해 자신의 현실성을 갖는" 이념으로 이해되어야 한다. 즉 "자유의 이념"은 단지 추상적으로 머릿속에 있거나 그저 소망될 뿐인 이상으로 존재하는 것이 아니라, 현실적으로 생생하게 작용하는 삶의 원리이자 인간이 그것의 실현을 위해 공통적으로 또 궁극적으로 추구하는 목적인 것이다. 그렇기에 『법철학』에서 다루어지는 전체 내용의 근저에는 자유의 이념이 놓여 있다고 할 수 있다. 또한 그렇기 때문에 시민사

---

7 헤겔은 『법철학』 § 1에서 이 학문의 대상을 "**법의 이념**(*die Idee des Rechts*), 즉 법의 개념과 그것의 실현"이라고 말하고 있다. 여기서 헤겔이 말하는 "법"이란 단지 실정법과 같은 법률만을 뜻하는 것이 아닌 폭넓은 의미를 갖는 것인데, 이에 대해서는 앞의 각주 2를 참조하시오.

8 G. W. F. Hegel, *Enzyklopädie der philosophischen Wissenschaften im Grundrisse* 1830, (Dritter Teil: Die Philosophie der Geistes mit den mündlichen Zusätzen), Bd. 10(이하 Enz. III로 축약), TWA, § 486.

회에 대한 헤겔의 철학적 논의도 인간이 추구하는 자유의 실현이라는 관점에서 고찰될 필요가 있다.[9]

헤겔의 시민사회론은 산업혁명과 더불어 전면적이고 급속한 산업화를 겪고 있던 서양의 근대 사회와, 시민계급의 성장 및 자본주의적 경제구조의 발전이라는 측면을 반영하고 있는 독창적인 근대적 이론이라 할 수 있다.[10] 헤겔 철학 전반이 그 이전의 사상적 조류들을 종합하여 유기적 전체로 통일시키는 특징을 지니는 것과 마찬가지로, 『법철학』에서 체계적으로 서술되고 있는 그의 시민사회론 역시 앞선 시대의 이론적 경향들을 통합하여 새로운 모양새를 갖춘 이론으로 구성한 것이다. 그의 이론이 시민사회에 관한 근대적 논의들을 어떻게 수용하고 있는가 하는 점은 다음의 인용문에 잘 요약되어 있다.

> 산업혁명과 더불어 사회 전반이 급속히 산업사회로 재편되고 시민계급이 발달하기 시작한 18세기 서구에서 시민사회에 대한 논의는 크게 두 가지 맥락에서 전개되었다. 그 한 방향은 (17세기에 속하는 홉스, 로크와 함께) 몽테스키외, 흄, 루소, 칸트 등에 의해 대표되는 근대 자연법론이다. 여기서는 개인과 시민의 권리, 소유권의 법적 근거, 계약의 유효성, 국가의 기원과 목적, 지배의 정당성·유형·한계 등이 핵심적

9 「시민사회」장에서는 특히 헤겔이 '주관적 자유'라고 말하는 자유 개념이 강조된다. 왜냐하면 앞으로 이어지는 서술에서 좀 더 구체적으로 드러나겠지만, 시민사회란 개인들이 자신의 주관적이고도 특수한 욕구와 사적 이익을 자유롭게 추구하는 공간이라는 성격을 갖기 때문이다.

10 앞에서 언급한 바 있는 코헨과 아라토는 헤겔의 시민사회론을 "최초의 근대 시민사회 이론"으로 간주한다. 코헨, 아라토, 앞의 책, 219쪽.

인 주제로 다루어졌다. 다른 한 방향은 케네, 스미스, 리카도 등에 의해 이제 막 학문으로 정립되기 시작한 정치경제학이다. 이 신흥학문은 상품과 가치의 생산·소비·순환에 관한 많은 경험적 지식을 제공해 줌으로써 사회적 차원에서의 인간과학을 가능하게 만들었을 뿐만 아니라 인간의 이기적 동기와 행위, 육체노동, 노동분업에 따라 분화된 각 계층의 사회적 역할에 대하여 전통적인 시각과는 전혀 다른 경제적 합리성에 입각한 평가기준을 제시했다. 헤겔의 독창성은 이 두 가지 흐름을 하나의 시민사회론으로 통합했을 뿐만 아니라 이를 인륜성이라는 이념 아래 체계화함으로써 시민사회가 지니는 역사적 위치와 의미, 그 본질구조와 한계를 해명했다는 데 있다.[11]

그런데 헤겔의 이론이 대상으로 삼고 있는 시민사회는 그 개념적 측면에서 보아 본래 유구한 역사를 지니고 있다. 그렇기에 우리가 헤겔의 시민사회론이 갖는 새롭고도 독창적인 측면에 주목한다고 하더라도, 이러한 역사가 그 배경에 놓여 있다는 사실 또한 간과해서는 안 된다. 따라서 그의 이론이 갖는 사상사적 위치와 의의를 밝히기 위해 우선 시민사회 개념의 역사를 간략히 살펴보고자 한다.

---

11 김준수, 「헤겔의 시민사회론: 시민사회의 이중적 성격과 시민정치의 가능성」, 『시민과 세계』 제5호, 2004, 344-345쪽.

2. 시민사회 개념에 대한 역사적 고찰

"시민사회(civil society/société civile/bürgerliche Gesellschaft)"라는 용어는 어원적으로 보자면 고대 로마시대 키케로가 사용한 societas civilis에서 직접적으로 기원하지만, 그 의미상 이 용어의 참된 진원지는 아리스토텔레스의 정치학적 개념인 koinonia politike까지 거슬러 올라간다.[12] 즉 키케로의 societas civilis는 그리스어 koinonia politike에 상응하는 것으로서, 둘 다 자유롭고 평등한 시민들의 정치적 공동체를 의미하였다. 본래 이렇게 이해된 정치적 공동체는 법적으로 규정된 통치체계라는 성격을 갖는데, 여기서 법이란 시민의 삶을 지배하는 공통적 규범과 가치로서의 에토스를 표현하는 것으로 이해되었다. 고대적 의미에서 이러한 공동체란 바로 국가(polis)와 다를 바 없는 것이며, 동시에 이런 국가란 자유롭고 평등한 시민들의 공동체로서의 시민사회를 뜻하는 것이었다. 국가와 시민사회를 동일한 것으로 보는 이러한 사고방식은 그 후로도 이어져, 라틴어 societas civilis는 국가를 뜻하는 civitas와 혼용되었으며, 국가 내지는 공화국을 뜻하는 res publica와도 흔히 구분 없이 쓰였다.

고대 그리스에서 polis 또는 koinonia politike가 공적 영역으로서의 정치적·윤리적 공동체를 의미했다면, 사적 영역에서의 대표적

---

12 Anthony Black, "Concepts of Civil Society of Pre-modern Europe", Sudipta Kaviraj and Sunil Khilnani(eds.), *Civil Society: History and Possibilities*, Cambridge and New York, Cambridge University Press, 2009, pp. 33-38; Manfred Riedel, *Zwischen Tradition und Revolution: Studien zu Hegels Rechtsphilosophie*, Stuttgart, Klett-Cotta, 1982, pp. 139-169.

공동체는 오이코스(oikos, 가계/가정/가족)였다. 전자를 구성하는 시민들은 아고라 광장에 모여 국가, 즉 폴리스(polis)로 불리는 도시국가의 공적 사안들을 논의하고 결정했다. 이들은 참정권을 보유하고 행사하는 정치적 주체이자 객체로서 사적 이익보다는 공공선을 목표로 삼아 정치적 의제들에 관여했으며, 토론과 설득을 통한 결정이라는 정치적 기제를 작동시킴으로써 직접민주주의의 원형적 형태를 보여주었다.[13] 다른 한편 사적 공동체로서 오이코스는 가부장적 위계질서하에서 생산과 재생산을 수행하던 경제활동 영역이었다. 시민권은 가장에게만 있었고 그로 인해 오이코스는 구조적으로 보아 시민권자인 가장이 비시민권자인 여자, 노예, 어린이들을 지배하고 통제하던 영역이었다. 그렇기에 폴리스가 정치적 평등을 지향하고 보장하는 공간이었다면, 오이코스는 생산관계에 기초하는 인간불평등의 원형적 공간이었다. 다른 한편 폴리스의 정치적 삶이 오이코스를 통한 경제적이고 생물학적인 삶의 보장에 의해서 가능할 수 있었다는 점을 고려한다면, 오이코스는 폴리스의 자연적 배경이자 삶의 기반이라는 역할을 했다고 볼 수 있을 것이다. 당시에 이 두 영역, 즉 가정과 국가를 잇는 그 사이의 여러 집단이나 활동 자체가 존재하지 않았을 리는 없으나 이러한 중간영역은 특정한 원리에 지배되는 별도의 영역으로 인정되지 않았다.[14]

13 물론 폴리스가 직접민주주의 원형적 형태를 보여주었다고 하더라도, 이 시민사회이자 도시국가가 여성과 외국인, 그리고 보통의 노동자, 노예들에게 시민권을 부여하지 않는 일종의 제한적 공동체였다는 점은 당연히 고려할 필요가 있을 것이다.

14 코헨, 아라토, 앞의 책, 208-210쪽 참조; 마이클 에드워즈, 『시민사회』, 서유경 역, 동아시아, 2005, 226-227쪽 참조.

이처럼 사적 영역과 공적 영역을 구분하고 공적 영역으로서의 정치적 공동체를 시민들의 공동체 즉 시민사회이자 국가로서 이해하는 방식은 근대에 이르기까지 지속되었다. 다시 말해서 이런 이해방식은 아리스토텔레스부터 토마스 아퀴나스를 거쳐 홉스, 스피노자에 이르기까지, 또한 심지어 흄, 루소, 로크, 칸트에 이르기까지 타당한 것으로 간주된 유럽 정치철학의 고전적 도식이었다. 예컨대 홉스는 "이와 같은 방식으로 만들어진 연합체가 곧 국가 또는 시민사회라고 불리는 것이다"라고 말한다.[15] 또 로크는 그의 『통치론(*Two Treatises of Government*)』(1689) 제7장의 제목을 "정치적 사회 또는 시민사회에 관하여(Of political or civil society)"로 명명하고 이러한 사회를 국가로 이해한다.[16] 칸트는 그의 『윤리형이상학(*Metaphysik der Sitten*)』(1797) § 45에서 "국가(Staat)"를 "civitas"로 규정하면서, 또다시 § 46에서는 국가를 "societas civilis"로 지칭하고 또 이를 "die staatsbürgerliche Gesellschaft(시민사회)"와 동일시하고 있다. 즉, 그는 다음과 같이 말한다. "이러한 사회(societas civilis), 다시 말해서 국가의 입법을 위해 통합된 구성원은 시민(Staatsbürger/cives)이라고 불린다."[17] 칸트에 따르

15 Thomas Hobbes, *On the Citizen*, ed. and trans. by Richard Tuck and Michael Silverthorne, Cambridge, Cambridge University Press, 1998, p. 73.

16 John Locke, *Two Treatises of Government*, ed. by Peter Laslett, Cambridge, Cambridge University Press, 1993, p. 318.

17 Immanuel Kant, *Metaphysik der Sitten*, in Werke in sechs Bänden: Bd. IV(이하 WS로 축약), hrsg. von W. Weischedel, Darmstadt, 1956-1964(Nachdruck, 1983), pp. 431-432. 여기서 "시민"으로 번역한 "Staatsbürger"란 자유로운 존재로서 공적인 삶, 즉 입법과 같은 국정 일반에 참여하는 시민을 뜻하는 것인데, 종종 '공민(公民)'으로 번역되기도 한다. 이는 불어 'citoyen'에 해당하는 것으로서, 사적인 이해관계와 개인적 자유 및 소유권을 주된 관심사로 삼는 자유민으로서의 시민을 뜻하는 '부르주아

면 국가 즉 시민사회라는 공동체에서만, 그것도 법에 의해 지배되는 이상적인 시민사회에서만 그 구성원으로서의 시민은 자신의 권리와 자유를 충분히 향유할 수 있다. 그래서 칸트는 바로 이러한 국가 또는 시민사회의 건설을 다음과 같이 인류 전체의 과제로 보고 있다.

> 자연이 인간으로 하여금 그 해결을 강요하는 인류의 가장 큰 문제는 보편적으로 법이 지배하는 시민사회의 건설이다. [...] 그러므로 자유가, 외적인 법률하에서 가능한 한 최대로, 저항 불가능한 힘과 결합된 사회, 즉 완전히 정의로운 시민적 헌정체제가 인류를 위한 자연의 최고 과제임에 틀림없다.[18]

이 인용문에서 국가로서의 "시민사회"나 "시민적 헌정체제"가 "보편적으로 법이 지배하는"이라든가 "완전히 정의로운"과 같은 수식어를 동반하기는 하지만 일종의 과제이자 목표처럼 표현되고 있는 것은, 여기서 "시민적"에 해당하는 라틴어 civile이나 영어 civil이 (그리고 여기에 상응하는 독일어 bürgerlich도) 인간의 반문명적인 (uncivilized) 상태와 대립적으로 쓰이고 있기 때문이다. 다시 말해 여기서 형용사 "civil"이 야만적인 것으로부터 벗어나 문명화된 것이라는 의미를 함축하고 있기 때문이다. 그렇기에 시민사회(civil society/bürgerliche Gesellschaft)의 개념에는 이미—인류가 지향해야 할—'문명

(bourgeois)'와 구별된다. 이러한 구별에 대해서는 이 「해제」의 3장 2절에서 상술할 것이다.

18 Immanuel Kant, *Idee zu einer allgemeinen Geschichte in weltbürgerlicher Absicht*, WS, Bd. VI, p. 39.

화된(civilized)' 사회라는 의미가 포함되어 있는 것이다.[19]

이처럼 인간 문명의 진보라는 측면에서 또는 문명사적 측면에서 시민사회에 관한 자신의 시각을 제시한 근대의 사상가는 『시민사회의 역사에 관하여』(1767)라는 책을 출판한 퍼거슨(Adam Ferguson)이었다.[20] 그는 국가와 시민사회를 별도로 구분하지 않음으로써 여전히 고전 정치철학의 전통을 유지하기는 하지만, 시민사회 개념에 특별히 물질문명적인 요소를 추가하고 있다. 그는 근대 사회가 지니는 물질문명적인 요소, 즉 상업과 제조업의 발달 및 재화와 부의 증대를 농업과 같은 1차 산업에 기초한 사회, 덜 세련되고 덜 발전되었으며 상대적으로 야만적이고 미개한 그 이전의 사회와 비교하고 있다. 그는 역사의 무한한 진보를 믿는 발전사관의 옹호자는 아니었으나 근대 사회가 이룩해낸 문명화된 요소, 즉 법과 정치제도의 발전 그리고 경제부문의 사회적 확장을 충분히 인정하고 또 긍정하고 있다. 시민사회를 규정함에 있어 경제적 측면을 중시하는 경향은 퍼거슨을 포함하여 이른바 스코틀랜드 계몽주의의 대표자들인 흄(David Hume)과 스미스(Adam Smith)의 저작에도 나타나는데, 이들은 모두 상업과 무역의 발전이 가져온 긍정적인 효과들을 강조하면서 인간의 사회적이고 경제적인 삶을 구성하는 요소들을 정치적 차원과 구별하여 고찰하고 있다.[21]

---

19 K. Kumar, "Civil Society: An Inquiry into the Usefulness of an Historical Term", *The British Journal of Sociology*, Vol. 44, No. 3, 1993, pp. 376-377.

20 A. Ferguson, *An Essay on the History of Civil Society*, ed. by F. Oz-Salzberger, Cambridge, Cambridge University Press, 1995.

21 J. Varty, "Civic or Commercial? Adam Ferguson's Concept of Civil Society", Robert

시민사회 개념은 이상에서 간략히 살펴본 바와 같은 역사적 변천 과정을 겪어왔는데, 근대적 국가체제의 성립 그리고 자본주의의 발전과 더불어 이 개념에 새로운 의미를 부여하는 변화가 생겨나게 된다. 이 변화란 크게 두 가지로 요약될 수 있는데, 그 하나는 앞에서도 언급했듯이 경제 영역과 관련된 것이다. 즉 고대 이래로 사적 영역으로 간주되던 경제활동이 이러한 성격으로부터 벗어나 공적인 면모를 갖게 된 것이다. 다른 하나는 신분질서가 재편되고 시민계급이 부상하면서 국가 구성원들이 차츰 보통 시민권을 획득하게 된 것이다. 말하자면 기존의 사적 영역과 공적 영역 사이에 보통의 시민들이 주체가 되는 일종의 중간 영역이 생겨나게 된 것이다. 즉 이 영역은 사적 영역으로서의 가정도 아니고 그렇다고 해서 정치영역으로서의 공적 영역도 아닌 제3의 영역으로서, 경제활동이 그 중심에 놓이는 사회적 공간이다. 그리하여 특히 18세기에는 이러한 변화를 반영하는 여러 사회 이론들이 등장하게 되는데, 이와 관련된 이론적 성과들을 종합하여 새롭게 시민사회 개념을 정의하고 이에 입각하여 체계적인 시민사회론을 제시한 근대의 대표적 이론가가 바로 헤겔이다. 이 분야에서 그의 이론이 끼친 영향력 또한 심대해서 시민사회론에 관한 이후의 논의들은 헤겔의 성과를 참조하지 않을 수 없을 정도이다.[22] 이

Fine and Shirin Rai(eds.), *Civil Society: Democratic Perspectives*, London, FRANC CASS, 1997, pp. 31-34 참조. 이른바 스코틀랜드 계몽주의자들이 헤겔의 시민사회론 형성에 끼친 영향에 대한 상세한 논의를 위해서는 다음의 책을 참조하시오. Norbert Waszek, *The Scottish Enlightenment and Hegel's Account of 'Civil Society'*, Dordrecht, Kulwer Academic Publishers, 1988.

22 킬나니는 시민사회의 발전을 논한 연구에서 "헤겔이야말로 시민사회라는 관념에 대한 오늘날의 이해방식들을 형성함에 있어 중추적인 인물"이라고 쓰고 있다. Sunil

제 본격적으로 헤겔이 제시한 시민사회론의 내용에 대해 살펴보고자 한다.

3. 헤겔의 시민사회론 개요

헤겔의 시민사회론을 구체적으로 또 구조적으로 이해하기 위해서 우리는 그의 『법철학』 「시민사회」장을 고찰해야 한다. 이 장에서 그는 시민사회에 대한 자신의 사상을 상세하고도 체계적으로 서술하고 있다. 그렇지만 「시민사회」장의 내용을 분석적으로 고찰하기에 앞서, 그 예비 작업으로서 먼저 그의 시민사회론이 갖는 특징적 요소들을 검토해볼 것이다.

1) 헤겔의 시민사회론에 내재한 특징적 요소들

앞에서 한 인용문을 통해—헤겔 이전에 이루어진—시민사회에 대한 근대적 논의의 두 가지 맥락을 지적한 바 있다.[23] 이 두 맥락은 근대

Khilnani, "The Development of Civil Society", Kaviraj and Khilnani(eds.), *op. cit.*, p. 23. 또 시민사회 개념을 "고도로 분화된 사회질서에 관한 하나의 이론으로 처음으로 그리고 동시에 가장 성공적으로 진전시킨 인물"이 "헤겔"임을 주장하는 코헨과 아라토는 "헤겔의 종합이 지닌 영감은 아직 다 소진되지 않았"으며, "헤겔 이후에 출현한 몇 가지 중요한 이론적 전통들은 헤겔을 의식적으로 언급하든 그렇지 않든 간에 헤겔이 결합시킨 분석적 용어들 내에서 계속 움직이고" 있다는 입장을 피력한다. 코헨, 아라토, 앞의 책, 219-220쪽.

23 이 책의 19-20쪽 참조.

자연법론과 정치경제학이었다. 헤겔의 시민사회론에 내재한 첫 번째 특징적 요소는 바로 첫 번째 맥락, 즉 근대 자연법론이라는 맥락에 닿아 있는 것이자 시민사회의 구성원과 관련된 것으로서, 전통적 신분질서와 정치적 구속으로부터 벗어나 자립적 성격을 갖게 된 근대적 개인이라는 관념이다. 이러한 개인은 소유권의 담지자이자 계약의 주체이며 양심에 따라 실천하는 자율적 개인으로서의 시민이다. 헤겔이 말하는 시민사회는 바로 이런 시민들이 자신들의 이익과 필요에 따라 상호의존적인 관계를 맺으면서 스스로의 특수한 욕구를 추구하고 실현하는 사회적 삶의 공간이다. 그리하여 헤겔에 따르면, 고대의 시민사회 또는 국가에서 그 구성원인 시민의 자유가 공동체의 정치적 삶에 참여하고 공동체의 목표를 달성하는 것과 결합되어 있는 것이라면 근대적 시민사회의 구성원은 바로 이런 정치적 차원과의 관계로부터 분리된, 또는 이런 차원과 매우 느슨한 관계만을 갖는 존재로서의 자유로운 개인이다. 그리고 시민사회에서 그 구성원으로서의 모든 개인이 이렇게 규정된다는 사실은 곧 각 개개인이 이러한 보편적인 측면을 지닌 존재로서 인정된다는 것을 의미한다. 이러한 맥락에서 헤겔은 시민사회에서 개인이 "보편성(Allgemeinheit)의 형식에 따라" 생각되는 것, 즉 각기 하나의 인격체로서 "모두가 같은" 존재이자 동일한 자격을 지니는 존재로서 취급되는 것에 "무한한 중요성"을 부여하면서 다음과 같이 말한다. "인간이 인간으로서 인정되는 것은 그가 인간이기 때문이지, 그가 유대교도, 가톨릭교도, 프로테스탄트, 독일인, 이탈리아인 등등이기 때문이 아니다."[24]

24 GPR, § 209.

헤겔의 시민사회론에 내재한 두 번째 특징적 요소는 바로 정치경제학과 직결된 것이다. 경제학은 서양의 18세기에 특히 영국에서 성립한 근대적 학문으로서, 당시에는 흔히 정치경제학, 국민경제학 또는 국가경제학으로 불렸다. 일찍이 헤겔은 『법철학』을 쓰기 20여 년 전부터 근대 세계의 사회적 현실을 법칙적으로 설명하는 이 학문의 중요성을 깨닫고 연구하기 시작했다. 한 기록에 의하면 그가 영국의 고전경제학자인 스튜어트의 『국가경제학』을 읽고 이에 대해 주석을 붙였으며,[25] 애덤 스미스의 경제학설에 대해서도 숙지하고 있었다고 한다.[26] 이렇듯 일종의 독학으로서 헤겔이 몰두한 경제학 연구가 이론적 결정체로 화하게 되는 곳이 바로 그의 『법철학』이며, 더 구체적으로 말해 이 저작 내부의 「시민사회」장이다. 그는 『법철학』 § 189에서 이 새로운 학문에 대해 서술하면서 영국 고전경제학자들인 스미스, 세이(J. B. Say), 리카도(D. Ricardo)의 이름을 직접 언급하고 있다. 그에게 경제학이란 학문은 "근대를 기반으로 하여 발생한 학문 중 하나인데, 그것의 발전상을 보면 어떻게 **사상**"이 "무수히 많은 개별적

---

25 여기서 『국가경제학(*Staatswirtschaft*)』이란 정치경제학자 스튜어트(James Steuart, 1713-1780)의 *Inquiry into the Principles of Political Economy*(1767)를 뜻하는 것으로, 독일어 번역은 *Untersuchung der Grund-Sätze von der Staats-Wirtschaft als ein Versuch über die Wissenschaft von der innerlichen Politik bey freyen Nationalen*이라는 제목으로 1797년에 출판되었다. 헤겔의 제자이자 그에 대한 권위 있는 전기를 출판한 로젠크란츠는 헤겔이 이 책의 "독일어판"을 탐독하면서 "1799년 2월 19일부터 5월 16일까지 주석을 달았다"고 쓰고 있다. Karl Rosenkranz, *Hegel's Leben*, Wissenschaftliche Buchgesellschaft, Darmstadt, 1977(Nachdruck der Ausgabe Berlin 1844), p. 86.

26 리델은 헤겔이 예나에 머물던 1800년대 초에 애덤 스미스의 『국부론(*Inquiry into the Nature and Cause of the Wealth of Nations*)』(1776)의 독일어 번역본을 접했고, 이 책이 이후 그의 철학에 커다란 영향을 끼쳤다고 주장한다. Riedel, *op. cit.*, pp. 120-121.

사항들로부터 사태의 핵심에 있는 단순한 원리를 [...] 발견해내는지에 대하여 흥미로운 점을 보여준다."[27] 그는 자신의 시대가 갖는 특수성, 근대 사회가 가져온 새로운 변화들, 그리고 이것들이 인간의 의식과 사회적 삶에 끼친 영향에 대한 날카로운 통찰을 가지고 있었으며, 특히 산업혁명과 경제 영역의 획기적인 변모에 대한 깊은 철학적 관심을 지니고 있었다.[28] 그리하여 그는 생산과 소비, 수요와 공급, 상품의 교환 및 노동분업과 같은 시장경제의 여러 현상들을 지배하는 원리 내지는 법칙들을 발견하고 기술하는 이 새로운 근대 학문의 성과들을 수용하여, 당대의 그 어떤 철학자와도 다르게 자신의 실천철학 속에 통합시키고 있는 것이다.[29]

그의 『법철학』 「시민사회」장을 들여다보면, 우리는 헤겔이 이 장의 첫 번째 절에 해당하는 「욕구의 체계」에 정치경제학적 내용을 집약해놓았음을 쉽게 알 수 있다. 이 욕구의 체계란 간단히 말하면 사적 욕구의 충족을 추구하는 시민사회의 모든 구성원들이 분업화된

---

27 GPR, § 189.

28 이에 관하여 루카치는 다음과 같이 쓰고 있다. "헤겔은 프랑스 혁명과 나폴레옹 시대의 본질에 대해 독일인으로서는 최고의 그리고 가장 정당한 통찰을 하였을 뿐만 아니라 영국 산업혁명의 문제들과도 진지하게 대결한 유일한 독일 사상가이다." G. 루카치, 『청년 헤겔 1』, 김재기 역, 동녘, 1986, 26쪽.

29 리델은 헤겔이 영국의 고전경제학을 수용한 의의에 대해 다음과 같이 서술한다. "헤겔이 제임스 스튜어트로부터 애덤 스미스 그리고 (1820년의 『법철학』에서) 리카도에 이르는 영국 고전경제학자들의 최선진 국민경제학을 수용한 것은 독일관념론의 동시대적 철학에서는 유례를 찾아볼 수 없는 파격적인 면모를 갖는 것이다." Riedel, *op. cit.*, p. 118. 리터는 이와 유사하게 다음과 같이 쓴다. "그리하여 헤겔은 경제학이론을 받아들여 경제학을 단지 독일에 있어서만이 아니라 전 유럽에서 처음으로 철학과 연관시키게 된 것이다." 요아힘 리터, 『헤겔과 프랑스혁명』, 김재현 역, 한울, 1982, 58쪽.

노동을 통해 서로 결합되어 있는 연관관계를 뜻하는 것이다. 이 연관관계란 사실상 시장 메커니즘을 달리 표현한 것이라 할 수 있겠는데, 바로 이러한 연관관계로서의 체계가 헤겔에 따르면 시민사회의 구조와 작동의 토대를 이룬다. 다시 말해, 시민사회란 물적 토대라는 측면에서 보면 인간의 경제적 연관관계로서의 "욕구의 체계"인 것이다. 헤겔의 이러한 서술은 그의 시민사회 개념에 있어 정치경제학적 요소가 갖는 중요성을 잘 말해준다.

헤겔의 시민사회론이 갖는 세 번째 특징적 요소는 그의 시민사회 개념이 시민사회=국가라는 전통적인 등식으로부터 완전히 탈피했다는 점에 있다. 그는 봉건적이고 전통적인 정치제도와 사회질서를 철폐한 시민혁명 그리고 경제영역의 성장을 가속화한 산업혁명의 성과 모두를 수용하여 국가권력으로부터 상대적으로 독립적인 시민사회라는 새로운 개념을 이론화한 최초의 사상가였다. 그는 국가와 시민사회를 원리적으로 구분할 뿐 아니라, 양자의 목적이 상이함을 밝힘으로써 시민사회에 독자적 성격을 부여하는 독창적인 이론을 전개한다.[30] 그렇기에 슈내델바흐와 같은 철학자는 비로소 헤겔에게서 근

---

30 리델은 국가와 시민사회의 구뷴에 기초하는 헤겔의 시민사회론을 "혁명 후 자유롭게 해방된 유럽 인간세계의 '사회적' 존재를 그 정치적 질서, 즉 법적·인륜적 질서와 매개하고 이 세계를 이런 매개 속에서 새로운 개념 위에 구축하려는 거대한 시도"로 이해한다. Riedel, *ibid.*, p. 163. 또한 펠친스키는 헤겔이 행한 국가와 시민사회의 개념적 분리를 그의 "정치·사회 철학의 가장 독창적인 면모들 중의 하나"로 평가한다. Zbigniew A. Pelczynski, "Introduction: The Significance of Hegel's Separation of the State and Civil Society", Zbigniew A. Pelczynski(ed.), *The State and Civil Society: Studies in Hegel's Political Philosophy*, Cambridge, Cambridge University Press, 1984, p. 1. 테일러 역시 자신의 헤겔 연구서에서 이 점에 대해 언급한다. 찰스 테일러, 『헤겔』, 정대성 역, 그린비, 2014, 795쪽 각주. "시민사회"를 "국가"로부터 분리하여 고

대의 시민사회라는 것이 "가족 및 국가와 구분되는 사회영역으로서(Sozialbereich), 최초로 실천철학의 주제로 대두하게 되었으며", 헤겔의 시민사회론은 "개념적으로 또 체계적으로 사적인 차원 및 정치적인 차원과 대비되는 사회적인 차원을 정당하게 고려한 최초의 이론"이라고 주장한다.[31] 이렇듯 헤겔의 시민사회론의 등장과 함께 경제부문을 중심으로 하는 사회적 영역과 정치적 영역 이 두 영역을 분리하여 고찰하는 이해방식이 확고히 자리 잡게 된다. 이를테면 이제 더 이상—우리가 로크에서 보는 바와 같이—"시민사회(civil society)"와 "정치적 사회(political society)"를 동의어로 사용하는 방식은 타당성을 주장할 수 없게 되는 것이다. 그리하여 헤겔의 이론과 더불어 시민적이고 사회적인 차원과 정치체제 내지는 국가권력의 차원 양자 간에 일종의 대립관계를 설정하는 것도 가능하게 된다. 이런 식의 대립관계는 오늘날의 사회 이론에서도 빈번히 발견되는 것이기도 한데, 양자의 구분 또는 대립구도에 기초한 헤겔 이후의 모든 이론들은 사실상 헤겔이 행한 국가와 시민사회의 구분을 그 이론적 효시 내지는 모델로 삼고 있다고 볼 수 있다.[32]

찰하는 사고방식이 반드시 헤겔에게서 비롯되었다고 보기는 어렵지만, 이러한 구분에 입각하여 최초로 체계적인 시민사회 이론을 확립한 공로는 헤겔에게 있다고 보아야 한다.

31 Herbert Schnädelbach, *Hegels praktische Philosophie*, Frankfurt a. M., Suhrkamp, 2000, p. 263. 같은 곳에서 슈내델바흐는 헤겔이 자신의 시민사회론을 통해 "사회적인 차원"을 연구 대상으로 삼는 학문인 사회학의 창시자들 중 하나에 속하게 되었다고 주장한다.

32 헤겔이 행한 국가와 시민사회의 구분이 갖는 학문적 의미와 그 영향사적인 서술에 대해서는 다음을 참조하시오. 나종석, 『차이와 연대: 현대 세계와 헤겔의 사회·정치철학』, 길, 2007, 448-453쪽.

2) 「시민사회」장의 구조와 내용

헤겔의 『법철학』 「시민사회」장은 주로 시민사회의 원리적 측면을 다루는 총론에 해당하는 부분과 그가 A, B, C로 표시하는 3개의 절로 이루어져 있다. 이 절들의 제목은 각각 "욕구의 체계(Das System der Bedürfnisse)", "사법(司法) 활동(Die Rechtspflege)", "복지행정과 직업단체(Die Polizei und Korporation)"이다. 바로 이 세 가지를 헤겔은 시민사회를 구성하는 세 "계기"들로 지칭한다.[33] 그리하여 결과적으로 헤겔이 자신의 개념적 구조물로서 제시하고 있는 시민사회는 내용적으로 보면 욕망, 노동, 자산과 이것들의 연관관계로 대표되는 경제부문, 사회 계층, 사법제도, 직업단체 및 복지와 관련된 제도들 등을 포함하는 복합적인 구조물이다.[34] 이제 총론에 해당하는 부분과 헤겔이 말하는 이 세 계기들을 좀 더 상세히 살펴보면서 주된 내용을 설명하고자 한다.

---

33 이 세 계기들을 헤겔은 다음과 같이 상세히 소개한다. "A. **개개인**의 **욕구**와 그 만족이 자신의 노동에 의해 그리고 **다른 모든 사람들의** 노동과 욕구의 충족에 의해 매개되어 있는 것—**욕구**의 체계. B. 욕구의 체계에 포함되어 있는 **자유**의 보편성의 현실성, 즉 **사법 활동**에 의한 소유물의 보호. C. 위의 체계들에 잔존하는 우연성을 사전에 배려하며 특수한 이익을 **공동**의 이익으로 증진시키기 위해 힘쓰는 **복지행정**과 **직업단체**의 업무." GPR, § 188.

34 이러한 복합적 성격으로 인해, 아비네리가 헤겔의 "시민사회"를 단지 "시장 메커니즘"으로 규정하는 것은 과도한 단순화의 결과일 것이다. 물론 헤겔이 서술하는 시민사회에서 그 물적 토대를 형성하는 경제부문의 중요성을 충분히 인정한다고 해도 말이다. Shlomo Avineri, *Hegel's Theory of the Modern State*, Cambridge, Cambridge University Press, 1972, p. 12 참조.

(1) 총론(§§ 182-188)

여기서 헤겔은 시민사회의 두 가지 원리를 제시하면서, 이 두 원리를 중심으로 총론을 구성하고 있다. 시민사회의 **첫째 원리**를 그는 "욕구들의 총체이자 자연필연성과 자의의 혼합체인 그런 구체적 인격체(konkrete Person)"[35]로 규정한다. 그런데 그가 말하는 이 "구체적 인격체"로서의 개인은 "**특수한**(*besondere*) 존재"이다.[36] 즉 헤겔은 여기서 시민사회의 구성원인 개인들을 제각기 특수한 존재로, 다양한 욕구들을 마음에 품고 본능에 따르기도 하며 자기 나름의 의견, 취향 등을 지닌 존재로 묘사한다. 다시 말해서 이 개인들이 각기 특수한 이유는, 시민사회에서 이들은 모두 자기의 특수한 욕망과 성향과 사고방식을 가지고 살아가기 때문이다. 이러한 묘사는 일견 난해해 보일 수도 있지만, 오늘날 자본주의 사회에 살고 있는 소비자를 생각해보면 한결 쉽게 이해할 수 있을 것이다. 그런데 헤겔은 또한 이 "구체적 인격체"가 다름 아니라 스스로를 목적으로 여기는 개인이라고 덧붙인다. 즉 그에 따르면 시민사회를 이루는 구성원들은 자기중심적이며 개인주의적인 개인들,[37] 다시 말해서 근대 자본주의 사회가 낳은

---

35 여기서 "인격체(Person)"란 개념은 흔히 일상적으로 말하듯이 뛰어난 품성을 갖춘 인간을 뜻하는 것이 아니다. 간단히 말해 물격을 지닌 존재가 아닌 근본적으로 자유로운 인간으로서의 자격을 갖춘 존재를 말한다. 즉 인격체란 이성을 갖지 않은 동물도 아니고 노예도 아닌 인간을 뜻하는데, 특히 이 문맥에서는 법적 의무와 권리의 주체라는 성격이 강조되는 개념이다.

36 GPR, § 182.

37 펠친스키는 헤겔이 말하는 시민사회를 근대 개인주의(Individualism)로부터 생겨난 것으로 해석한다. Zbigniew A. Pelczynski, "The Hegelian Conception of the State",

이기적이고 사적 욕망을 목표로 삼는 개인들이다.[38]

그런데 이러한 제각기 특수한 개인들은 상호 연관되어 있고, 자신의 욕구를 충족하기 위해서 다른 사람을 필요로 하며, 또 다른 사람을 만족시켜야 한다. 예를 들자면 내가 피자집 사장으로서 성공하려는 욕구를 실현하기 위해서는 소비자들의 기호에 맞는 피자를 만들어서 그들의 욕구를 충족시켜야 하며, 그들이 바라고 인정하는 방식으로 영업을 할 수밖에 없는 것이다. 또 이 소비자들 역시 자신들의 직업 활동에서는 이 피자집 사장과 유사하게 시민사회가 요구하는 방식으로 자신의 역할을 수행해야 한다. 그렇기에 시민사회에는 그 구성원들이 일반적으로 따르게 되는 공통된 방식과 규칙들이 지배하게 된다. 시민사회에서 통용되는 이러한 공통된 방식과 규칙들은 일종의 보편성으로서 헤겔은 이를 "보편성의 형식(die Form der Allgemeinheit)"으로 표현하는데, 이것이 곧 그가 말하는 시민사회의 "**또 하나의 원리**"이다.[39] 요약하자면 헤겔은 시민사회를 지배하는 두 원리를 특수성과 보편성으로 제시하는 셈인데, 이들 두 원리는 불가피하게 서로 결합되어 있다. 즉 특수한 개인들의 "이기적인 목적"은 "보편성에 의한 제약"을 통해 실현되는 것이다.[40] 다시 말해서 시민사회의 구성원들은 보편적 관심사를 함께 지향하는 존재라기보다는

Zbigniew A. Pelczynski (ed.), *Hegel's Political Philosophy: Problems and Perspectives*, Cambridge, Cambridge University Press, 1971 (1976 printing), p. 7.

38 헤겔에 따르면 시민사회란 '근대 세계의 산물'이다. GPR, § 182, Zus.

39 GPR, § 182.

40 GPR, § 183. 또 헤겔은 시민사회에서 특수성과 보편성이 맺는 외적인 결합에 대해 다음과 같이 말한다. "시민사회에서 특수성과 보편성은 서로 분리되어 있으면서도 또한 서로 결부된 채 상호 제약하고 있다." GPR, § 184, Zus.

각자 나름의 특수한 욕구들을 추구하는 개인들인데,[41] 그러나 이들은 이러한 욕구들의 충족을 위해서 서로가 서로를 필요로 하고 또 연관을 맺어야 한다. 그리고 이러한 연관성에서 보편성의 형식이 성립하며, 욕구들의 내용도 이 형식에 따라 규정되어야 한다. 그렇기에 여기서 보편성의 형식이란 자발성의 산물이라기보다는 외적으로 주어진, 그러나 회피할 수 없는 일종의 강제와 규칙으로 여겨지게 된다. 그리하여 시민사회에서 구성원들은 이런 식으로 욕구 실현의 장에 참여하게 되며, 이로 인하여 상호 간에 "전면적인" 의존관계가 성립하게 된다.[42]

그런데 이러한 "전면적인 상호의존의 체계"로서의 시민사회에서 개인적 욕구를 충족시키는 일은 타인의 수단화 및 타인과의 경쟁을 동반한다. 물론 이러한 과정에서 항상 욕구의 충족이 보장되는 것도 아니다. 또한 시민사회는 만족할 줄 모르는 개인들의 욕구들이 충돌하는 현장이고, 그로 인한 다양한 문제점들을 배태하고 있는 공간이다. 이러한 사정은 헤겔이 시민사회를 "모두의 개별적인 사적 관심사들이 모두에 대하여 충돌하게 되는 싸움터(Kampfplatz)"[43]로 표현하는 데서 잘 드러나는데, 그는 이를 보다 상세히 다음과 같이 서술한다.

욕구는 무한히 촉발되고, 그것의 충족은 외적인 우연이나 자의, 그리

41 그 구성원들이 보편적 목적을 추구하는 것이 아니라, 서로 특수한 개인들로서 제각각 나름의 목적을 추구하는 시민사회의 이와 같은 면모를 부각시키면서 헤겔은 시민사회를 은유적으로 "원자론의 체계"라고 지칭한다. Enz. III, § 523.

42 GPR, §§ 182-183.

43 GPR, § 289.

고 보편성의 힘에 철저히 의존하는 방식으로 제약되어 있기 때문에, 결국 필연적인 욕구든 우연적인 욕구든 그것의 충족 여부는 우연에 맡겨진다. 시민사회는 이러한 대립과 착종 상태 속에서 과잉과 빈곤이 공존하는 광경을 연출하며, 이 둘 모두에게 공통적으로 나타나는 육체적·도덕적인 타락상을 보여준다.[44]

즉 시민사회는 욕구와 욕구들이 만나는 생산, 교환, 분배, 소비의 역동적인 체계이면서, 동시에 그것에 내재하는 결함과 모순으로 인해 궁극적인 통합과 조화에 이르지 못하며, 결국 공동체의 유지와 발전을 위한 보편적 가치의 실현에 도달하지 못하는 것이다. 헤겔은 시민사회의 물적 토대를 이루는 자본주의적 시장경제 시스템은 생산을 증대시키고 재산을 증식시키지만, 자본이 소수에게 집중되면서 동시에 빈곤한 계층을 양산한다고 진단한다. 즉 부의 불평등과 부익부 빈익빈 현상이 가속화된다는 것이다. 그리하여 이러한 빈곤층 또는 프롤레타리아는 물질적으로 빈곤할 뿐 아니라 시민사회의 혜택을 누릴 기회를 점차로 박탈당하면서 정신적으로도 빈곤해진다. 이렇듯 인간이 물질적으로 그리고 정신적으로 곤궁해지고 황폐해지면, 이들은 자존감을 상실하게 되어 시민사회의 일원으로서의 자기정체성과 일체성의 의식 역시 상실하게 된다. 이렇게 피폐해진 시민사회의 인간 계층을 헤겔은 "천민(Pöbel)"이라고 부른다.[45] 게다가 자본주의 체계 내에서 분업화의 증가 및 생산력의 발전은 생산을 늘리지만, 빈곤층

---

44 GPR, § 185.
45 GPR, § 244.

의 증대로 인해 소비는 제한될 수밖에 없다. 즉 시민사회에서는 반드시 과잉생산의 위기가 찾아오며, 이는 시민사회 자체의 기능을 통해서는 극복되지 않는다. 이와 관련하여 헤겔은 다음과 같이 말한다.

> 여기에서 시민사회가 **부(富)의 과잉**에도 불구하고 **충분할 정도로 부유하지는 않다는** 사실, 즉 빈곤의 과잉과 천민의 출현을 방지하기에 충분할 만큼의 고유한 보편적 자산을 지니고 있지 못하다는 사실이 드러난다.[46]

헤겔에 따르면 물론 시민사회는 단순히 경제적인 메커니즘이 아니며, 그 자신의 유지와 존속을 위한 공적인 기능들과 제도들을 포함하고 있다. 그러나 이러한 기능들과 제도들은 시민사회의 기초인 사적 이익과 권리 그리고 욕구들의 충족에 초점이 맞추어져 있으며 또 이것들에 제약되어 있다. 그리고 여기서 작용하는 보편적 요소인 규범과 원칙들은 일종의 외적 강제로 기능하며 그 자체로 추구되는 내용으로서 존재하지 않는다. 어떤 공동체가 공동체로서 유지되고 안정적으로 발전하려면 이 공동체 전체가 지향하는 목적과 같은 보편적 차원이 내재할 필요가 있는데, 헤겔에 따르면 시민사회에서도 일종의 보편적 차원이 작동하기는 하지만 이것은 행위 주체로서의 구성원들에 내재하는 보편성이 되기 어렵다. 그런 점에서 보면 시민사회는 분열의 요소가 상존하는 일종의 허약한 공동체이다.

46 GPR, § 245.

그렇다면 이런 공동체의 구성원들이란 도대체 어떤 존재인가? 이미 앞에서 헤겔이 말하는 시민사회의 두 원리 중 하나가 바로 헤겔이 "구체적 인간"이라고 지칭하는 것임을 살펴본 바 있다. 그는 사실상 이 첫째 원리를 소개하면서 동시에 시민사회 구성원의 성격을 규정하고 있는 셈인데, 그는 이를 다르게도 표현한다. 즉 그는 시민사회의 구성원을 "**사인**(**私人**, *Privatpersonen*)"이라고 지칭한다.[47] 시민사회의 구성원이란 말 그대로 시민일 텐데 그가 이를 특별히 "사인"으로 지칭하는 것은 공적인 존재로서의 시민과 구별하기 위한 의도이다. 시민사회와 국가를 정치공동체로서 서로 구분하지 않던 헤겔 이전의 정치철학에서, 본래 시민이란 정치적 권리와 의무의 담지자로서의 국가시민을 의미하였다. 이 국가시민은 단지 사적인 이익을 추구하는 존재가 아니라, 의식적으로 공동체의 이익을 지향하면서 자신과 국가의 운명을 일치시킬 줄 아는 존재였다. 이러한 관념은 고대로부터 이어지는 정치철학적 전통을 따르고 있다. 그러나 정치적 존재로서의 시민의 자격 자체가 매우 제한되어 있던 전통 사회에서와는 달리 시민혁명을 거친 근대에 들어와서는 시민의 범위가 급속히 확대되었으며, 경제 영역의 사회화가 진행됨에 따라 공적이고 정치 참여적인 성격으로부터 벗어난 시민 개념 또한 등장하게 되었다. 그리하여 시민이란 공공선으로서의 보편적 가치를 목적으로 삼는 전통적 의미에서의 시민, 즉 공적 시민으로서의 공민(公民)과, 자신의 개인적 자유와 재산과 같은 사적 관심사를 목적으로 삼는 사적 존재로서 시

47 GPR, § 187.

민사회에 속한 사인(私人) 모두를 뜻하게 되었다. 프랑스어에는 이와 관련된 구분이 뚜렷이 존재하는데, 전자에 해당하는 것이 citoyen이며 후자에 해당하는 것이 bourgeois이다. 그러나 독일어에는 이런 구분이 없어서 공민으로서의 시민이나 사인으로서의 시민 모두를 지칭하는 말이 Bürger이다. 독일어의 특성과 연관지으면서 헤겔은 이러한 사정에 대해 다음과 같이 말하고 있다.

> [...] 시민적 자유(bürgerliche Freiheit)란 바로 보편성을 결여하고 있는 것, 고립의 원리인 것이다. 그러나 시민적인 자유(우리에게는 citoyen과 bourgeois를 각각 지칭할 별도의 두 단어가 없는데)는 고대의 국가들은 알지 못했던 필연적 계기이다.[48]

이렇듯 시민사회의 구성원으로서의 시민은 "자신의 고유한 이익을 목적으로 삼는 사인"이다.[49] 그리하여 헤겔은 '시민사회에서의 시민(Bürger)은 부르주아(bourgeois)를 뜻한다'고 명시한다.[50] 그러니까 헤겔이 부르주아를 말할 때 이 개념은 특정한 계급이나 계층만을 뜻하는 것이 아니라 시민사회를 구성하는 시민으로서의 사인 전체를 말한다. 그런데 물론 한 국가에 속한 개인은 국가시민으로서의 공민이자 동시에 시민사회의 구성원으로서의 사인이다. 그렇기에 이 두 가지는 결과적으로 국가의 구성원이 갖는 두 가지 측면을 말하는 것

---

48 G. W. F. Hegel, *Vorlesungen über die Geschichte der Philosophie* (이하 VGP로 축약) II, TWA, Bd. 19, p. 228.

49 GPR, § 187.

50 GPR, § 190.

이다.[51]

이상에서 살펴본 바와 같이 시민사회에서는 기본적으로 그 구성원들이 자신의 특수한 이익과 관심사에 매여 있고, 보편적 가치를 직접적인 목표로 삼지 않는다. 헤겔은 이 때문에 시민사회에서는 특수성과 보편성의 진정한 통합이 가능하지 않고, 이로 인하여 앞에서 지적한 시민사회 자체의 유지와 존속을 위협하는 문제점들의 궁극적 해결이 불가능하다고 주장한다. 즉 그에 따르면 시민사회란 특수성에 기초하는 개인의 자유로운 욕망들이 극단적으로 추구되지만 공동체의 보편적인 가치와 내적으로 결합되지 않는, 그런 의미에서 진정한 인륜성의 실현이 불가능한 공적 영역이다.[52] 그런데 헤겔의 이러한 비판적 논조는 시민사회를 부정하는 것과는 거리가 멀다. 그는 여기서 진정한 공공선과 인륜성의 실현을 위해서는 더욱 높은 차원의 공동체가 요청된다는 것을 강조하고 있는 것이다. 헤겔에게서 시민사회 자체는 그것의 내재적 문제점들에도 불구하고 근대를 특징짓는

51 헤겔은 『법철학』의 출판 시기 이전에 작성한 강의록에서 다음과 같이 말하고 있다. "동일한 개별자가 자신과 가족을 돌보고, 노동하며, 계약을 체결하는 등의 일을 하지만, 동시에 보편적인 것을 위해서도 일하며 보편적인 것을 목적으로 삼는다. 전자의 측면에서 보면 그는 부르주아(bourgeois)이고, 후자의 측면에서 보면 공민(citoyen)이다." G. W. F. Hegel, *Jenaer Realphilosophie*, hrsg. von Johannes Hoffmeister, Hamburg, Meiner, 1969, p. 249.

52 헤겔은 인륜성 개념의 진정한 실현이 그 두 계기인 보편성과 특수성의 진정한 통일에 의해서만 가능하다고 주장한다. 그러나 그에 따르면 시민사회는 이러한 진정한 통일을 달성하지 못한다. 그런 의미에서 그는 시민사회를 인륜성이 상실된 단계로서의 공동체라고 지칭한다. GPR, §§ 185, 181 참조. 헤겔에게서 이 진정한 인륜성이 실현되는 공동체는 바로 국가이다. 바로 그렇기에 『법철학』의 제3부 「인륜성」의 종착지는 "국가"이며, 이에 선행하는 단계인 "가족"과 "시민사회"는 헤겔의 서술에 따르면 마지막 단계이자 인륜성의 궁극적 완성태인 국가 안으로 통합된다.

전형적인 현상이고 국가의 필수불가결한 요소이기도 하다.

(2) A. 욕구의 체계(§§ 189-208)

헤겔은 시민사회의 첫째 계기를 "욕구의 체계"라고 부른다. 이는 특정한 측면에서 보아 시민사회를 "욕구의 체계"로 규정할 수 있음을 뜻한다. 사실상 이 체계는 시민사회의 구조적 토대를 이루는 것으로서, 개인적 이익과 관심사의 만족을 목적으로 작동하는 상호적 관계의 복합체이다. 이러한 의미에서 그는 이 체계를 "**개개인**의 **욕구**와 그 만족이 자신의 노동에 의해 그리고 **다른 모든 사람들의** 노동과 욕구의 충족에 의해 매개되어 있는 것"[53]으로 본다. 헤겔은 이 절을 욕구와 충족의 방식, 노동의 방식, 자본으로서의 자산, 그리고 특화된 노동에 종사하는 계층에 관한 논의로 구성한다. 시민사회에 대한 헤겔의 서술, 특히 "욕구의 체계"의 구조 및 작동에 대한 서술은 당시에 새로이 발전하기 시작한 정치경제학 또는 국가경제학이 그에게 끼친 영향을 잘 드러내고 있다. 그는 이 절에서 당대의 저명한 정치경제학자들을 언급하면서 이 근대 경제학에 대해 다음과 같이 말한다.

> 이 학문은 근대를 기반으로 하여 발생한 학문 중 하나인데, 그것의 발전상을 보면 어떻게 **사상**이 [...] 우선 그 앞에 놓여 있는 이 무수히 많은 개별적 사항들로부터 사태의 핵심에 있는 단순한 원리를, 즉 사태

53 GPR, § 188.

속에서 작용하며 이를 지배하는 오성(Verstand)을 발견해내는지에 대하여 흥미로운 점을 보여준다.[54]

헤겔은 이 인용문에서 정치경제학의 특징적인 면을 서술하고 있다. 즉 그에 따르면 정치경제학은 개인의 다양한 욕구 및 그 충족의 과정과 같은 개별적이고 특수한 상황들에서 우연적으로 보이는 현상들에 존재하는 필연성과 보편적 법칙을 발견하여 이를 사회적 차원에서 원리적으로 설명하는 학문이다.[55] 그리고 그가 정치경제학의 원리를 적용하여 서술하고 있는 근대 시민사회의 양상이 바로 그가 "욕구의 체계"로 명명하는 것이라고 할 수 있다. 헤겔의 이러한 서술에서 키워드는 욕구, 노동, 계층이다.

사회적 존재로서 인간의 욕구와 그 충족을 위한 수단들은 여타의 동물에서와는 달리 자연에 의해 단순히 제약된 것이 아니다. 오히려 인간은 자연적 제한을 극복하고 스스로 욕구와 그 충족의 수단을 창출해낸다. 이러한 측면이 바로 인간의 문명화 과정과 직결된 것이기

54 GPR, § 189. 이 인용문을 자세히 살펴보면 헤겔이 "원리"와 "오성"을 등치시켰다는 것을 알 수 있다. 이러한 헤겔식의 어법은 우리에게는 매우 낯선 것이다. 그러나 오성이라는 능력이 현상을 법칙적으로 이해하고 개념화하는 능력을 의미한다고 할 때, 또한 법칙이라는 의미로서의 원리를 발견하는 능력이라고 할 때, 원리와 오성을 이렇듯 등치시킨 것이 무리한 일이라고 할 수만은 없다. 왜냐하면 예컨대 우리는 최고의 포괄적 인식능력으로서의 이성(Vernunft)을 대상적인 또는 객관적인 의미로 사용하여 우주에 존재하는 원리로서의 이성이라고 말할 수도 있기 때문이다.

55 헤겔을 탐독했던 마르크스 역시 자신의 정치경제학 저술인 『자본론』의 목적에 대해 이와 유사한 생각을 피력한다. "현대 사회의 경제적 운동법칙을 발견하는 것이 이 책의 최종 목적이다." Karl Marx, *Das Kapital* I, vierte durchgesehene Auflage, Hamburg, Verlag von Otto Meissner, 1890, p. VIII.

도 하다. 이러한 과정에서 사회적 존재로서의 인간의 욕구는 다양화되고 분화되며 또 특수화된다. 그리고 이에 상응하여 그러한 욕구를 충족시키기 위한 수단들도 다양화·분화·특수화된다. 그렇지만 이러한 다양화되고 분화된 욕구들은 무제한적으로 추구되고 충족되는 것이 아니다. 왜냐하면 개인이 지니는 욕구들의 충족은 상당한 정도로 타인에 의존하며, 타인과의 관계 속에서 이루어지기 때문이다. 즉 시민사회의 구성원들은 상호적 연관성을 통해서 자신들의 욕구를 실현하는 존재인 것이다. 이러한 연관성 속에서 시민들은 서로가 인정하는 방식으로 욕구를 충족하게 된다. 말하자면 예컨대 의식주와 같은 삶의 기본조건이자 욕구를 충족함에 있어서도 사람들은 한편으로 자신들의 취향과 의견에 따라 다양한 방식을 원하지만, 동시에 타인들과 동일한 방식으로 이를 충족시킨다. 즉 현대 한국인이라면 식탁에서 숟가락과 젓가락을 가지고 밥공기에 밥을 담아서 반찬그릇에 놓인 반찬들과 같이 먹을 것이다. 누군가 특이한 방식으로, 예를 들어 방바닥에 앉아 바닥에 밥을 놓고 손으로 식사를 하려고 할 수도 있으나, 이것은 한국인의 시민사회 안에서는 인정받을 수 없는, 또는 문명화되지 않은 방식으로 치부될 것이다. 옷 입는 것에서도 이와 유사한 현상이 나타난다. 누구나 개성적인 옷차림을 선호하더라도, 대개는 다른 사람과 유사하게, 예컨대 남자라면 셔츠와 바지 그리고 겉옷을 입고 구두를 신은 채 거리에 나설 것이다. 치마를 입는다거나 또는 웃옷을 벗은 채 거리를 활보하지는 않을 것이다. 즉 사회 안에서 사람들의 욕구는 다양화되고 분화되지만, 동시에 일종의 유사한 방식 내지는 보편적인 방식에 따라 추구된다. 이것이 바로 욕구가 갖는

사회적 성격이라고 할 수 있다.[56]

이상에서 본 것처럼 헤겔은 특수화되고 분화된 욕구들에 상응하는 수단들을 마련하고 획득하는 매개적 활동을 "노동"으로 규정한다. 그리고 그에 따르면 노동은 자연으로부터 얻어진 재료를 인간이 갖는 목적들에 맞게 가공함으로써, 그렇게 획득된 수단들에 "가치"와 "합목적성"을 부여한다.[57] 여기서 우리는 헤겔의 입장이 애덤 스미스를 위시하여 영국 고전경제학자들이 주장한 가치이론인 노동가치론, 즉 상품의 가치 및 사회적 부의 원천은 노동이라는 이론과 다르지 않음을 확인할 수 있다. 헤겔은 시장경제체제로서의 근대 산업사회에서 노동이 점점 세분화·특화·전문화된다고 서술한다. 특화되고 세분화된 욕구에 따라 노동 역시 특화되고 세분화되며 이는 다시 다양하고 특화된 상품의 생산으로 이어진다. 이러한 상품의 생산과 교환 그리고 소비의 과정 속에서, 그 효율성으로 인해 노동분업이 가속화되며 이것은 생산의 증대로 이어지는데, 이것은 다시 욕구의 충족을 증대시킨다.[58]

---

56 이러한 사회적 성격에 대해 헤겔은 다음과 설명한다. "내가 타인에게 순응할 수밖에 없다는 데서 보편성의 형식이 생겨난다. 내가 욕구 충족의 수단을 타인에게서 얻고, 그렇기 때문에 타인의 의견을 따를 수밖에 없는 것이다. 그러나 그러면서 동시에 나는 타인을 만족시키기 위한 수단을 만들어내지 않을 수 없게 된다. 따라서 사람들은 서로가 타인에게 도움이 되도록 행동하고 있는 것이고 타인과의 연관성 속에 있는 것이다. 그런 한에서 모든 특수하고 개별적인 것이 사회적인 것으로 된다." GPR, § 192, Zus.

57 GPR, § 196.

58 노동분업이 야기하는 효율성과 노동생산력의 증대에 대해서는 애덤 스미스가 그의 『국부론』에서 매우 상세히 설명하고 있다. 애덤 스미스, 『국부론』, 김수행 역, 동아출판사, 1993, 13-28쪽.

그런데 헤겔이 노동분업과 관련하여 강조하는 것은 노동의 "추상화"이다. 그가 말하는 "추상화"란 근대적 생산방식에서의 노동분업 및 전문화와 불가분의 관계에 있는 것으로서, 복합적인 과정으로서의 노동이 나뉘어 제각각 떨어져 나가고 동시에 표준화되는 것을 뜻한다. 예컨대 여러 공정이 결합된 전체적인 과정으로서의 노동이 '구체적'이라면, 공장에서 어떤 노동자가 전체 과정에 대한 의식 없이 오로지 나사만 조이는 일만 할 때, 이 노동은 한 부분으로 쪼개져 단순화되고 구체성을 상실한 추상적 노동이라는 것이다. 이런 식의 분화되고 추상화된 그리고 동일한 것의 반복으로 특징지어지는 노동은 공장에서의 기계화가 진행됨에 따라 더욱 강화되고 표준화된다. 즉 일정한 표준에 맞게 획일화되는 것이다. 그리하여 이러한 추상화는 다시 "노동을 더욱더 **기계적으로** 만들며 이로 인해 끝내는 인간이 밀려나고 그 자리를 **기계**가 대신하는 일이 발생"하게 된다.[59] 여기서 헤겔은 근대 산업사회가 갖는 노동소외현상의 일면을 묘사하고 있다. 즉 인간의 노동 자체가 기계적이 되고 단순화됨으로써, 또 기계에 의해 인간 노동의 지위가 부차적인 것으로 되면서, 노동은 인간의 자기실현과 자기표현 또는 자기형성이라는 의미를 상실하게 되는 것이다.[60] 기계는 생산량을 증대시키고 인간의 노동을 수월하게 만드는

---

59 GPR, § 198.

60 『법철학』의 출판 이전 예나 시기에 헤겔은 바로 이러한 노동소외현상에 대해 다음과 같이 쓰고 있다. "[...] 그러나 그는[노동하는 사람은] 노동의 추상화에 의해 더욱 기계적이고 둔중하며 몰정신적인 존재가 되어간다. 정신적인 것, 즉 충만한 자기의식적인 삶은 공허한 것이 되어버린다. 자아의 힘은 풍부하게 포괄하는 행위 속에 있는 것인데, 이러한 힘은 상실되어버린다. 그는 여러 가지 노동을 기계에 떠맡길 수 있게 되고, 그렇게 됨으로써 그 자신의 행위는 점점 더 형식적으로 변한다.

한편,[61] 이로 인해 노동의 주체인 인간이 오히려 기계에 종속되는 일이 일어나게 된다. 이러한 헤겔의 통찰은 바로 마르크스가 본격적으로 제시한 노동소외이론과 맥을 같이한다고 할 수 있다.[62]

다른 한편, 헤겔에 따르면 노동의 분업화와 전문화 그리고 추상화는 욕구의 충족을 위한 인간들의 "의존성과 상호관계를" 더욱 긴밀하게 하고 일종의 "필연성"이 지배하는 것으로 만든다.[63] 그리하여 이 상호관계로서의 "욕구의 체계"에서는 다음과 같은 일이 발생한다.

> [...] **주관적인 이기심**이 **다른 모든 사람들의 욕구를 충족시키는 데 기여하는** 것으로 전화한다. [...] 그리하여 각자가 자기를 위하여 획득하고 생산하며 향유함으로써 그것은 동시에 나머지 모든 이들의 향유를 위해 생산하고 취득하는 것이 된다. 만인 상호 간의 의존관계라고 하는 이러한 전면적인 얽힘 속에 놓인 필연성은 이제 모두에게 **보편적이고 지속적인 자산**이 되는데, [...] 이것은 누구나가 자신의 도야와 숙련성에 의해 이러한 관계 속에 참여하여 자기의 생계를 확보할 수 있는 가

그 자신의 무뎌진 노동 행위는 그를 단 하나의 지점에 묶어놓게 된다. 그리고 노동은 일면적(einseitiger)이면 일면적일수록 더욱 더 완전한(vollkommener) 것이 된다." G. W. F. Hegel, *Jenaer Systementwürfe* III, Gesammelte Werke, Band 8, hrsg. von R. P. Horstmann, Hamburg, Felix Meiner, 1976, p. 243.

61 스미스는 자신의 『국부론』에서 기계에 의한 생산량의 증대 및 분업과 기계와의 관계에 대해 논하고 있다. 스미스, 앞의 책, 18-20쪽 참조.

62 마르크스의 노동소외 이론 및 특히 기계화가 초래한 인간 노동의 변화된 양상의 서술에 대해서는 다음을 참조하시오. 칼 마르크스, 『경제학-철학수고』, 김태경 역, 이론과 실천, 1987, 54-68쪽; Marx, *op. cit.*, pp. 334-392.

63 GPR, § 198.

능성을 마련해준다.[64]

여기서 헤겔이 말하고 있는 것은 스미스가 말하는 "보이지 않는 손(invisible hand)"을 연상시킨다.[65] 그렇지만 헤겔은 스미스의 입장을 제한적으로만 지지할 뿐이다. 욕구 충족을 위한 생산과 소비의 이기심이 공공의 이익과 전체의 조화로운 발전을 위한 충분한 요인이 된다는 시장 메커니즘에 대한 전폭적인 신뢰는 헤겔과는 거리가 멀다. 스미스에 비하면 헤겔은 시장의 실패를 방지하고 공공복리를 실현하기 위한 정부의 규제와 행정적인 개입의 필요성을 훨씬 긍정적으로 평가한다.[66]

이제 헤겔은「A. 욕구의 체계」마지막 부분에서 일종의 계층이론을 발전시키고 있다. 시민사회에서 모든 개인은 법적으로 평등한 시민으로 인정되지만, 태생적인 차이, 소유한 자본과 능력의 차이, 그리고 이것들을 운용하고 습득·발휘하는 것과 관련된 온갖 우연성들로 인하여 이 개인들 간에는 다양한 수준에서의 불평등이 존재한다. 이

---

64 GPR, § 199.

65 이와 관련하여 스미스는『국부론』에서 다음과 같이 말하고 있다. "사실 그는[각 개인은] 공공의 이익을 증진시키려고 의도한 것도 아니며 그가 얼마나 기여하는지도 알지 못한다. [...] 그는 오직 자신의 이익을 의도한 것이다. 그는 이렇게 함으로써 [다른 많은 경우와 같이] 보이지 않는 손(invisible hand)에 이끌려 그가 전혀 의도하지 않은 목적을 증진시키게 된다. [...] 그는 자기 자신의 이익을 추구함으로써 종종 그 자신이 진실로 사회의 이익을 증진시키려고 의도하는 경우보다 더욱 효과적으로 그것을 증진시킨다." 스미스, 앞의 책, 434쪽.

66 GPR, § 230 참조. 워스체크는 앞서 각주 21에서 언급한 그의 책에서 정부가 시장 메커니즘에 개입하는 것에 대해 스튜어트와 스미스 그리고 헤겔의 입장이 어떻게 다른지를 설명하고 있다. Waszek, *op cit.*, pp. 182-195.

러한 불평등, 그리고 욕구와 충족 수단의 다양성으로 인해 시민사회 내에서는 직업에 따르는 몇 가지 유형의 계층이 생겨나는데, 헤겔은 이를 다음과 같이 표현한다.

> 무한히 다종다양한 수단들 그리고—상호적인 생산과 교환에서 이루어지는—이것들의 마찬가지로 무한히 상호 교차적인 운동은 그 내용에 내재하는 보편성에 의해 **모이고 보편적인 집단들**로 **나뉘게** 된다.[67]

헤겔이 이러한 집단들로 구분하고 있는 계층은 세 가지인데, 이는 농민 계층, 상공인 계층, 관료 계층이다. 근대 이전의 사회에서 계층 또는 신분은 대개 태생적으로 결정되었고 직업 선택의 가능성 또한 매우 제한되어 있었다. 그러나 근대 시민사회를 논하고 있는 헤겔은 이제 그가 말하는 계층이 "소질이나 출생이나 주변 사정"의 영향을 받기는 하지만, 가장 "본질적"으로는 개인의 "주관적인 의견과 저마다의 특수한 의향"에 따라 정해지게 된다고 말한다.[68]

헤겔은 농민 계층을 "실체적" 또는 "직접적" 계층으로 명명하는데, 이 계층은 토지에 매여 있으며, "토지의 자연적 산물을" 자신의 삶의 기반이자 자산으로 삼는다. 농업이라는 활동에서는 "노동과 소득이 각각 개별적으로 고정된 시기에 묶여 있고, 수확은 자연 과정의 가변적인 성질에 의존해" 있기에, 이 계층에게는 자신의 지능과 자유로운 시도를 통해 스스로의 삶을 개척할 여지가 제한되어 있다. 이를

67 GPR, § 201.
68 GPR, § 206.

헤겔은 이 계층이 "반성과 독자적인 개별적 의지에 의해서는 별로 매개되지 않은" 생존 방식을 갖고 있다고 표현한다.[69]

헤겔은 상공인 계층을 "반성적 또는 형식적" 계층으로 지칭하는데, 이 계층은 자연을 직접적인 경작의 대상으로 삼는 것이 아니라, 이를 가공하여 상품으로 만들고 또 이를 교환한다. 헤겔은 이 계층이 자신의 "노동, 반성, 오성에, 또한 본질적으로는 타인의 욕구와 노동을 매개하는 것에 의존"하여 그 삶을 영위해나간다고 말한다. 즉 이 계층은 "직접적" 계층인 농민 계층과는 달리, 주로 숙고하고 계산하는 능력과 자유로운 의향, 경제적 연관관계를 활용하여 소득을 올리고 생계를 이어간다는 것이다. 또한 이 계층은 도시적이라는 것을 특징으로 삼으며, 그 특수한 생계방식으로 인하여 법과 권리에 대한 발달된 감각을 지닌다.[70]

헤겔은 관료 계층을 "보편적" 계층으로 부르는데, 그것은 이 계층이 사회의 공적이고 "보편적 관심사"를 자신의 과업으로 삼고 있기 때문이다. 이러한 공적인 목적을 위하여 이 계층은 사적 이해관계에 매몰되지 않도록 "사사로운 욕구를 채워주는 직접적인 노동"을 면제받아야 한다. 또 헤겔에 따르면 이 계층은 자신의 공적인 업무에 집중할 수 있도록 이에 적합한 조건을 국가로부터 제공받거나 아니면 이미 충분한 사적 재산을 소유하고 있어야 한다. 이러한 관료 계층은 시민사회의 질서를 유지하고 공적인 과제를 수행하여 이 "욕구

---

69 GPR, §§ 202-203.

70 GPR, §§ 202, 204.

의 체계"가 원활히 작동하는 데 기여한다.[71]

(3) B. 사법(司法) 활동(§§ 209-229)

제각기 특수한 욕구를 지닌 자유로운 주체들의 각축장으로서 시민사회는 무질서한 전쟁터가 아니다. 그런 전쟁터와 같은 조건에서라면 욕구들의 충족은 결코 보장될 수 없을 것이다. 그렇기에 시민사회는 자유가 직접적으로 현존하는 형태인[72] 소유권이 보호되고 자유로운 거래와 계약의 조건이 확보되기 위해서 법적 질서가 유지되어야 한다. 헤겔이 이 절에서 "사법 활동"이라는 제목으로 다루고자 하는 내용은 바로 이러한 법적 질서와 조건에 관한 것이다. 우리는 이미 앞에서 우리가 '법'으로 번역하는 독일어 단어 'Recht'가 우리말의 법, 권리, 정의 등을 모두 함축하는 매우 포괄적인 의미를 갖는다는 사실을 지적한 바 있다.[73] 이러한 포괄적 개념으로서의 법은 일종의 이념으로서 그것이 현실적으로 구현된 실정법과는 구분된다. 즉 이렇듯 실제로 구속력을 가지며 법전에 명시된 것으로서의 실정법만을 지칭하는 법률(Gesetz)과 이념으로서의 법(Recht)은 구분되는 것이다. 이를 헤겔은 다음과 같이 설명한다.

본래적인 의미에서의 법 자체가 객관적인 현존재의 양태로 **정립되면**,

---

71 GPR, §§ 202, 205.

72 GPR, § 40 참조.

73 앞의 각주 2 참조.

즉 사유를 통해 의식의 대상으로서 규정되고 법인 동시에 효력을 갖는 것으로서 **주지되면**, 그것이 **법률**이다. 그리하여 법은 이러한 규정을 통해서 **실정**법 일반이 되는 것이다.[74]

헤겔은 사법 활동의 기초를 이루는 것이 모든 시민의 법적 동등성이라고 본다. 그렇기에 시민사회의 구성원으로서의 시민은 "구체적 인격체"로서 모두 동등한 법적 권리를 지니는 "인간"이다.[75] 그리고 사인으로서의 시민들의 권리와 보편적 평등은 제도를 통해 구체적으로 보장되어야 한다. 즉 시민들의 생명, 안전, 자유, 재산과 관련된 기본권들은 반드시 성문화된 법률로 보장되어야 하며, 공정한 재판 제도를 통해 공적으로 적용되고 집행되어야 한다. 그렇기에 법의 성문화를 통한 객관화와 공적 기구에 의한 법의 적용 및 집행은 시민사회의 보편성의 측면을 강화하여 특수성에 기초하는 시민사회의 통합과 발전에 기여한다.

시민사회는 개인의 무한히 다양한 욕구와 그것의 충족을 위한 경쟁과 갈등이 발생하는 장소이므로 기본권에 대한 침해나 범죄행위가 발생할 소지가 다분하다. 또한 예컨대 독점, 담합, 계약불이행 등 경제적 범죄의 발생은 시민사회의 물적 토대이기도 한 시장 메커니즘을 해치는 주된 원인으로서, 시민사회의 건전한 작동과 유지를 위태롭게 한다. 범죄가 시민사회의 안정과 질서에 끼치는 부정적 영향을

74 GPR, § 211.

75 헤겔은 시민사회에서 모든 구성원이 인간으로서 또 법적 권리의 주체이자 객체로서 모두 평등한 존재로 여겨져야 함을 "무한한 중요성을 지니는" 것으로 강조한다. GPR, § 209.

고려한다면, 이에 대한 엄격한 처벌을 요구하는 것이 마땅하다. 물론 실정법으로서의 법률이 언제나 이성적이고 정당한 것은 아니다. 법률의 내용은 "비이성적일 수도 있고 따라서 부당할 수도 있다." 그것의 이성적인 완전성이 추구되는 것은 당연하겠지만, 우연적이고 자의적인 요소가 입법에 끼어들어가는 것은 어느 정도 불가피하다. 즉 "이런 일은 현재에도 일어나고 있으며 또한 옛날부터 모든 입법에서 일어났었다. 오로지 필요한 것은 이에 관해 마치 법률은 어느 면에서나 이성 또는 올바른 오성에 의해, 순전히 이성적이고 오성에 합당한 근거에 의해 규정될 수 있고 있어야만 한다는 식의 잘못된 목표나 괜한 얘기에 대해서 확고한 의식을 갖는 일이다."[76] 그러나 다른 한편 헤겔은 사회가 견고하고 안정되어 있으면 그 사회는 범죄에 대한 내구력과 방어력을 지니기 때문에 보다 가벼운 처벌을 할 수 있게 된다고 본다. 또 그는 근대 시민사회가 발전함에 따라 법률 역시 보다 이성적이 되며, 가혹한 형벌도 점차 사라질 것으로 여긴다.[77]

헤겔은 재판 제도 일반을 "공적 권력"으로 지칭한다. 그것은 재판이 "특수한 이해에 얽힌 주관적인 감정을 벗어나 특수한 사례에 있어서 법을 인식하고 실현하는 것"을 자신의 과제로 삼기 때문이다. 그렇기에 헤겔에 따르면 재판은 "법"이 스스로를 "보편적인 것"으로서 "관철시키는" 제도이다.[78] 그렇기에 재판은 그것의 보편성과 객관성 그리고 공적인 성격을 관철하기 위해서 '공개성의 원칙'에 따라[79]

---

76 Enz. III, § 529.

77 GPR, § 218.

78 GPR, § 219.

79 GPR, § 224.

수행되어야 한다. 그런데 헤겔에 따르면 재판에서 판결 과정은 "개별적인 사건에 법률을 적용하는 일"로서 다음의 두 측면을 포함한다.

> **첫째**, 사건의 성질을 그 사건의 **직접적 개별성**이라는 관점에서 인식하는 일, 이를테면 계약 등이 존재하는가, 침해행위가 저질러졌는가, 범인은 누구인가를 인식하는 일이고, **형법의** 경우라면 행위를 그 **실체적**·범죄적 성격의 관점에서 규정하는 일, 즉 반성하는 일이다(§ 119 주석 참조). 둘째, 사건을 **법률** 아래 포섭함으로써 법을 회복하는 측면인데, 법의 회복이 형법에서는 형벌로 이해된다. 이 두 가지 다른 측면을 결정하는 것은 서로 다른 기능들이다.[80]

요약하자면, 판결 과정의 두 측면이란 사실관계를 확인하고 인식하는 측면, 그리고 이러한 인식에 기초하여 최종적인 결정을 내리는 판결이라는 측면 이 두 가지를 뜻한다. 여기서 후자는 재판관들의 "고유한 업무"이다. 그러나 전자는 헤겔에 따르면 "**교양인이라면 누구나** 할 수 있는 인식"으로서[81] 직업적 재판관들이 독점해야 할 사항이 아니다. 헤겔은 여기서 배심원 제도의 필요성을 강조하고 있다. 즉 "재판관만이 범죄 사실을 확정지을 수 있다고 생각"할 어떤 이유도 존재하지 않는다는 것이다.[82] 배심원 제도의 유용성 여부가 논란거리라 하더라도, 헤겔에 따르면 이 제도는 시민사회를 이루는 주체의 본

---

80 GPR, § 225.
81 GPR, §§ 226-227.
82 GPR, § 227, Zus.

질과 관련된 중요한 사안이다. 즉 이 제도는 근대 시민사회의 주체가 갖는 자유와 권리에 상응하는 제도인 것이다.

> **주관적 자유**의 계기인 자기의식의 권리야말로 공개적 사법 활동과 이른바 **배심재판**의 필요성에 관한 문제에서 고려되어야 할 실체적인 관점으로 간주될 수 있다. 이들 제도에 대해 **유용성**이라는 형식으로 무엇이 제시되건 간에 본질적인 것은 결국 이 관점으로 귀착된다.[83]

다시 말해서 헤겔은 재판에서 배심원으로서의 시민들의 역할과 참여를 강조함으로써, 그리고 사법 활동의 공개성을 주장함으로써 시민사회의 주체인 시민의 성격을 부각시킨다. 이러한 그의 서술 속에서 시민사회는 사인(私人)으로서의 개인의 자유와 권리가 보장되고 구현되는 영역으로 그려지고 있다.

---

83 GPR, § 228. 같은 곳에서 헤겔은 이에 관하여 다음과 같이 보다 상세하게 서술하고 있다. "만약 각종 법률의 전체 범위에 걸쳐 있는 법에 관한 지식이나 더 나아가 재판절차에 관한 지식, 그리고 권리를 추구할 수 있는 가능성 이 모두가 어떤 한 계층만의 **소유물**이라는 것은, 즉 스스로의 권리를 지키고자 하는 당사자들에게 외국어나 다름없는 전문용어를 사용하면서까지 배타적으로 행세하는 한 계층만의 소유물이라는 것은 다음과 같은 것을 의미한다. 즉, 이는 생계를 위해 **자신의 활동, 자신의 앎, 그리고 자신의 의지의 작용**에만 의존해 있는 시민사회의 구성원들이 가장 인격적이고 가장 고유의 것에 대해서뿐만 아니라 그 속의 실체적이고 이성적인 것, 즉 법에 대해서까지 국외자로 취급된다는 것, 그리고 전문화한 법률가 계층의 **후견을 받는 입장**에 서게 됨으로써 이러한 계층에 대해 일종의 예속상태에까지 놓이게 된다는 것을 의미한다."

(4) C. 복지행정과 직업단체(§§ 230-256)

헤겔이 말하는 "전면적 상호의존의 체계"로서의 시민사회는 단지 경제적 연관관계나 법률적 연관관계이기만 한 것이 아니라 보다 포괄적인 체계이다. 그렇기에 그는 앞서 「시민사회」장의 총론에 해당하는 부분에서 이 체계를 다음과 같이 상세하게 서술한 바 있다.

> 그리하여 개인의 생계와 복지 및 법적인 실존은 만인의 생계와 복리 및 권리에 얽혀 들어가 이러한 측면에 근거하게 되며, 이러한 연관성 속에서만 실현되고 보장된다.[84]

이러한 "실현"과 "보장"은 물론 자동적으로 이루어지는 것이 아니며, 이를 위해서는 우리가 앞서 B절에 대한 설명에서 다루었던 사법 제도에 더하여 시민사회의 안정과 질서 유지를 위한 규제와 조정 기능 그리고 사회 통합 기능을 담당하는 공적 제도와 기구들이 요청된다. 바로 이러한 제도와 기구들을 헤겔은 "복지행정"[85]과 "직업단체"로 집약한다.

---

84 GPR, § 183.

85 여기서 "복지행정"으로 번역한 독일어 단어는 "Polizei"이다. 이 단어는 영어의 'police'에 상응하는 단어로서 오늘날에는 주로 치안을 담당하는 공권력이라는 의미로 쓰이지만, 헤겔 당대에는 이보다 훨씬 넓은 의미로 쓰였다. 그래서 헤겔은 "Polizei"를 복지와 사회 안전 그리고 사회 통합기능을 담당하는 행정기구 및 그 활동을 지시하는 용어로 사용한다. 이 용어에 대해 국내에서는 그동안 '경찰행정', '사회정책' 등의 번역어가 쓰이기도 했는데, 필자는 이 용어가 갖는 포괄적인 복지기능과 통합기능의 의미를 살려 "복지행정"으로 번역하였다.

헤겔은 "복지행정"을 "안전과 보장을 행하는 보편자의 힘"[86]으로 지칭하기도 한다. 시민사회는 기본적으로 사적 이익을 추구하는 개인들의 공동체로서, 그 자체로는 공적·보편적 이익을 목적으로 삼지 않기에 사회 통합과 공익을 침해하는 현상들이 벌어진다. 그런데 그렇게 되면 결국 사적 이익의 달성 자체도 불확실하게 되고 시민들의 안정된 삶의 조건도 위협받게 된다. 따라서 헤겔은 바로 이러한 문제들을 바로잡고 공동체 전체를 위한 보편적인 이익이 실현될 수 있도록 해주는 공권력으로서의 복지행정이 요청된다고 보는 것이다.[87] 그가 말하는 복지행정의 기능들은 매우 다양하고 복합적이다. 즉, 여기에는 사회 안전과 공공질서의 보장, 공정가격의 지정과 제품검사와 같은 경제질서 확립을 위한 조치, 거대 산업부문에 대한 관리, 사회기반시설의 확충, 생활필수품의 원활한 수급 보장, 공중 보건과 교육 기능, 빈민 구호 사업 등이 포함된다.[88]

헤겔이 말하는 복지행정의 역할은, 예컨대 다음에서처럼 구성원의 교육과 관련하여 좀 더 구체적으로 설명될 수 있다. 시민사회의 구성원은 가족의 유대관계에 머물지 않고 그것의 보호기능으로부터 벗어나 독립적으로 자신의 사적 이익과 욕구의 충족을 추구하는 개인들이다. 그리고 시민사회의 원활한 작동을 위해서 시민사회 자체가 바로 이러한 개인들을 필요로 하며, 이에 합당한 조건을 만들어낸다.

86 GPR, § 231.

87 이러한 맥락에서 헤겔은 다음과 같이 말하기도 한다. "이러한 보편적 업무나 공익적인 사업들에 대해서는 공권력에 의한 감독 및 배려가 요청된다." GPR, § 235.

88 GPR, §§ 235-242 참조.

시민사회는 개인을 가족의 유대로부터 떼어내 그 구성원들을 서로 소원하게 하고, 그리하여 그들 모두를 독립된 인격체로 인정한다. 나아가 시민사회는 외적인 비유기적 자연이나 개인이 자신의 양식을 마련해왔던 향토를 대신하여 시민사회라는 기반을 제공하고, 가족 전체의 존립마저도 시민사회에 의존시켜 우연성에 종속되게 한다. 이로써 개인은 **시민사회의 아들**이 되고, 개인이 시민사회에 대한 권리를 갖는 것과 마찬가지로 시민사회도 개인에 대해 여러 요구를 하게 된다.[89]

시민사회가 개인을 "시민사회의 아들"로 만들기 때문에, 시민사회는 자신의 아들을 양육하고 교육할 책임을 지닌다. 그렇기에 헤겔은 공교육의 중요성을 강조하는데, 즉 교육이란 가정에만 맡길 일이 아니며 그 구성원을 육성해야 할 시민사회의 의무이다. 이렇듯 헤겔에 따르면 어린이의 교육은 시민사회의 의무이며, 어린이들은 교육받을 권리를 지니기 때문에, "교육에 있어서—그것이 사회의 일원이 되는 능력과 관련되는 한—**부모의 자의**와 우연성에 맞서 **교육**을 감독하고 지도할 의무와 권리"가 시민사회에 귀속된다.[90] 그렇기에 시민사회는 "부모로 하여금 자녀들을 취학시키거나 이들에게 종두를 맞히게 하는 등, 부모들을 강제할 권리를 갖고 있다."[91]

이렇듯 시민사회는 복지행정을 통해 구성원들의 생계와 복지를 위한 다양한 조치를 취하는데, 그렇다고 해서 그것이 시민사회의 복

89 GPR, § 238.
90 GPR, § 239.
91 GPR, § 239, Zus.

잡한 문제들에 대한 충분한 해결책이 되는 것은 아니다. 게다가 시민사회는 구조적인 모순과 결함들을 가지고 있어서, 이것들이 시민사회를 위기상황으로 몰고 가기도 한다. 우리는 앞에서 「시민사회」장의 총론 격에 해당하는 부분을 고찰하면서 시민사회가 갖는 빈곤과 양극화 그리고 과잉생산의 문제들을 간략히 언급한 바 있다. 헤겔은 이제 C절에서 이러한 문제들에 대해 다음과 같이 상세히 논하고 있다.

> 시민사회가 아무런 방해도 받지 않은 채 작동하고 있을 때, 시민사회 내부에서 **인구와 산업은 점점 더 발전해나가는** 도상에 있다. 욕구를 통한 인간 사이의 연관관계, 그리고 욕구 충족을 위한 수단의 준비와 조달방법이 **보편화**하면서 **부의 축적**이 증대한다. 왜냐하면 바로 이 이중의 보편성으로부터 최대의 이득이 얻어지기 때문이다. 그러나 이런 면이 있는 한편, 다른 한편으로는 분화되고 특수화된 노동이 더욱더 **개별화**하고 **제한적**이 되면서 그러한 노동에 매여 있는 계급의 **예속**과 **궁핍**이 심화되는 가운데, 이 계급은 시민사회가 주는 보다 폭넓은 자유를, 또 특히 정신적 편익을 감수(感受)하고 향유할 능력을 상실해간다.[92]

빈곤과 궁핍이 심해져 일정한 생계 수준 이하의 상태가 되면 이러한 사태에 처한 계층은 "정의감, 준법정신, 그리고 스스로의 활동과 노동으로 생활을 유지한다고 하는 자긍심을 상실"하기에 이르며,

92 GPR, § 243.

이럴 때 헤겔이 "천민"이라고 부르는 인간군, 즉 육체와 정신이 피폐할 대로 피폐해진 인간들의 무리가 생겨난다.[93] 그러나 다른 한편에는 자본 축적에 의한 부와 생산의 과잉 역시 일어나며, 시민사회는 양극화의 심화로 인해 극히 불안정한 상태로 빠진다. 헤겔은 빈곤과 사회적 불평등과 같은 경제적 문제들이 자선 행위와 같은 주관적인 시혜를 통해서가 아니라, 결국은 복지행정적인 대책과 제도화를 통해 개선되어야 한다고 주장하지만, 시민사회와 시장경제체제에 내재한 모순과 결함으로 인해 궁극적인 해결은 불가능하다고 본다.[94]

93 GPR, § 244. 이미 이 「해제」 3장 2절의 (1)에서 시민사회에 내재하는 문제들을 언급하면서, 좀 더 포괄적 맥락에서 "천민"에 대해 서술한 바 있다.

94 또한 헤겔은 한편으로 부의 축적과 집중 그리고 생산과잉으로 인해, 다른 한편으로 빈곤의 심화 및 소비의 부족현상으로 인해 시민사회가 해외 시장 개척과 이에 뒤따르는 식민지 건설로 내몰리게 되고, 이를 통해 이러한 문제들을 해결하도록 시도하게 된다고 본다. 즉 그는 우선 이렇게 말한다. "시민사회는 [...] 밖으로 진출하여 자신만큼 넘쳐나는 자본재를 갖고 있지 않거나 전반적으로 기술과 같은 면에서도 뒤떨어져 있는 여러 다른 민족들에서 소비자를 구하는 동시에, 필요한 생계의 방편을 구하게 된다." 그런데 우리가 근대 이후의 세계 역사에서 충분히 관찰한 바 있듯이, 꼭 식민지의 형태가 아니더라도 헤겔이 말하듯 "뒤떨어져 있는", 즉 경제적 발전 수준이 낮은 시민사회들은 많은 경우에 산업적으로 더 발전된 시민사회에서 생산된 상품의 소비지이자 저렴한 원료의 공급지로 전락하게 되었고, 더욱 피폐한 삶의 조건에 처하게 되고 말았다. 즉 여기에는 불공정 무역이나 착취의 문제가 개재되어 있는 것이다. 게다가 더 발전된 시민사회가 해외 무역을 통해 얻는 이익이 반드시 사회 전반의 생활 수준 향상에 기여하리라는 보장도 없다. 즉 해외에서 획득한 부가 역시 소수의 손에 집중될 가능성은 사라지지 않는 것이다. 또한 아예 식민지를 건설하는 것 역시 하나의 해결책으로(물론 발전된 시민사회의 관점에서) 간주될 수 있다. 즉 헤겔은 이렇게 말한다. "시민사회는 식민지 건설로 내몰리게 된다. 인구의 증가만으로도 벌써 그런 결과를 빚는 방향으로 나아가게 되는데, 특히 생산이 소비의 수요를 초과하면서 자신의 욕구를 자신의 노동으로는 충족시킬 수 없는 사람들이 다수 생겨남에 따라 식민지 건설이 촉진된다." 그렇지만 이것 역시 궁극적 해결책은 아닐 것이다. 왜냐하면 이런 방법 역시 착취의 문제에서 자유로울 수 없겠지만, 그것

헤겔은 시민사회에서 사회 통합 기능을 담당하고 보편적 이익의 추구와 실현을 도모하는 또 하나의 제도적 장치로서 "직업단체"를 들고 있다. 그가 말하는 "직업단체"는 같은 직종에 종사하는 직업인들의 협력단체나 조합과 같은 일종의 결사체를 뜻한다. 시민사회에는 노동이 세분화되어 있고 다양한 직업군이 존재하므로 마찬가지로 다수의 직업단체들이 존재한다. 그런데 헤겔은 자신이 말하는 "직업단체"가 상공인 계층에만 해당되는 것이고, 농민 계층이나 관료 계층은 이런 직업단체들을 별도로 필요로 하지 않는다고 주장한다. 그것은 상공인 계층이 갖는 특별한 성격 때문이다. 헤겔의 인륜성 개념에 따르면, 인륜성이 잘 구현되어 있는 공동체는 보편적 차원과 특수하고도 개별적인 차원을 생동적으로 결합하고 있다. 즉 구성원들의 특수한 욕구와 성향들이 전체가 지향하는 보편적 목적과 조화롭게 결합되어 있는 공동체가 좋은 윤리적 공동체인 것이다. 그런데 시민사회에도 특수성과 보편성이 존재하기는 하지만, 이 시민사회로서의 공동체는 본래 사적 이익을 추구하는 사적 인간들의 공동체로서, 여기서의 보편성은 제한적이고 상대적인 성격을 지니며, 특수성의 측면, 즉 개인적이고 주관적인 욕구와 이해관계의 측면이 강력한 동력으로 작용한다. 그리고 이러한 특수성의 측면을 대표하는 계층을 헤겔은 상공인 계층으로 본다.[95] 그렇기에 직업단체는 상공인 계층에게

은 차치하더라도 다음의 결과가 초래되기 때문이다. 즉 헤겔이 시사하고 있듯이, 새로이 건설된 식민지 역시 전쟁을 통해서건 아니면 다른 방식을 거쳐서건 간에 결국은 해방과 독립의 길을 걷게 되며, 이 해방된 식민지 역시 시민사회에 내재할 수밖에 없는 문제점들을 똑같이 겪게 되는 것이다. GPR, §§ 246, 248, Zus.

95 GPR, § 250.

서 결여되기 쉬운 보편성의 측면을 강화하여 공동체 전체의 이익에 기여할 수 있게 하는 제도라고도 할 수 있다. 그래서 상공인 계층에 속하는 시민들은 직업단체에 참여하여 자신들의 삶에서 결여되기 쉬운 보편성의 측면을 의식하고, 이기적이고 협소한 사인(私人)적 삶에서 벗어나게 되는 기회를 얻는다.

헤겔은 이러한 직업단체가 갖는 기능들을 오늘날의 우리가 노동조합이나 여러 직업적 이익단체들에서 보는 것보다 폭넓게 다음과 같이 규정한다. 첫째로 헤겔에 따르면 직업단체는 그 구성원 내지 조합원에 대해 "제2의 가족"과 같은 역할을 한다. 즉 직업단체는 단체 자신의 이익을 추구하면서 동시에 그 구성원의 생계에 대해 배려하고, 구성원 상호 간의 협력을 통해 이 단체의 목적에 기여할 수 있는 기회를 제공한다.

둘째, 직업단체는 자신의 구성원들을 교육하여 이들이 이 단체에 어울리는 능력을 갖추도록 힘쓴다. 구성원들은 직업단체에서 공동의 목적을 위해 함께 노력하는 가운데, 연대 의식을 배양하고 단체 활동의 경험을 쌓으면서 사회적 책임을 지닌 시민으로 성장할 기회를 제공받는다.[96]

셋째, 직업단체는 그 구성원에게 구체적 소속의식과 더불어 긍지를 갖도록 하여 이기적 목적들의 각축장인 시민사회에서 안정된 삶을 영위할 수 있게 배려한다. 헤겔은 직업단체에서 구성원들은 각자 자신의 사적 목적에만 매인 것이 아니라, 전체의 목적을 위해 서로

---

96 GPR, § 252.

협력하면서 기여하고, 또 이러한 관점에서 서로를 인정해주는 과정을 통해 자신이 속한 단체와 동료에 대한 책임의식을 배양하고 자긍심을 키울 수 있다고 본다. 예컨대 직업단체에서 구성원들은 상호부조의 역할을 하기 때문에 빈곤한 상황에서 특정 구성원이 받는 원조가 그의 자존심에 상처를 주지 않으며, 또한 구성원들은 자신들의 기여를 통해 다른 구성원을 도울 수 있는 기회를 얻기 때문에 스스로에 대한 자긍심도 높일 수 있다는 것이다. 헤겔은 이처럼 직업단체에 속한 시민은 빈곤한 처지에 놓이게 되더라도, 그가 "정의감, 준법정신, 그리고 스스로의 활동과 노동으로 생활을 유지한다고 하는 자긍심"을 상실한[97] 인간군으로 묘사한 "천민"의 지위로 전락할 가능성이 현저히 줄어들 것으로 본다.[98]

넷째, 직업단체는 정치적 기능을 수행하기도 한다. 직업단체는 의회에 대표를 내보내 자신과 구성원의 이익이 입법과정에서 실현될 수 있도록 도모할 뿐만 아니라, 아래로부터 수렴된 의견이 국정에 영향을 끼치게 하는 매개체 기능도 수행한다. 그리하여 헤겔은 정부의 지나친 중앙집권적 통치행위나 관료들의 자의적인 행정 조치들을 견제하여 권력이 소수의 손에 집중되지 않도록, 그리고 일반 시민들의 정치적 의사가 국정에 반영될 수 있도록 하는 역할을 직업단체에 부여하고 있다.[99]

그런데 헤겔은 직업단체의 활동 역시 공권력의 감독과 보호를 받

97 GPR, § 244.
98 GPR, § 253.
99 GPR, §§ 297, 308, 311.

아야 한다고 주장한다.[100] 그러나 이것이 직업단체에 대한 국가의 전면적인 통제를 의미한다고 해석되어서는 안 될 것이다. 직업단체란 본래 공동의 이익과 목적을 지향하더라도 그것이 대체로 그 해당 단체에 국한되는 것이 일반적이다. 즉 직업단체가 그 자신과 구성원들의 이익을 지향하느라 이른바 집단이기주의에 빠진 이익단체처럼 기능할 가능성도 다분한 것이며, 이는 오늘날의 한국 사회에서도 흔히 볼 수 있는 일이다. 그렇기에 헤겔은 국가가 공동체 전체의 보편적 목적이라는 관점에서 직업단체를 관리하고 감독하는 일의 필요성을 주장하는 것이다. 이렇듯 공적인 관리와 감독의 대상으로서, 그리고 시민사회가 좀 더 인륜적으로 유지되기 위한 제도적 장치로서 직업단체에 헤겔이 부여하는 중요성은 그가 다음과 같이 말하는 데서 뚜렷이 드러난다. "**가족**에 이어 **직업단체**는 시민사회에 그 기반을 두면서 국가의 제2의 **인륜적** 뿌리를 이룬다."[101]

4. 맺는말: 시민사회와 국가와의 관계

헤겔에게 시민사회는 최종적인 인륜적 공동체가 아니다. 그에게서 이러한 공동체는 국가이며, 시민사회는 국가를 이루는 한 계기이다. 헤겔에 따르면 시민사회와 국가와의 차이는 각각의 공동체가 추구하는 목적을 보면 잘 알 수 있다. 그는 시민사회의 목적이 근본적으로

100 GPR, § 252.
101 GPR, § 255.

는 "재산과 개인적 자유의 보장과 보호"에 있으며, 국가의 목적은 이와는 다르다고 주장한다. 만약 바로 위에서 말한 것을 국가의 목적처럼 여긴다면 우리는 시민사회와 국가를 "혼동"하고 있는 것이라는 게 헤겔의 입장이다. 즉 "재산과 개인적 자유의 보장과 보호"는 개별적 시민으로서의 "개인들 그 자체의 관심사"인 것으로서, 이것은 시민사회의 목적일지언정 국가가 지향해야 할 궁극적인 목적은 아니라는 것이다.[102] 우리는 앞서 시민사회에 대한 헤겔의 서술을 고찰하면서 결국 시민사회의 구조를 이루는 모든 요소들이 이러한 목적에 따라 조직되어 있음을 확인한 바 있다. 그렇다면 헤겔이 생각하는 국가의 목적이란 무엇인가? 그는 이를 "보편적 관심사 그 자체"라는 말로 표현한다.[103] 이는 국가의 목적이 공동체 전체가 추구하는 것으로서의 보편적 가치와 공익에 있다는 말과 같다. 그런데 이것이 사익이나 개별 시민의 주관적 관심사를 배제함을 의미하지는 않을 것이다. 왜냐하면 시민사회가 국가를 이루는 하나의 계기인 한, 시민사회의 목적 또한 국가 내에서 추구될 것이기 때문이다. 요컨대 국가는 위에서 언급한 "개인들 자체의 관심사"를 고려하면서 "보편적 관심사 그 자체"를 목적으로 삼아야 한다는 것이 헤겔의 견해이다. 그렇기에 그는 국가의 "힘(Stärke)이 국가의 보편적인 궁극목적과 개인들의 특수한 관심사의 통일"로부터[104] 나오고 유지된다고 말하는 것이다.

그런데 우리가 앞서 살펴본 바와 같이 시민사회란 경제영역과 사

102 GPR, § 258.
103 GPR, § 270.
104 GPR, § 261.

법 기구, 그리고 일종의 행정기구까지 갖춘 종합적 체계이다. 그렇기에 시민사회라는 공동체 자체가 일종의 국가처럼 여겨질 수도 있다. 즉 우리가 시민사회만을 분리시켜 고찰한다고 할 때, 이 사회적 공동체는 공동체로서 기능하기 위한 장치와 제도들을 어느 정도 구비하고 있으며, 그렇기에 이 공동체는 이미 국가처럼 간주될 가능성이 있는 것이다. 그러나 역시 앞서 고찰한 바와 같이 헤겔에 따르면 시민사회는 이러한 장치와 제도들에도 불구하고 그 자체에 내재한 모순과 결함으로 인해 보다 높은 차원의 공동체를 필요로 한다. 흥미로운 것은 헤겔이 그가 묘사하고 있는 시민사회를 "필요국가이자 오성국가"라고 부르기도 한다는 점이다.[105] 이것은 시민사회를 국가와 다름없는 것으로 간주하는 사상가들, 그러니까 헤겔식으로 말하면 시민사회와 국가를 혼동하고 있는 사상가들을 염두에 둔 비판적인 표현이라고 볼 수 있다. 헤겔은 실제로 사회계약론자들의 국가관이 바로 이러한 것이라고 주장하면서, 이들은 국가를 말하자면 "개인들 자체의 관심사"라는 목적을 위해 필요한 수단으로 보고 있다고 평가한다. 헤겔에 따르면 국가란 결코 다른 목적을 위한 수단이 아니라, "보편적 관심사 그 자체"라는 목적을 내재적으로 지니는 최고의 정치공동체이다. 또한 "오성국가"라는 표현은 보다 고차적인 단계의 국가로서의 '이성국가'를 암시한다고 볼 수 있는데, 이 이성적인 국가가 바로 헤겔이 『법철학』의 「시민사회」장 다음에 이어지는 「국가」장에서 주제로 삼는 대상이다.

105 GPR, § 183.

공적이고 보편적인 가치의 실현을 사명으로 갖는 국가, 그리고 시민사회의 목적을 내적으로 수용하면서도 시민사회가 갖는 문제점들의 해결과 복지에 힘쓰는 국가란 일종의 사회복지국가일 것이다.[106] 그렇기에 헤겔이 제시하는 국가는 작은 정부로 지칭되는 국가가 아니라, 강하고 적극적인 복지 정책을 펼치는 정부가 통치하는 국가이다. 오늘날 국가를 바라보는 여러 관점들에도 불구하고, 국가가 담당해야 할 과제와 역할이 과거에 비해 결코 적지 않다는 점을 부인할 사람은 없을 것이다. 이러한 견지에서 헤겔의 국가론에 대한 심층적인 연구도 요청된다고 할 수 있다. 그러나 그의 국가론에 대한 연구는 시민사회론에 대한 연구와 결합됨으로써만 충실한 것이 된다.

오늘날 우리가 이해하는 시민사회란 헤겔 당대의 그것과는 차이가 있을 수밖에 없다. 사회적 공동체를 만들어가는 인간들의 의식과 문화, 그리고 정치적 상황의 변화에 따라 시민사회의 양상도 변화할 수밖에 없는 것이다. 그렇기 때문에 헤겔의 시민사회론을 오늘날의 변화된 현실에 그대로 적용하는 것은 적절하지 않다. 게다가 시민사회에 관한 오늘날의 논의들은 그 개념 규정에서부터 그 역할에 이르기까지 최종적인 합의가 이루어지지 않은 채 다각도로 전개되고 있는 형편이다.[107] 그렇기는 하지만 우리는 이러한 논의들의 상당 부분

106 아비네리는 헤겔을 "현대 복지국가에 존재하는 특징들의 많은 부분을 지니는" 국가론을 제시한 "최초의 인물들 중 하나"로 평가한다. Avineri, *op. cit.*, p. 101. 슈내델바흐 역시 헤겔의 이론에서 "사회복지국가적인" 특성의 기초들을 찾아내고 있다. Schnädelbach, *op. cit.*, p. 289.

107 시민사회에 관한 오늘날의 다양한 논의에 대해서는 다음을 참조하시오. Simone Chambers and Will Kymlicka(eds.), *Alternative conceptions of Civil Society*, Princeton, Princeton University Press, 2002; 에드워즈, 앞의 책, 51-148쪽; Kaviraj and

이 사실상 헤겔의 시민사회론에 빚지고 있으며, 그의 이론은 여전히 오늘날의 시민사회 이론들을 위한 하나의 준거점이 되고 있다는 사실을 잊어서는 안 될 것이다.

Khilnani(eds.), *op. cit.*, pp. 1-7, 287-323.

번역

『법철학』 제3부 2장

「시민사회」

(Die bürgerliche Gesellschaft)

§ 182

각자가 **특수한**(*besondere*) 존재로서 자기 자신에 대해 목적이면서, 욕구들의 총체이자 자연필연성과 자의(Willkür)의 혼합체인 그런 구체적 인격체(konkrete Person)[1]가 시민사회의 **한쪽 원리**이다. 그러나 이 특수한 인격체는 본질적으로 타인의 특수성과 **연관**되어 있기에 개개의 특수한 인격체로서의 인간은 다른 특수한 인간을 통해서, 또 동시에 오로지 **보편성**의 형식[2]을 통해서만 **매개**된 존재로서 인정받고 자신의

---

1 **구체적 인격체(konkrete Person):** 여기서 형용사 "konkret(영어로는 'concrete')"는 흔히 'abstrakt(추상적)'의 반대말로 쓰이는 용어인데, 어원상 라틴어 동사 *concresco*에서 유래한다. 이 동사는 본래 '함께 자라나다, 밀집되다' 등의 의미를 지닌다. 이 동사의 과거분사형은 *concretus*로서, 형용사의 기능을 할 때 '여러 요소가 함께 자라난, 결합된, 밀집된, 섞여 있는' 등의 의미를 갖는다. 이런 의미에 따라 헤겔이 말하는 "구체적 인격체"란 갖가지 다양한 욕구와 자의적 의향 등의 결합체로서의 인간을 뜻한다. 그리고 여기서 "인격체(Person)"란 개념은 「해제」의 각주 35에서 설명했듯이, 근본적으로 자유로운 인간으로서의 자격을 갖춘 존재를 말한다. 그런데 이 구체적 인격체는 사실상 법뿐만 아니라 사회적 규범 및 관습, 그리고 여러 제도들의 연관성 속에서 존재한다. 왜냐하면 시민사회에서의 인간은 무법적이고 고립된 상태에서 살아가는 존재가 아닐 뿐더러, 이런 복합적인 연관성이라는 조건 속에서 살아가기 때문이다. 그리고 이 "구체적 인격체"라는 표현은 『법철학』의 제3부 「인륜성」에 앞선 제2부 「도덕성」에서의 "도덕적 주체"와 비교해볼 수 있겠는데, 이 도덕적 주체는 사회적 제도나 관습 그리고 여러 관계들로부터 독립하여 오로지 보편적인 도덕적 법칙과 양심에 따라 실천하는 주체로서, 시민사회의 "구체적 인격체"와 비교하면 '추상적'인 존재라고 할 수 있다.

2 헤겔이 "**보편성**의 형식"이라고 말하는 것은 그 자체로 일종의 보편성이다. 즉 시민사회에서 자기 나름의 특수한 욕구들을 충족시키고자 하는 개인은 그와 마찬가지로 나름의 욕구를 지니는 타인들과 연관되어 있고, 동시에 타인을 통해서 그의 욕구를 실현할 수밖에 없다. 그리하여 서로가 서로를 필요로 할 수밖에 없으며, 또 서로에게 공유되고 서로가 인정하는 방식과 규칙에 따라 욕구 충족이 이루어질 수밖에 없다. 따라서 이렇듯 서로에게 공유되고 인정된 방식과 규칙이 성립되고 관철된다. 그런데 이것들은 보편적 성격을 지니는 것이고, 또한 일종의 형식으로서 기능한다. 왜냐하면 시민사회에서 추구되는 욕구의 내용은 그 구성원인 개인들에게서 유래하고, 이 내용

욕구를 충족시킨다. 이러한 보편성의 형식이 시민사회의 **또 하나의 원리**이다.[3]

§ 183

이렇듯 보편성에 의한 제약을 통해 이기적인 목적이 실현되므로 여기에서 전면적인 상호의존의 체계가 성립된다. 그리하여 개인의 생계와 복지 및 법적인 실존은 만인의 생계와 복리 및 권리에 얽혀 들어가 이러한 측면에 근거하게 되며, 이러한 연관성 속에서만 실현되

은 이런 보편적 형식이자 틀에 따라서 충족되기 때문이다.

3 여기서 헤겔은 결국 시민사회의 두 가지 "원리"를 특수성과 보편성으로 요약하고 있다. 이러한 사실은 § 184와 § 186에서 더욱 분명해진다. § 186에서 헤겔은 이 "두 원리"를 언급하면서 "특수성의 원리"에 대해 설명하고, 이것과 "보편성"의 결합에 대해 서술한다. 헤겔에 따르면 시민사회에서 이 두 원리, 즉 특수성과 보편성은 단지 외적으로만 결합된 것이다. 그렇기에 이것이 일종의 "통일"로 불릴 수 있더라도 진정한 통일이 될 수는 없다. 즉 한편으로는 나름의 욕구들을 지니면서 자신의 사적 관심사를 목적으로 삼는 특수한 존재로서의 개인들이 존재하고, 다른 한편으로는 이러한 욕구와 목적의 실현을 가능하게 하는 규칙과 방식들의 연관성이자 총체로서의 보편적 형식이 존재한다. 이것들은 시민사회에서 각기 독립적으로 존재하고, 단지 외적인 결합에 의해 통일되어 있을 뿐이다. 그래서 헤겔은 심지어 § 184에서 시민사회에서는 인륜성이 상실되어 있다고까지 말한다. 헤겔에 따르면 어떤 공동체가—그것이 가족이든 시민사회든 국가이든 간에—인륜성이 실현된 진정한 공동체가 되려면 보편적으로 추구되는 공적 이익과 목적이 존재하고 개인들은 이것들을 추구하면서 동시에 자신의 사적 이익들을 추구하게 되며, 보편적 목적 자체가 개인들에게 내면화되어 있어야 한다. 그러나 시민사회에서 그 구성원들이 추구하는 목적은 일차적으로 개인의 사적 이익과 욕구의 충족이다. 그리하여 보편적 차원은 외적으로 부과되는 틀이자 형식으로 여겨지고, 심지어는 외적 강제처럼 여겨지기도 한다. 이런 관점에서 보면 시민사회라는 공동체에서 특수성의 차원과 보편성의 차원은 내적으로 진정한 통일을 이루지 못하고 있는 것이다. 그리하여 인륜성의 참된 양태가 이러한 통일에 있다고 할 때, 시민사회에서는 이것이 실현되고 있지 않으므로 헤겔은 이러한 사태에 대해 인륜성이 상실되어 있다고 말하는 것이다.

고 보장된다. 이 체계는 우선 **외적**(*äußeren*) **국가**, 다시 말해서 **필요국가**[4]이자 **오성국가**(*Not- und Verstandesstaat*)로 간주할 수 있다.[5]

---

4 **필요국가(Notstaat)**: 사실상 이 용어 자체는 이미 실러의 『인간의 미적 교육에 관한 편지』(1795)의 「세 번째 편지」에 등장하며, 아마도 헤겔은 이 표현을 바로 실러에게서 취했을 것으로 추정된다. 실러는 이 편지글에서 자연필연성의 세계와 이성에 따르는 자유의 세계를 구분하고 자연필연성이 지배하는 국가를 가리켜 "필요국가"로 부른다. 그에 따르면 이러한 국가 속에 사는 것은 인간이 자연적 존재로서 어쩔 수 없이 처하게 되는 현실인 동시에 극복되어야 하는 것으로서, 그는 인간이 궁극적으로는 이성과 자유에 입각한 윤리적 국가를 건설해야 함을 다음과 같이 역설하고 있다. "인간이 감각의 졸음 상태에서 깨어나 정신을 차리고 스스로 인간임을 깨달으면서 주위를 둘러보면 자신이 국가 안에 있음을 알게 되지요. [...] 욕구의 강제(Der Zwang der Bedürfnisse)가 그를 국가 안에 던져 넣은 것입니다. 인간이 이성의 법칙에 따라 행할 수 있기 전에 필요(Not)가 자연법칙에 따라 국가를 만든 것이지요. 그러나 도덕적 존재로서의 인간은 오직 자연의 규정에 따라 생겨나고 또한 오직 자연의 규정에만 맞추어진 이 필요국가(Notstaat)에 대해 예나 지금이나 결코 만족할 수 없습니다. 만약 만족한다면 인간으로서는 통탄할 만한 일이지요. 그러므로 인간은 스스로 인간이라는 권리를 사용해 맹목적인 필연성의 지배로부터 벗어납니다. [...] 저 맹목적인 자의(Willkür)가 아무리 교묘하고 확고하게 자신의 작품[필요국가]의 기반을 다졌다고 해도 [...] 인간은 이를 철저히 없던 일로 여깁니다. 왜냐하면 맹목적 힘들의 작품은—그 앞에 자유가 스스로를 굽힐—어떤 권위도 갖지 못하며 모든 것은 이성이 인간의 인격 속에 세우는 최상의 궁극목적에 합당해야 하기 때문입니다. 성숙하게 된 민족은 이런 방식으로 자신의 자연국가(Naturstaat)를 윤리적인(sittlichen) 국가로 바꾸려는 시도를 행하고 또 정당화합니다." J. Ch. F. von Schiller, *Über die ästhetische Erziehung des Menschen in einer Reihe von Briefen in Sämtliche Werke*, Bd. 5, München, Carl Hanser Verlag, 1989, p. 574.

5 여기서 보는 바와 같이 헤겔은 시민사회를 가리켜 "외적 국가", "필요국가", "오성국가"라는 이름으로 부르고 있다. 즉 그는 시민사회의 특징적인 점들을 고려하면서 또 시민사회를 일종의 국가처럼 간주하면서 이 세 가지 명칭을 사용하고 있다. "필요국가"에 대해서는 바로 위의 각주 4에서 설명이 이루어지긴 했으나, 전체적인 맥락에서 보충적인 논의가 필요하다. 실러가 "필요국가" 또는 "자연국가"에 "윤리적인 국가"를 대립시키고 있듯이, 헤겔은 『법철학』에서 한편으로는 "시민사회"에 "국가"를 대립시키고, 다른 한편으로는 "국가"를 "시민사회"보다 더욱 발전된 인륜적 공동체로 서술하면서 "시민사회"를 "국가"의 한 계기로 포함시킨다. 헤겔이 시민사회를 일종의 '국가'인 것으로 지칭하는 이유는 두 가지로 정리할 수 있다. 첫째, 시민사회가 경

§ 184

이념[6]은 이러한 자신의 분열 속에서 두 **계기**들에 각각 **특유한 현존재**

제영역뿐만 아니라 사법 기구 및 치안과 행정적 기구까지 갖춘 종합적 체계로 서술되고 있는 까닭에, 이 공동체 자체가 일종의 국가처럼 여겨질 수도 있다는 점이다. 둘째, 헤겔은 사회계약론자들의 국가관을 비판하는데, 그 비판의 핵심은 이들이 개인적 자유와 안전 그리고 재산권과 같은 사적인 목적을 실현하기 위한 수단으로 국가를 이해함으로써 국가의 본질적 성격을 오해했다는 데 있다. 그리고 이런 목적을 실현하는 장(場)은 바로 헤겔이 묘사하는 시민사회로서, 결국 사회계약론자들은 시민사회를 국가로 지칭하고 있다는 것이다. 그렇기에 이들의 관점에 서면 시민사회가 국가인 것이고, 헤겔은 이런 의미에서의 국가를 위에서 말한 몇 가지 명칭으로 부르면서 그가 생각하는 진정한 "국가"와 구분한다. 그리하여 "필요국가"는 위에서 말한 사적인 목적의 실현을 위한 수단으로 그 필요에 의해 만들어진 국가가 될 것이다. "오성국가"란 표현은 '이성국가'라는 용어를 상기시킨다. 헤겔에게서 오성은 언제나 이성보다 낮은 단계의 사유·인식능력을 뜻하는 것인데, 헤겔이 말하는 진정한 인륜적 공동체로서의 국가가 이 '이성국가'를 뜻한다면 "오성국가"는 그보다 낮은 단계이면서 결함이 있는 공동체라는 의미로 이해될 수 있다. 또 "외적 국가"란 헤겔이 이미 『법철학』 § 157에서 서술하고 있듯이, 개인들이 추구하는 갖가지의 욕구와 관심사가 "외적인 질서"를 통해 실현되고, 특수한 측면과 보편적 측면이 외적으로 결합되어 있는 공동체가 바로 시민사회라는 의미로 이해될 수 있다. "외적 국가", "필요국가", "오성국가"와 이 명칭들의 연관성에 대한 좀 더 보완적인 설명을 위해서는 이 책 「부록 2」 「보론 1. 헤겔 철학에서 국가와 시민사회의 목적에 관하여」의 2장을 참조하시오.

6 **이념:** 여기서의 "이념"은 인륜성 이념을 뜻한다. 헤겔에 의하면 이념이란 개념과 그것의 객관적 실재성의 통일이다. 개념은 우선 그 자체로만 놓고 보면 단지 내적으로 사유된 것으로서, 그것이 실제로 실현되어 있는 것과는 별도의 것으로 여겨진다. 또는 개념은 그것이 해당되거나 적용되는 대상과는 분리된 것처럼 여겨진다. 그러나 헤겔이 말하는 진정한 개념은 객관적으로 실현되는 것이다. 그리고 특히 그가 이념과 연관시켜 개념을 말할 때, 개념이라는 것은 단지 경험적 사물들의 개념이 아니다. 즉 그가 말하는 개념이란 포괄적인 성격을 지니고 있으며, 어떤 한정된 감각의 대상에 해당하는 개념을 뜻하는 것이 아니다. 그리하여 그는 '법', '자유', '인륜성', '생명' 등에 대한 개념을 말하며 이것과 이념을 연관시킨다. 그리고 헤겔 철학에서는 결국 모든 것을 포괄하는 하나의 개념이 존재하게 되는데, 그것이 곧 절대자의 개념이다. 헤겔의 어법에 따르면 개념이 스스로를 실현하여 객관화되고 이러한 객관화된 전체로서 통일적으로 파악된 것이자 그렇게 존재하는 것이 곧 이념이다. 그렇기에 그의 법철학의 대상은 "법의 이념"인데, 이 이념을 그는 "법의 개념과 그것의 실현"으로 규

를 부여한다. 즉 **특수성**에는 온갖 측면을 향해 발전하고 뻗어나가는 권리를, 보편성에는 스스로를 특수성의 토대와 필연적 형식으로서, 또 특수성을 지배하는 힘이자 그것의 궁극목적으로서 입증할 권리를 부여한다.—이것은 자신의 양극으로 분열되어 스스로를 상실해버린 인륜성의 체계인데, 이 체계는 이념의 **실재성**의 추상적 계기를 이루며,[7] 여기에서 이념은 단지 이러한 외적 **현상**에서는 **상대적 총체성**이

정한다. 다시 말하면 법 개념이 실현되고 객관화되는 과정 및 이 과정에서의 모든 제도화와 이 개념으로부터 나오는 모든 특수한 규정들의 통일이 법의 이념이다. 그렇기에 이념이란 것은 단지 고정된 것으로서의 사유 내용이나 사유 대상이 아니라 그것의 객관적 실현의 기준이자 동시에 이 실현이 지향하는 목적이기도 하다. 또 헤겔은 이념에 일종의 주체로서의 성격을 부여하고 있으므로, 이념은 이러한 실현 과정을 이끌고 가는 주체적 원인이기도 하다. 그런데 헤겔에 따르면 이러한 과정은 멈추지 않기 때문에 이념의 완전한 객관적 실현, 즉 더 이상의 운동이 필요 없는 종착점이란 존재하지 않는다. 따라서 현실의 어떤 시점에서 객관화된 이념은 그 개념에 따라 볼 때 언제나 충분하지 못하고 이것이 또한 그것의 보다 완전한 실현을 위해 이념 자신을 움직이게 하는 동인이 된다. G. W. F. Hegel, *Enzyklopädie der philosophischen Wissenschaften im Grundrisse* 1830 (Erster Teil: Die Wissenschaft der Logik mit den mündlichen Zusätzen), TWA, Bd. 8(이하 Enz. I로 축약), §§ 213-215 참조; GPR, § 189. 이러한 이념의 의미에 입각하여 볼 때 인륜성 이념은 그 자체로 목적으로서 그 스스로를 객관적으로 실현하는 운동이자 과정인데, 인간의 역사 자체가 바로 이러한 이념의 실현의 역사라고 할 수 있다. 그리고 헤겔은 이 이념이 인간의 공동체적 삶 속에서 자신을 실현하고 객관화한다고 보는데, 가족, 시민사회, 국가는 이러한 실현과 객관화의 형식이자 조건이라고 할 수 있다.

7 '원리'를 설명하는 각주 3에서 언급했듯이, 진정한 인륜성이란 궁극적으로는 특수성과 보편성의 참된 통일에 있는데, 시민사회에서는 이 두 계기가 독자적으로 발전해나가 외적으로 결합되고 있을 뿐이다. 그에 따르면 이 두 계기의 참된 통일은 공동체적 삶의 목적이기도 한데, 시민사회에서 이 두 계기는 "양극으로 분열되어" 참된 통일을 이루지 못한다. 그렇기에 시민사회는 진정한 인륜성의 실현이 이루어지지 않는, 그런 의미에서 인륜성을 잃어버린, 또는—헤겔의 말로 표현하면—상실되어버린 "인륜성의 체계"이다. 진정한 인륜성의 부재가 "상실"이 되는 이유는 헤겔이 가족을 가장 직접적이고 기본적인 인간의 공동체로서 인륜성이 가장 직접적이고 기초적으로 실현

자 **내적 필연성**으로서 존재한다.[8]

§ 185

특수성은 그 자체로는, 한편으로 그것에 고유한 욕구와 우연적인 자의 또 주관적인 의향을 온갖 방면에 걸쳐 거리낌 없이 추구하고 만족시킴으로써 향락을 누리는 가운데 자기 자신과 자기의 실체적 개념을 파괴한다.[9] 다른 한편으로 욕구는 무한히 촉발되고, 그것의 충족은 외적인 우연이나 자의, 그리고 보편성의 힘에 철저히 의존하는 방식으로 제약되어 있기 때문에, 결국 필연적인 욕구든 우연적인 욕구든 그것의 충족 여부는 우연에 맡겨진다. 시민사회는 이러한 대립과 착종 상태 속에서 과잉과 빈곤이 공존하는 광경을 연출하며, 이 둘

되어 있는 공동체로 보기 때문이다(『법철학』 § 157 참조). 즉 보편성과 특수성의 통일은 가족에서는 직접적이고 자연적으로 이루어져 있는데, 이런 식의 통일은 시민사회에서는 가능하지 않으며 상실되고 만다. 따라서 시민사회라는 공동체는 일종의 공동체이기는 하나 "분열"의 특징을 갖는다. 그렇기에 시민사회는 인륜성 이념의 최종적인 객관적 실현태일 수 없고—이 최종적인 객관적 실현태란 헤겔에 따르면 국가이므로—국가의 한 구성요소로서의 "계기"만을 이룰 뿐이며, 국가와 분리시켜 별도로 고찰되는 한에서는 "추상적"이다.

8 인륜성을 형성하는 두 계기인 특수성과 보편성이 시민사회에도 모두 갖추어져 있다는 점에서 시민사회는 하나의 전체, 즉 총체성을 이루기는 한다. 그러나 이것들의 불완전하고 외면적인 결합으로 인하여 시민사회에서는 진정한 통일로서의 절대적 총체성이 존재하지 않는다. 다시 말해서, 시민사회에서는 그 보편성이 특수성 속에서 완전히 구현되지 못하고 이념은 "**상대적인 총체성**"에 머무른다. 또한 그렇기에 이념은 단지 "**내적**"으로 작용하긴 하지만 외적인 구현 속에서 충분히 드러나지 못한다.

9 헤겔에 따르면 특수성은 근본적으로는 보편성과의 통일 및 조화 속에서 참되고 실질적인 의미와 지위를 갖는다. 그러나 시민사회에서 특수성은 보편성과의 진정한 통일을 이루지 못하여 독자적으로 분출되고 전개되는 경향을 가지므로, 그런 한에서 그것의 "실체적 개념"은 유지되지 못한 채 파괴된다.

모두에게 공통적으로 나타나는 육체적·도덕적 타락상을 보여준다.

〈주석〉 [보편성과 유리된 상태에서] 특수성의 독자적인 발전은(§ 124 주석 참조) 고대 국가의 경우 갑자기 밀어닥친 윤리적 타락과 국가의 멸망을 초래한 궁극원인으로 작용한 바로 그 계기이다.[10] 이들 국가는 어떤 경우에는 가부장적 또는 종교적 원리를 지니거나, 또 다른 경우에는 좀 더 정신적이긴 하지만 보다 단순한 인륜성의 원리를 지니고서 대체로 **원초적인** 자연적 직관에 기반하고 있어서, 결국은 이 자

---

10 헤겔은 『법철학』 § 124 〈주석〉에서 "주체의 특수성의 원리"에 대해 말한다. 이 원리는 역사적으로 보면 그리스 세계가 종말을 고하던 시기에 등장하는 것이면서 근대 세계의 본질적 특성을 이룬다. 여기서 그는 이 원리를 "주관적 자유의 원리"라고도 표현하는데 이것은 개인 각자가 주관적인 만족과 자기 나름의 특수한 관심사를 추구하면서 독자적으로 자신의 판단과 의지에 따라 행동하려는 내면적 원리이다. 또 이 원리는 이렇듯 개인이 저 나름의 주관적이고도 특수한 욕구와 그것의 충족에서 삶의 의의를 찾는다는 면이 다분하지만, 보편적인 성격 또는 내적 보편성에 대한 확신이라는 측면도 갖는다. 그렇기에 헤겔이 이런 원리가 발현되는 구체적인 방식으로 드는 것 중의 하나는 스스로의 내적인 도덕적 법칙과 양심에 따라 판단하고 행위한다는 의미에서의 도덕성이다. 이때 판단과 행위의 주체는 자신이 보편적인 원칙에 입각하고 있다고 확신한다. 그 외에도 헤겔은 § 124에서 주관적 자유의 원리가 발현되는 형태로 "사랑, 낭만성, 개인들이 갖는 영원한 축복이라는 목적", 그리고 시민사회의 원리 등을 들고 있다. 그는 § 185에서 이 원리가 기독교와도 깊은 관계가 있으며, 고대적인 인륜성은 이러한 원리를 자체 내로 포섭할 능력을 갖고 있지 못했고 이것이 고대 국가가 몰락하게 된 원인이라고 진단한다. 그리고 플라톤의 『국가』는 이러한 특수성의 원리, 주관적 자유의 원리에 맞서 이상적인 폴리스를 그려내려 했던 그의 철학적 시도였다고 본다. 그래서 헤겔은 이렇게 말한다. "그[플라톤]는 자신이 설계한 국가에서 이 새로운 원리를 금지하고자, 불가능하게 만들고자 하였다. 그는 실체적인 관점에 따랐고, 이것은 그가 속한 시대의 실체적인 것이 그 근본에 놓여 있었기 때문이었다. [...] 근대 국가에는 양심의 자유가 존재한다. 모든 개인은 자신의 관심사가 이끄는 대로 나아갈 것을 요구할 수 있다. 그러나 바로 이것은 플라톤의 관념 속에서는 배제된 것이었다." VGP II, pp. 113-114.

연적 직관의 분열과 자기의식의 무한한 [내적] 반성을 견뎌내지 못하고 이 반성이 고개를 들기 시작하자마자 먼저 심정적으로, 그다음에는 현실적으로 굴복하고 말았다. 왜냐하면 아직 단순한 고대 국가의 원리는 진정으로 무한한 힘을 결여하고 있었기 때문이다. 이러한 힘이란 오직 다음과 같은 통일성 속에 깃들어 있을 뿐인데, 이것은 이성이 지니는 [보편과 특수의] **대립**을 철**저히 그 분기된 양태로 나아가게** 한 후 다시금 이 대립을 제압하여 바로 이 대립 속에서 자신을 보존하고, 또 이 대립을 **자신 속에 함께 끌어안고 있는** 그런 통일성을 뜻한다.[11]

플라톤은 그의 『국가』에서 실체적 인륜성[12]을 그것의 이상적인 **미**[13]와 **진리**의 모습으로 묘사한다. 그러나 그는 당시 그리스적 인륜성에 불어닥친 자립적 특수성의 원리에 다음과 같은 방식으로밖에는 대처할

11 헤겔은 고대 국가와 대비되는 근대 국가가 갖는, 그리고 가져야 할 힘과 강력함에 대해 다음과 같이 말하고 있다. “근대 국가의 원리는 다음과 같은 엄청난 강력함과 깊이에 놓여 있는 것인데, 이것은 주관성의 원리를 개인적 특수성이라는 자립적인 극단에까지 이르도록 완성시키고 또한 동시에 이를 실체적인 통일성으로 다시금 복귀시켜 이 원리 자체 속에 이러한 통일성을 유지시키는 강력함과 깊이인 것이다.” GPR, § 260.

12 **실체적 인륜성:** 헤겔이 고대 그리스와 플라톤의 『국가』를 언급하면서 논하고 있는 “실체적 인륜성”은 당대의 지배적 윤리 질서에 대한 근본적인 성격 규정이다. 이를 헤겔은 다른 곳에서 다음과 같이 상세히 설명하고 있다. “플라톤의 『국가』의 근저에 놓인 **중심 사상**은 그리스적 인륜성의 원리로 간주될 수 있는 것이다. 이것은 말하자면 인륜적인 것이 실체적인 것의 성격을 지닌다는 것, 즉 신적인 것으로 확고히 존립한다는 것이다. 그리하여 모든 개별 주체는 보편자로서의 정신을 자신의 목적으로, 자신의 정신이자 인륜으로 삼는다는 것이다. [...] 또한 그리하여 이것이 자신의 본성, 즉 제2의 정신적 본성이 된다는 것이다. [...] 그래서 이것이야말로 실체적인 것 일반으로서의 근본 규정이라는 것이다.” VGP II, pp. 113-114.

13 고대 그리스에서 “미”는 질서와 비례, 전체와 부분의 조화, 균형과 같은 원리들에 의해 규정되는 것이었다. 그렇기에 실체적 인륜성을 “미”의 모습으로 묘사한다는 것은 이런 원리들이 구현되는 모습으로 묘사함을 뜻한다.

수 없었다. 즉 그는 이 원리에 단지 실체적인 국가를 대치하고는 사유 재산과(§ 46 주석 참조) 가족에서 드러나는 이 원리의 초기 형태조차도 배제하고 또한 개인의 자의나 계층의 선택 등과 같은 좀 더 발전된 형태로서의 이 원리를 철저히 배제하였다.[14] 이러한 결함으로 인해 그가 이상으로 내걸었던 국가의 위대한 **실체적** 진리조차 오해받으면서 그의 국가는 흔히 추상적인 사상에서 비롯하는 몽상 정도로, 즉 사람들이 흔히 **이상**이라고 부르곤 하는 것 정도로 간주되기에 이르렀다. 개개인의 **내면에 깃들어 있는 자립적인 무한한 인격성**(*Persönlichkeit*)이라는 원리, 즉 주관적 자유의 원리는 내면적으로는 **기독교**에 의해 발현되었으며, 외면적으로는, 그러니까 추상적 보편성과 결부된 형태로는 **로마** 세계에서 발현되었다. 이 원리는 플라톤의 경우에서처럼 현실적인 정신이 단지 실체적인 형식으로 나타나는 데 그칠 때에는 자신의 정당한 권리를 얻을 수 없다. 이 원리는 역사적으로는 그리스 세계 이후에 생겨났으며, 또한 이 원리가 지니는 깊이까지 헤아리는 철학적 반성도 역시 그리스 철학의 실체적인 이념보다 뒤늦게 나타났다.

§ 186

그러나 특수성의 원리는 그것 자체가 독자적으로 총체성을 향해 발전함으로써 **보편성**으로 이행해가며,[15] 오직 이 보편성 속에서만 특

---

14 플라톤의 『국가』에서 이에 해당되는 내용은 스테파누스 쪽수에 따를 때 415a-d, 424a, 453b, 535a-537d에 나온다.

15 헤겔은 『법철학』 § 181에서 시민사회를 가족의 단일성과 통일성에 대비시켜 "**차이**의 단계(die Stufe der *Differenz*)"로 부르기도 하는데, 이것은 시민사회가 가족이나 국가와 같은 여타의 공동체에 비해 특수성이라는 원리에 의해 가장 잘 규정될 수 있다

수성의 원리는 자신의 진리와 적극적(positiven) 현실성의 권리를 지닌다. 그러나 이러한 통일은 이 분열의 단계에서는(§ 184 참조)—[특수성과 보편성이라는] 두 가지 원리가 각각 자립적인 상태에 있기에—인륜적 동일성(die sittliche Identität)은 아니며,[16] 바로 그 때문에 이 통일은 **자유**로서 존재하지 않고 **필연성**으로서 존재한다.[17] 즉 이러한 필연성은 **특수자**가 **보편성의 형식**으로 고양되어, 이 형식 속에서 스스로의 존립을 추구하고 간직해야만 한다는 것이다.

§ 187

개개인은 이 국가[18]의 시민(Bürger)으로서 자신의 고유한 이익을 목적으로 삼는 **사인(私人**, *Privatpersonen*)이다.[19] 그런데 이 목적이—이들에

는 말과도 같다. 그리하여 이러한 규정에 따라 시민사회에서는 특수성에 상응하는 온갖 현상들이 가장 잘 발양된다. 그런데 시민사회 자체가 하나의 체계라는 점에서 볼 때 이런 현상들은 총체적 연관관계를 형성하며, 그 안에서 규칙성과 공통의 방식들이 작용하게 되고, 이러한 것들에서 보편성이 나타나게 된다. 그리고 이런 식으로 특수성과 보편성은 결합하는 것이다.

16 시민사회에서 특수성과 보편성의 결합은 외적인 결합으로서 진정한 통일이 아니기 때문에, 보편성은 특수성을 온전히 포괄하지 못하고, 특수성은 보편성의 내용을 온전히 채우지 못한다. 이러한 불완전한 통일로 인해 시민사회에서 이 두 계기의 일치로서의 "인륜적 동일성(die sittliche Identität)"은 존재하지 않는다.

17 이런 불완전한 통일 속에서 규칙과 공통의 방식과 같은 보편성의 형식은 시민사회의 내적 메커니즘으로 작동하고 또 다분히 외적 강제로서 경험되기 때문에, 특수성과 보편성의 이러한 결합은 자유라기보다는 필연성으로 여겨진다.

18 "이 국가"란 앞의 § 183에서 언급된 "**외적**(*äußeren*) **국가**", 즉 시민사회를 뜻한다.

19 헤겔은 여기서 이 "**사인(私人**, *Privatpersonen*)"이 시민사회의 구성원인 "시민(Bürger)"으로서 "자신의 고유한 이익을 목적으로 삼는" 존재라고 말하고 있다. 국가와 시민사회를 구분하여 생각하지 않고 양자를 정치공동체로서 동일시했던 전통적 사고방식에서는 시민이란 본래 정치적 권리와 의무의 담지자로서의 국가시민을 의미하였다. 이 국가시민은 단지 사적인 이익을 추구하는 존재가 아니라, 공동체의 이익을 지향

게 수단으로서 나타나는—보편자에 의해 매개되어 있기 때문에, 이 목적은 개개인이 스스로 그들의 앎과 의욕과 행위를 보편적인 방식에 맞추어나가고 각자가 자기 자신을 이러한 전체적 **연관성**이라는 사슬의 **일원**으로 만드는 한에서 달성될 수 있는 것이다. 여기에서 이념의 관심사는 시민사회 그 자체의 구성원들에게 의식되지는 않는 것으로서, 다음과 같은 **과정**을 의미한다.[20] 즉 자연필연성을 통해서 그리고 자의적인 욕구를 통해서 이 구성원들의 개별성과 자연성을 **앎**과 **의욕**의 **형식적인 자유**와 형식적인 **보편성**으로 고양시키고 특수성

하면서 이를 자신의 사적 이익과 조화시키며 자신과 국가의 운명을 일치시킬 줄 아는 존재였다. 그러나 근대에 접어들어 국가 내에서 탈정치적 영역이 확대되고, 신분질서의 붕괴와 재편으로 인해 시민계급의 세력이 강화되면서 정치영역으로서의 국가와는 구분되는 영역, 즉 경제부문을 중심으로 하는 사회영역이 성립하게 된다. 그렇기에 정치영역에 상응하는 시민, 즉 공민(公民)과는 다른 성격을 지니는—사회영역 또는 시민사회에 상응하는—시민을 규정할 필요가 발생하는데, 바로 이러한 성격을 지닌 시민이 여기서 헤겔이 말하는 "**사인**"이다. 공민에 해당하는 단어는 프랑스어에서는 citoyen이며 사인으로서의 시민에 해당하는 단어는 bourgeois이다. 그러나 독일어에서는 이런 구분이 존재하지 않는데, 헤겔은 이를 고려하여 § 190에서 시민사회의 구성원으로서의 "시민(Bürger)"은 "부르주아(bourgeois)"를 뜻한다고 명시하고 있다. 그런데 여기서 "부르주아"는 이러한 시민 전반을 뜻하는 것으로서 특정 계급으로서의 부르주아를 지칭하는 것이 아니다.

20 "이념의 관심사"라는 표현은 생소하게 들릴 수 있지만, 헤겔의 용법에 따를 때 이념이 일종의 목적이면서 그것이 실현되는 과정이기도 하다는 점을 상기한다면 이해하기에 그다지 어렵지는 않을 것이다. 즉, 이념은 지향하는 바를 내포하며, 그런 의미에서 이념의 실현 과정은 그 내포된 것이 객관화되는 과정이기도 하다.

속에 놓여 있는 주관성을 **도야하는**(*bilden*)[21] 과정[22] 말이다.

〈주석〉 한쪽에는 자연 상태를 때 묻지 않은 **순박함**으로 보고, 미개한 민족의 습속을 소박함으로 보는 사고방식이 존재하며,[23] 다른 한쪽에는 갖가지 욕구와 그것의 충족 그리고 저마다의 특유한 생활의 향락과 쾌적함 등을 **절대적인** 목적으로 보는 사고방식이 존재한다. 여기서 **문화**(*Bildung*)를 단지 어떤 **외면적이고** 타락하기 쉬운 것 정도로 보

---

21 여기서 "**도야하는**"으로 번역한 독일어 단어 "bilden"은 이 외에도 '형성하다', '교육·육성하다', '함양하다', '계발하다', '만들다' 등의 의미를 모두 포함한다. 그렇기에 이 단어의 명사형인 'Bildung' 역시 '형성', '교육', '교양', '도야', '문화', '구성' 등의 의미를 포함한다. 헤겔에 따르면 시민사회는 개개인들이 자신의 특수한 욕구와 목적을 실현하는 장(場)인 동시에, 그 구성원으로서의 삶을 영위하기 위한 자기 형성과 자기 계발의 장이기도 하다. 그리하여 시민사회에서는 개개인의 능력과 품성을 도야하는 과정이 발생한다.

22 이러한 "과정"을 헤겔은 "이념의 관심사"라고도 지칭하고 있다. 여기서 "이념의 관심사"라는 표현 역시 생소하게 들릴 수 있지만, 헤겔의 용법에 따를 때 이념이 일종의 목적이면서 그것을 실현하는 과정이기도 하다는 점을 상기한다면 이해가 불가능한 것도 아니다. 즉, 이념은—앞의 각주 20에서 말한 바와 같이—지향하는 바, 즉 목적을 내포하며, 또한 그것의 실현 과정 전체를 이끌고 가는 주체적인 것이자 동시에 그 과정 자체이다. 그리하여 이념 자체가 목적으로서 스스로 그 실현의 과정을 의도하고 지향한다는 점에서 이러한 과정은 이념의 "관심사"인 것이다. 그런데 이 과정은 시민사회 구성원들이 각자의 본능적이고 자연적인 욕구뿐만 아니라 자신의 생각과 사회 상황에 따라 만들어낸 욕구를—사회관계망 속에서 인정되고 수용되는—보편적 방식에 입각하여 추구하고 실현해가는 과정이다. 그리고 이 과정에서 각 개인들은 자기 나름의 개별적이고 주관적인 욕구와 취향을 공동체에서 통용되는 방식에 따라 실현할 뿐 아니라, 그 실현을 위해서 사회가 요구하는 수준과 형식에 맞게 자신의 소질과 능력을 계발하기도 한다. 그렇기에 이 과정은 개인들이 스스로를 도야하고 계발하며 또 형성해가는 과정이기도 하다.

23 루소의 『인간 불평등 기원론(*Discours sur l'origine et les fondements de l'inégalité parmi les hommes*)』(1755)이나 『에밀(*Emile*)』(1762)을 상기시키는 구절이다.

는 입장은 전자와 관련된 견해이고, 문화를 위의 목적을 위한 한낱 **수단**으로 보는 입장은 후자와 관련된 견해이다. 그런데 이중 어느 견해이든 정신[24]의 본성과 이성의 목적에 대한 무지를 드러내고 있다. 정신이 현실성을 갖는 것은 오직 그것이 자기 내면에서 스스로를 분열시켜, 갖가지 자연적 욕구 및 이러한 외적 필연성의 연관 속에서 스스로에게 이러한 제한과 유한성을 부여하면서도, 또한 이 **제한과 유한성 속으로 삼투하여 자신을 형성하고** 이를 극복하며 그 속에서 자신의 **객관적인** 현존재를 획득하는 과정을 통해서만 가능한 일이다. 따라서 이성의 목적은 앞에서 본 자연적인 습속의 소박성도 아니고, 그렇다고 특수성이 발달하는 데 따라 문화를 통해 얻어지는 향락 그 자체도 아니다. 그것의 목적은 **자연적 소박성**이 노고의 과정을 거쳐 제거되는 상태에 이르도록 하는 일이다. 즉 한편으로는 자기에 대한 의식이 없는 수동적인 상태가 극복되고, 다른 한편으로는 앎과 의지의 조야함이, 또한—정신이 그 속에 함몰되어 있는—**직접성**과 **개별성**이 극복되면서 무엇보다도 정신의 외면성이 **그것에 걸맞은** 이성적 본성, 즉 **보편성**

24 헤겔에게서 "정신"이란 그의 철학을 대표한다고 할 수 있을 정도로 중요하고도 핵심적인 개념으로서 매우 복합적인 의미를 지닌다. 그러나 대체로 그 의미는 다음과 같이 정리할 수 있을 것이다. 첫째, 정신은 우리가 흔히 정신과 육체, 정신과 자연 등의 대립쌍을 말할 때의 그 정신의 의미를 지닌다. 둘째, 정신은 좁은 의미에서 볼 때 주관의 심리적 활동과 내용 전체를 말하며, 이러한 활동과 내용 전체의 본질적 성격은 사유이다. 셋째, 정신은 필연성의 원리에 지배되는 자연과는 대조적으로 자유를 그 원리로 삼는다. 그렇기에 헤겔에게서 정신의 본질은 바로 자유에 있다. 여기서 자유란 무엇보다도 자신의 활동의 원인이 자신 속에 있는 것을 말한다. 넷째, 정신은 바로 이런 자유로운 활동성으로서 스스로를 시공간 속에서 실현 또는 객관화한다. 다섯째, 정신은 그것의 존재를 자기 자신 외의 어떤 것에도 의존하지 않는다는 점에서 실체이며, 자발적인 활동성으로서 주체이다.

의 형식, 오성적 사려 분별의 방식을 획득하는 일인 것이다. 오직 이렇게 함으로써만 정신은 이러한 **외면성** 자체 속에서도 **자신의 영역 안에서 자기 자신과 함께**한다. 이렇게 정신의 자유는 바로 이 외면성 속에서 자신의 현존재를 가지며, 또한 정신은 **즉자적으로**[25] 자유여야 할 자신의 규정에는 이질적인 이러한 요소 속에서 **대자적**이 되고, 오직 자신의 각인이 찍혀 있고 자신에 의해 **산출된** 것하고만 상관한다. 바로 이렇게 함으로써 **보편성의 형식**은 대자적으로 사상 속에서 실존하게 되는데, 오직 이 형식만이 이념의 실존을 위한 합당한 근본요소인 것이다. 따라서 도야로서의 **문화**는 그것의 절대적 사명의 견지에서는 **해방**(*Befreiung*)이며 보다 높은 해방을 위한 **노동**이다. 즉 그것은 더 이상 직접적이고 자연적이 아닌 것으로서의 정신적인, 또한 보편성의 형태로 고양된 무한히 주체적인 인륜적 실체성에 다다르기 위한 절대적인 통과점인 것이다. 이러한 해방은 주체에게는 태도의 한갓된 주관성을 거부하고, 욕망의 직접성을 그리고 감각에서 오는 주관적인 허영이나

---

25 **즉자적(an sich)**: 이 용어는 흔히 '**대자적(für sich)**'이라는 용어와 대비되는 의미로 쓰인다. 전자가 어떤 대상이나 사태의 가능성이 아직 발현되지 않은 상태를 뜻한다면, 후자는 그 반대로 가능성이 실현된 상태로서의 대상이나 사태를 뜻한다. 예를 들어 참나무의 씨앗인 도토리는 즉자적으로 참나무일 뿐이지만 그것이 뿌리와 줄기를 지니는 나무로 성장하면 참나무로서의 본래적인 가능성을 실현한 것이 되므로 대자적이라고 칭할 수 있다. 그리고 여기서 참나무가 자기를 완전히 실현하기 이전에 밟게 되는 실현의 여러 단계들 역시 대자적이다. 또 '대자적'이라는 용어는 어떤 대상이나 사태의 독자적이고 자기충족적인 상태를 나타내기도 한다. 이러한 두 대비적인 용어들은 '**즉자대자적(an und für sich)**'이라는 용어와 같이 쓰이기도 하는데, 이것은 즉자적인 것과 대자적인 것의 통일이라는 의미를 가지며, 어떤 대상이나 사태에 내재한 본래적인 가능성이 실현되고 전개되어 완결된 전체로서의 통일이 이루어진 단계를 지칭한다.

내키는 대로의 자의를 거부하고 극복하려는 **힘겨운 노동**(*harte Arbeit*)이 된다. 이러한 해방이 힘겨운 노동이라는 사실은 이를 거북스럽게 여기게 만드는 하나의 이유이기도 하다. 그러나 도야와 문화를 위한 이러한 노동이 있음으로 해서 주관적 의지 그 자체가 내적으로 **객관성**을 획득하며, 오로지 이 객관성 속에서만 주관적 의지는 이념의 **현실성**일 수 있게 또 그것에 걸맞게 된다. 또한 특수성이 노동과 도야를 통해 형성해낸 보편성의 형식, 즉 오성적 사려 분별의 방식은 특수성이 개별성의 진정한 **대자존재**가 **되도록** 한다. 그리고 여기서 특수성은 보편성에 이것을 채우는 내용과 함께 자신의 무한한 자기규정을 줌으로써, 그 자신이 인륜성 속에서 무한히 대자적으로 존재하는 자유로운 주관성으로 현존하는 것이다. 이것이 바로 **도야로서의 문화**가 절대자의 내재적 계기임을 그리고 도야와 문화가 갖는 무한한 가치를 증명하는 입장이다.

§ 188

시민사회는 다음의 세 계기들을 포함한다:

A. **개개인**의 **욕구**와 그 만족이 자신의 노동에 의해 그리고 **다른 모든 사람들의** 노동과 욕구의 충족에 의해 매개되어 있는 것—**욕구**의 체계(das System der *Bedürfnisse*).

B. 욕구의 체계에 포함되어 있는 **자유**의 보편성의 현실성, 즉 **사법 활동**(*Rechtspflege*)에 의한 소유물의 보호.[26]

---

26 여기서 헤겔이 말하는 자유는 § 124와 § 185에서 강조하는 "주관적 자유"를 말한다.

C. 위의 체계들에 잔존하는 우연성을 사전에 배려하며 특수한 이익을 **공동**의 이익으로 증진시키기 위해 힘쓰는 **복지행정**(*Polizei*)[27]과 **직업단체**(*Korporation*)[28]의 업무.

이것은 개인적이고 특수한 욕구의 충족과 주관적인 만족을 추구하는 데서 성립하는 자유를 뜻하며, 헤겔에 따르면 주관적 자유가 가장 전형적으로 구현되는 공동체의 영역이 시민사회이다. 그런데 헤겔은 자유의 가장 기본적이고 직접적인 현존의 방식을 소유권에서 찾고 있다. 예컨대 그는 다음과 같이 말한다. "자유의 **개념**은 그 이상의 상세한 규정이나 발전을 논하기에 앞서 우선 그 자체로 현존하는 것으로서 볼 때는, 소유능력을 지니는 인격체로서의 추상적 주체성인 것이다." Enz. III, § 539. 시민사회는 욕구의 체계로서의 경제부문을 물적 토대로 삼고 있기 때문에, 헤겔은 그 안에서 행해지는 **사법 활동**(*Rechtspflege*)의 많은 부분이 소유권이나 이와 관련된 자본, 상품, 노동 등의 계약과 거래 관계에 적용된다고 본다.

27 **복지행정(*Polizei*)**: 영어의 'Police'에 상응하는 단어로서, 오늘날은 주로 치안을 담당하는 공권력이라는 의미로 쓰이지만 헤겔 당대에는 이보다 훨씬 넓은 의미로 쓰였다. 그래서 헤겔은 "Polizei"를 복지와 사회 안전 그리고 사회 통합기능을 담당하는 행정기구 및 그 활동을 지시하는 용어로 사용한다. 예를 들자면 공정가격의 지정과 제품 검사와 같은 경제질서 확립을 위한 조치, 거대 산업부문에 대한 관리, 사회기반시설의 확충, 생활필수품의 원활한 수급 보장, 공중 보건과 교육 기능, 빈민 구호사업 등이 모두 이 "복지행정"의 범위 안에 들어간다. 국내에서는 그동안 이 용어가 '경찰행정', '사회정책' 등으로 번역되기도 했는데, 필자는 포괄적인 복지기능과 통합기능의 의미를 살리기 위해서는 "복지행정"이라는 번역어가 좀 더 적절하다고 생각한다.

28 **직업단체(*Korporation*)**: 동일한 직종에 종사하는 직업인들의 조합 내지는 협력단체와 같은 일종의 결사체를 뜻한다. 시민사회에는 노동이 세분화되어 있고 다양한 직업군이 존재하므로 마찬가지로 다수의 직업단체들이 존재한다. 헤겔은 자신이 말하는 직업단체가 전형적으로 상공인 계층에만 해당되는 것이라고 주장한다. 직업단체는 특수한 욕구들과 그 충족의 각축장인 시민사회에서 고립되기 쉬운 상공인 계층과 노동자 계층에게 일종의 가족적 유대와 삶의 보편적 토대를 제공하는 역할을 수행한다.

A. 욕구의 체계

§ 189

특수성은 우선 의지의 보편성 일반에 대립하여 규정되는 것으로서(§ 60 참조) **주관적인 욕구**이다. 주관적인 욕구가 **충족**되어 그것이 객관성에 도달하기 위해서는 α) 외적인 사물들이라는 수단이 사용되거나,—이 사물들은 또한 마찬가지로 타인의 소유물이고 타인의 욕구나 **의지**의 산물이기도 한데—β) 욕구와 충족을 매개하는 것으로서의 활동과 노동을 거쳐야만 한다. 여기서 목적은 주관적 **특수성**을 만족시키는 일이지만, 그것이 타인의 욕구나 자유로운 자의와 관련되어 있어 **보편성**이 관철되기에 이르는데, 이 유한성의 영역으로 이성적 본성의 이러한 비침(Scheinen)이 **오성**이다.[29] 바로 이러한 측면이 고찰의 대상이며 이 영역(Sphäre)[30] 내부에서 [대립하는 요소들을] 화해시키는 역할을 하게 된다.

〈주석〉 국가경제학(*Staatsökonomie*)[31]은 이러한 관점들에서 출발한 학문

29 "이성적 본성" 자체의 온전한 구현이 아니라 "비침(Scheinen)이 **오성**"이 되는 이유는 다음과 같다. 헤겔의 용법에 따르면 오성이란 분석적이고 추상적인 이해의 능력이자 사유의 능력으로서, 오성을 포괄하면서 종합적이고 통일적인 이해능력이자 사유능력으로서의 이성보다 낮은 단계에 있다. 그렇기에 오성과 이성 모두 사유능력으로서 동질성을 지니지만, 오성은 이성적 본성을 단지 부분적으로만 구현할 뿐이며, 오성은 이성적 본성의 단지 "비침"일 뿐이다.

30 "이 영역(Sphäre)"이란 바로 시민사회를 뜻한다.

31 경제학은 서양의 18세기에 특히 영국에서 성립하게 되는 근대적 학문으로서, 당시에는 흔히 정치경제학, 국민경제학 또는 국가경제학으로 불렸다. 일찍이 헤겔은 자신이 『법철학』을 쓰기 20여 년 전부터 근대 세계의 사회적 현실을 법칙적으로 설

으로, 대중들이 맺는 관계와 움직임을 그 질적이고 양적인 특성과 복잡성 면에서 서술해야 하는 과제를 지닌다. 이 학문은 근대를 기반으로 하여 발생한 학문 중 하나인데, 그것의 발전상을 보면 어떻게 **사상**이(스미스, 세이, 리카도를 참조)[32] 우선 그 앞에 놓여 있는 이 무수히 많은 개별적 사항들로부터 사태의 핵심에 있는 단순한 원리를, 즉 사태 속에서 작용하며 이를 지배하는 오성[33]을 발견해내는지에 대하여 흥미로운 점을 보여준다. 사태 속에 존재하면서 작용하는 이성적 본성이 욕구의 영역에 나타나 있는 것을 인식하는 일이 한편으로는 화해를 가져오는 것이기는 하지만, 역으로 이 영역은 주관적 목적과 도덕

명하는 이 학문의 중요성을 깨닫고 연구하기 시작했다. 그는 일종의 독학으로서 경제학 연구에 몰두했으며, 이것이 이론적 결정체로 드러나게 되는 곳이 바로 『법철학』의 「시민사회」장이다. 시민사회에 관한 그의 이론 형성에 끼친 영국의 정치경제학자들에 대한 소개와 서술을 위해서는 다음을 참조하시오. Norbert Waszek, *The Scottish Enlightenment and Hegel's Account of 'Civil Society'*, Dordrecht, Kulwer Academic Publishers, 1988, pp. 142-204.

32 Adam Smith, *Inquiry into the Nature and Cause of the Wealth of Nations*, 1776; Jean Baptiste Say, *Traité d'économie politique*, 1803; David Ricardo, *On the Principles of Political Economy, and Taxation*, 1817.—(편집자 주)

33 여기서 헤겔은 "원리"와 "오성"을 등치시키고 있다. 이러한 헤겔식의 어법은 곧바로 이해되지 않는다. 이 "원리"란 정치경제학이 욕구와 그 충족의 연관성에서, 또는 생산, 교환, 소비의 경제현상들에서 포착해내고 자신의 방식으로 기술하는 법칙을 뜻한다. 그렇다면 헤겔은 이러한 경제법칙과 "오성"을 동일시하고 있는 것이다. 그러니까 그는 어떤 객관적 사실에 오성이라는 말을 쓰는 것인데, 이것은 오성을 주체에 속한 사유능력으로 보는 우리의 통념에 위배된다. 그렇지만 오성이 이러한 원리나 법칙에 상응하는 것이라는 점, 즉 이러한 원리나 법칙을 발견하고 개념화하는 능력이라는 점은 누구도 부인할 수 없다. 따라서 오성을 이렇듯 객관화하는 것은 우리가 이성을 주체에 속하는 능력으로 간주하기도 하고 동시에 대상 세계에 존재하는 우주적 원리나 세계 질서처럼 객관적인 어떤 것으로 보는 사고방식과의 유비를 통해 설명될 수 있을 것이다. 오성과 이성이라는 두 능력의 차이와 그 관계를 다룬 헤겔의 설명에 대해서는 다음을 참조하시오. Enz. I, §§ 80-82; Enz. III, § 467.

적 소견을 지니고 있는 오성이 자신의 불만과 도덕적 울분을 토로하는 장이기도 하다.[34]

a. 욕구와 충족의 방식

§ 190

동물은 제한된 욕구를 가지고 있고, 이를 충족시키는 수단과 방법 역

34 역시 여기서도 "오성이 자신의 불만과 도덕적 울분을 토로"한다는 것은 우리의 통상적 어법에 위배된다. 이 문맥에서 "오성"은 오성 자체라기보다는 오성적 세계관을 의미한다고 보는 것이 더 적절하다. 헤겔에 따르면 오성은 분석적이고 추상적인 이해능력이자 사유능력으로서 현상을 법칙적으로 이해하고, 이 세상의 대립된 것들을 그저 대립된 것으로 인정한 채 그중 한쪽을 진리로 여기는 경향이 있다. 또한 오성은 그러한 대립을 고정된 것으로 간주하면서 그것의 동적인 면이나 변화가능성을 충분히 고려하지 못한다. 그렇기에 오성은 이러한 대립을 통일적으로 파악하고 그 역동적인 측면까지 고려하면서 총체적인 이해에 도달하는 이성과 구분되며, 또 후자에 비해 저급한 사유능력에 머문다. 따라서 오성적 세계관의 입장은 추상적 법칙성에 입각하여 세계를 볼 뿐 아니라, 법칙적이지 않은 것을 배제하거나 별 가치가 없는 것으로 본다. 또한 이 입장은 실천적 차원에서도 드러날 수 있는데, 즉 확고하고 보편적인 도덕법칙을 상정하고 이 법칙에 위배되는 것을 배제하거나 옳지 않은 것, 존재하지 말아야 할 것으로 치부한다. 그러나 시민사회에서는 우연적이고 법칙적이지 않은 것 역시 직접적으로 드물지 않게 존재하며, 그 구성원들 자체가 스스로의 자의적인 욕구나 우연적인 의향에 사로잡히기도 한다. 또한 주관적인 이기심이 행위의 중요한 동기로 작용하는 시민사회에서는 도덕적 법칙에 위배되는 일이 발생할 가능성이 상존하며, 시민사회 자체가 도덕법칙에 적합하지 않은 현상들, 즉 부익부 빈익빈 현상이나 사치의 만연과 같은 현상들을 야기하기도 한다. 게다가 이 세계관이 배제하고자 하는 것들이 큰 영향력을 행사하는 일도 벌어진다. 즉 현실의 삶은 법칙적인 것과 그렇지 않은 것, 옳고 정당하다고 확신할 수 있는 것과 그렇지 않은 것이 뒤섞여 있을 뿐만 아니라 흔히 후자 쪽이 우세해 보이기도 한다. 그렇기에 이 오성적 세계관의 입장은 이러한 사태에 직면하여 스스로가 확신하고 추종하는 법칙성과 정당함이 그대로 실현되지 않는 현실에 대해 "불만과 도덕적 울분을 토로"하게 되는 것이다.

시 제한되어 있다. **인간** 역시 이러한 의존상태에 있지만 동시에 인간은 이를 벗어나 자신의 보편성을 입증하기도 한다. 인간에게서 이것이 입증되는 것은 우선 욕구와 수단의 **다양화**에 의해서이고, 그다음으로는 구체적인 욕구를 개개의 부분이나 측면들로 **세분하는** 것에 의해서인데, 그리하여 이들 부분들과 측면들은 **특수화된**, 따라서 **더욱 추상적인** 욕구들[35]이 된다.

〈주석〉 [추상]법에서는 그 대상이 **인격체**(*Person*)이고 도덕적 입장에서는(im moralischen Standpunkt) **주체**[36]라고 한다면, 가족에서는 **가족의 성**

---

35 **추상적인 욕구들:** 근대 사회에서 욕구가 다양화되고 특수한 것들로 세분화되면서 하나의 전체로 여겨지던 것이 여러 요소들로 분리된다. 예컨대 몸을 보호하고 겉모습을 치장하는 것으로서의 의복에 대한 욕구가 전근대적 사회에서는 별로 세분화되지 않은 채 각자의 가정에서 또는 의류 전반을 취급하는 재봉사의 작업실이나 의류점에서 충족되는 것이었다면, 근대 사회에서는 이런 욕구가 훨씬 분화된 양상을 띤다. 예컨대 소비자는 속옷은 속옷대로, 겉옷은 겉옷대로, 또 이를테면 모자는 모자대로 별도의 상점을 방문하게 되고, 욕구 충족을 위한 선택의 가능성도 훨씬 증대한다. 상점 쪽에서도 연령별, 성별에 따라, 또는 스타일에 따라 다양한 품목들을 전시하기도 하고 상점 자체가 특화되기도 한다. 헤겔은 이렇듯 전체적인 것이 세분화되고, 각기 세분화된 요소가 독자적인 것처럼 분리되어 있는 현상에 대해 "추상적"이라고 지칭하며, 그런 의미에서 § 190에서와 마찬가지로 § 191에서도 "추상적인 욕구(abstrakte Bedürfnisse)"라는 표현을 사용한다. 또 그가 § 190에서 비교급 "abstraktere"를 쓴 것은 추상성의 정도가 더욱 심화된 면을 가리킨다고 보아야 할 것이다. 헤겔이 말하는 "구체적"과 "추상적"의 구분에 대해서는 앞의 각주 1을 참조하시오.

36 헤겔이 말하는 "도덕적 입장"이란 것은 『법철학』 제2부 「도덕성」에서의 근본 입장을 뜻한다. 이 입장은 간단히 말하자면 주체 내부의 확고하고도—보편적인 것으로 간주되는—도덕법칙과 양심에 입각하여 행위하고 이것을 옳은 것으로 확신하는 입장을 뜻한다. 이러한 입장을 서술하면서 헤겔이 가장 크게 염두에 두는 것은 칸트가 말하는 도덕적 관점, 즉 보편적인 정언명령에 따르는 행위가 올바른 것이라는 관점이다. 이 관점은 바람직하고 선한 것과 이를 행하는 도덕적 행위를 사회의 여러 제도나 관습으로부터 독립시켜 오직 주체의 이성적인 도덕법칙과 내면의 목소리에 기

원이, 시민사회에서는 일반적으로 (**부르주아**로서의) **시민**이[37] 대상이 되는데, 여기 욕구의 차원에서(§ 123 주석 참조) 그 대상은 **인간**이라고 일컬어지는, **표상된** 구체적 존재자이다. 그러므로 여기에서 비로소 본격적으로 이런 의미에서의 **인간**이 문제가 된다.

§ 191

욕구가 특수화함에 따라 이들 갖가지 욕구의 충족을 위한 **수단**도 또

초하게 하고, 그러한 행위를 법칙이 명하는 의무에 따르는 행위로 만든다. 헤겔에 따르면 "도덕적 입장"은 바로 위의 각주에서 말한 "오성적 세계관"과도 밀접한 관계에 있는데, 그는 "도덕적 입장"과 "오성적 세계관" 그리고 칸트의 관점을 모두 연결시켜 다음과 같이 비판적으로 말하고 있다. "의무 자체는 의지의 법칙으로서, 인간은 이 법칙을 자유로이 자신으로부터 확립하며 또한 이제 인간은 의무와 그 이행을 위해 이 의무를 향한 결심을 해야 하는데, 이때에 그가 선(善)을 행하는 것은 바로 그것이 선이라는, 획득된 신념으로부터 비롯하는 것이다. 그러나 이제 이러한 법칙, 즉 자유로운 신념과 내적 양심으로부터 의무 자체를 위해 규준으로서 선택되고 실행되는 의무는 그 자체로만 보면 의지의 추상적 보편성이며, 이것은 자연, 감각적 충동, 이기적 관심, 열정, 그리고 우리가 통칭하여 심정과 가슴이라고 부르는 모든 것에 직접적으로 대립한다. 이러한 대립에서 한쪽은 다른 한쪽을 부정하는 것으로 간주되며, 그리고 양자는 대립된 것으로서 주체 속에 현전하므로, 스스로 결단을 해야 할 주체는 이것을 따를지 아니면 저것을 따를지 선택을 해야만 한다. 그러나 이 입장에서 보면 그러한 결단과 그에 따르는 행위가 도덕적으로 되는 것은 한편으로는 의무에 대한 자유로운 확신을 통해서이며, 다른 한편으로는 특수한 의지, 자연적 충동, 경향성, 열정 등을 이겨냄으로써, 또한 더욱이 고상한 감정과 보다 고차적인 충동까지도 이겨냄으로써 결과하는 것이다. 왜냐하면 근대의 도덕적 견해란 의지의 정신적 보편성과 그것의 감각적인 자연적 특수성 간의 경직된 대립에서 출발하며, 또한 이러한 대립적 측면들의 완결된 매개에서가 아니라 이 측면들 간의 상호 투쟁에서 성립하기 때문인데, 결국 이 투쟁이 수반하게 되는 요구는 의무와 갈등관계에 있는 충동이 마땅히 의무에 굴복해야 한다는 것이다." G. W. F. Hegel, *Vorlesungen über Ästhetik* I(이하 Ä I으로 축약), TWA, Bd. 13, pp. 79-80.

37 앞의 각주 19 참조.

한 그 충족의 방법도 **세분화**하고 **다양화**하면서, 다시금 이런 수단과 방법들 역시 제각기 상대적인 목적이나 추상적인 욕구가 된다. 이것은 무한히 진행되는 다양화 과정이며, 또한 그러한 정도에 맞게 이 규정들을 **구별하는** 일이면서 목적을 위한 수단의 적합성을 **평가하는** 일이기도 한데, 이러한 모든 것은 곧 **세련화**를 의미한다.

§ 192

욕구와 [이를 충족시키는] 수단은 실재하는 현존재로서 **타자에 대한 존재**(대타존재)[38]가 되는데, 욕구와 수단의 충족은 이 타자의 욕구와 노동에 의해 상호적으로 제약되어 있다. (앞 절에서 보았듯이) 욕구나 그것을 충족시키는 수단의 성질이 되는 추상화는 또한 개개인의 상호관계에 대한 규정이 되기도 한다.[39] 서로 **인정받고 있다**는 의미로서의 이러한 보편성[40]이야말로 따로 따로 분리되고 추상화한 욕구나 그 충족의 수단 및 방법을 **사회적인** 것으로서의 **구체적인** 것이 되게

---

38 자신의 존립근거를 타자와의 관계 속에 갖는 존재를 뜻하거나, 또는 어떤 대상의 이러한 측면을 뜻한다.

39 시민사회에서, 특히 욕구의 체계에서 활동하는 구성원들은 서로 전면적인 인간관계를 맺는 것이 아니라 경제적 연관성 속에서 분업화된 자신의 노동과 역할을 통해 관계를 맺고, 또 생산, 교환, 소비 과정의 전체 메커니즘 속에서의 요소들로서 관계를 맺기 때문에 "개개인의 상호관계"는 추상적이고 형식적이다.

40 **서로 인정받고 있다는 의미로서의 이러한 보편성:** 위에서 말했듯이 시민사회의 구성원들은 각자 생산, 교환, 소비 과정의 전체 메커니즘 속에서 한 요소를 차지하며 자신의 역할을 할 뿐 아니라, 이러한 공동의 틀 자체를 유지하고 재생산하는 데 기여하는 존재이다. 그리하여 여기서 말하는 "**보편성**"이란 이러한 존재로서의 구성원들이 이 전체 메커니즘 안에서 모두가 서로의 욕구충족에 기여하는 존재로서 인정되고 있으며, 이것이 이 모두에게 전반적으로 해당된다는 의미에서의 보편성을 뜻한다.

만드는 계기이다.

§ 193

그리하여 이 계기는 수단 그 자체와 그것의 점유에 있어, 그리고 욕구 충족의 방법에 있어 요구되는 특수한 목적 규정이 된다. 게다가 이 계기는 직접적으로 그 안에 타인과의 **동등성**이라는 요구를 포함하고 있다.[41] 한편으로는 이러한 동등성의 욕구 그리고 자신을 타인과 동등화하려는 것으로서의 **모방**과, 다른 한편으로는 이와 동시에—자신을 돋보이게 함으로써 인정받으려고 하는—그 안에 존재하는 **특수성**의 욕구는 그 자체로 욕구들을 다양화하고 확산시키는 현실적인 원천이 된다.

§ 194

직접적이며 자연적인 욕구와 **표상**[42]에 의거하는 정신적 욕구가 결합

---

41 "타인과의 **동등성**이라는 요구"란 사회에서 인정되는 방식으로, 또 다른 사람과 같은 방식으로 각자의 욕구를 충족시키고 다른 사람과 동등하게 취급받고자 하는 경향과 요구를 말한다. 이것은 법적인 평등에 대한 요구로도 드러나겠으나, 예컨대 유행을 따르는 태도나 다른 사람의 방식을 흉내 내려는 태도에서도 드러난다.

42 **표상(Vorstellung)**: 이것은 헤겔의 어법에 따르면 우리의 의식 활동과 내용의 한 유형을 말한다. 구체적으로 말해서 "표상"이란 직관 또는 직접적으로 감각되는 어떤 의식적 내용이나 이와 관련된 의식 작용도 아니고, 엄밀한 의미에서의 개념적인 내용과 개념화 작용도 아닌, 그 중간에 위치하면서 양쪽의 성격을 일부분 포함하기도 하는 의식 활동과 내용을 뜻한다. 그렇기에 표상은 어느 정도는 보편적인 성격을 갖지만 또한 동시에 주관적이기도 하고 이미지와 결합되어 있기도 하다. 여기에는 의견, 상상, 주관적 판단과 같이 우리가 엄밀한 객관성이나 인식적 가치를 부여하지는 않는 의식 활동과 내용이 포함된다.

된 사회적 욕구에서는 보편자로서의 정신적 욕구 쪽이 압도적이 됨으로써, 이 사회적인 계기 속에는 **해방**의 측면이 깃들어 있다. 그리하여 여기에서는 욕구가 지니는 엄격한 자연필연성이 모습을 감추고, 인간은 **자신의 의견**과, 그리고 그것도 사회의 보편적인 의견과 또 인간 스스로가 만든 필연성에 따라 행위하며, 단지 외적인 필연성이나 내적인 우연성, 즉 **자의**에 따르는 것이 아니게 된다.

〈주석〉 이른바 자연 상태에서 인간은 말 그대로 단순한 자연적 욕구를 지닐 뿐이고 이를 충족시키기 위해 우연적 자연이 직접적으로 제공해 주는 수단만을 사용하는 까닭에, 욕구의 측면에서 보아 자연 상태의 인간이 **자유** 속에서 사는 것이 아닐까 하는 생각은 틀린 것이며, 이는 아직 노동—이것에 대해서는 뒤에 가서 논의하겠지만—에 깃들어 있는 해방의 계기를 고려하지 않은 데서 나온 생각인 것이다. 왜냐하면 자연직 욕구라는 것 그 자체도 그렇겠지만 자연적 욕구의 직접적인 충족도 오직 정신성이 자연 속에 매몰되어 있는 상태, 따라서 자연 그대로의 조야하고 부자유한 상태를 의미할 뿐이기 때문이다. 그리고 자유란 것은 오로지 정신적인 것이 행하는 자기 내적인 반성[43]과, 스스로를 자연적인 것으로부터 구별하고 또 스스로를 자연적인 것에 반

43 "반성"이라는 활동은 우선 우리에게 직접적으로 나타나는 것을 그대로 받아들이는 것이 아니라, 그것의 본질 또는 그것의 근거에 대해 숙고하는 의식의 활동을 뜻한다. 헤겔에 따르면 우리가 자연적 본능이나 욕구에 따라 직접적으로 행동하는 것은 자유롭게 행동하는 것이 아니다. 진정으로 자유롭기 위해서는 직접적으로 주어지는 것에 대해 따져보고 자신의 내면에 비추어 보아, 스스로 주체적으로 원한다고 판단하는 바에 따라 행동하는 태도가 필요하다. 즉 "자기 내적인 반성"의 활동이 게재되어야 하는 것이다.

사되게 하는 활동에 놓여 있기 때문이다.

§ 195

기저에 놓여 있는 내용이 목적의 특수성인 한, 이러한 해방은 **형식적**이다.[44] 욕구와 수단 그리고 향락이 무한정으로 다양화하고 세분화하는 사회 상태의 경향은 자연적인 욕구와 문화적인[45] 욕구의 차이가 그런 것처럼 그 한계를 모르는데, 이것이 바로 **사치**이다. 그런데 이것은 동시에 의존과 궁핍의 무한한 증대이기도 하다. 그리고 이 의존과 궁핍은 무한한 저항을 행하는 물질을 상대하고 있는데, 이 물질이란 자유의지의 소유물인 특수한 종류의 외적 수단을 뜻하는 것으로서 절대적으로 완강한 것이다.

44 자연본능과 직접적인 욕구에 따르는 상태에서 벗어나, 자신의 의견과 판단에 따라 욕구 충족을 위한 여러 방식들을 사용하면서, 또한 동시에 보편적인 것을 지향하고 그에 입각하여 행동하는 경향을 갖게 되는 과정, 그리고 이와 함께 공동체를 이루어 그 구성원들과 서로를 인정하면서 삶을 영위하게 되는 과정을 헤겔은 일종의 해방의 과정으로 묘사하고 있다. 이러한 해방에서 중요한 요소는 좀 더 보편적이고 정신적인 차원으로의 인간의 고양이다. 그러나 욕구의 내용이 특수성에 매여 있고, 주로 그 형식에 있어서만 보편성이 지배하게 될 때 이 해방은 "형식적"이다.

45 원문에는 '문화적인'에 해당하는 단어가 "ungebildetem"인데 앞뒤 문맥상 전혀 의미가 통하지 않아 "gebildetem"의 오기로 추정된다. 1911년에 헤겔의 『법철학』을 다시 편집하여 펠릭스 마이너(Felix Meiner) 출판사에서 출간한(제2판 1921, 제3판 1930) 라손(Georg Lasson)도 이를 "gebildetem"으로 교정하였다. 필자 역시 이에 따라 "문화적인"으로 번역하였다.

b. 노동의 방식

§ 196

세분화한 욕구를 충족시키기에 적합하면서 또 이와 마찬가지로 **세분화한** 수단을 마련하고 획득하는 매개활동이 노동이다. 노동은 자연에서 직접 제공된 소재를 다양한 목적을 위해 극히 다종다양한 과정들을 거쳐 종별화한다(spezifiert). 이러한 형성 작용은 수단에 가치와 합목적성을 부여하는데, 그 결과 인간의 소비는 주로 **인간에 의한** 생산물을 대상으로 삼고, 또 인간이 소비하는 것은 인간의 노력의 산물이 된다.

§ 197

관심거리가 되는 갖가지의 내용이나 대상에 접하면서 인간의 **이론적 도야**가 진전된다. 이론적 도야는 단지 이런저런 관념이나 지식이 다종다양하다는 것뿐만이 아니라, 표상 활동이나 하나의 표상에서 다른 표상으로 옮겨가는 지적 활동의 활발함과 기민함을 포함하며, 또한 복잡하게 얽혀 있고 보편적인 관계를 파악하는 활동을 포함하는데, 이것은 모두 오성 일반의 도야이며 동시에 언어의 도야이기도 하다. 노동에 의해 얻어지는 **실천적 도야**는 욕구의 지속적인 산출과 **업무** 전반의 **습관**, 나아가서는 재료의 성질이나 특히 타인의 자의적 성향에 맞도록 **자기 행위를 제어하는 일**, 그리고 이러한 훈련에 따라 몸에 밴 **객관적인** 행동의 습관 및 **일반적으로 통용되는** 숙련성의 습관을 뜻한다.

§ 198

그런데 노동에서의 보편성과 객관성은 [노동의] **추상화**에 기초한다. 이 추상화는 수단과 욕구의 종별화(Spezifizierung)를 야기하고 그러면서 마찬가지로 생산의 종별화와 **노동분업**을 초래한다. 개인의 노동은 분업에 의해 보다 **단순해**지고, 이 때문에 그의 추상적인 노동에서의 숙련성과 생산량 모두가 증대한다. 동시에 타인의 욕구를 충족시키려는 목적으로 사람들 사이에 생겨나는 **의존성**과 **상호관계**는 이러한 숙련성과 수단의 추상화에 힘입어 전적인 필연성으로 완성된다. 나아가 생산의 추상화[46]는 노동을 더욱더 **기계적으로** 만들며, 이로 인해 끝내는 인간이 밀려나고 그 자리를 **기계**가 대신하는 일이 발생할 수 있게 된다.

c. 자산

§ 199

이렇듯 노동과 욕구의 충족이 상호 의존적으로 관련되는 가운데, **주관적인 이기심**이 **다른 모든 사람들의 욕구를 충족시키는 데 기여하는** 것으로 전화한다. 이러한 전화는 달리 말하면 변증법적 운동으로서, 보편자에 의해 특수자가 매개되는 것을 의미한다. 그리하여 각자가 자

---

46 **생산의 추상화:** 이것은 노동분업 및 전문화 그리고 표준화와 불가분의 관계가 있다. 특히 공장제 생산에서 전체 공정은 각 부분들로 나뉘어, 노동자들은 제각기 구분된 부분 공정들에 배치된 채 동일한 작업을 반복적으로 수행한다. 그리고 표준화된 작업을 거쳐 정형화된 상품이 대량 생산된다. 이 과정에서 노동자는 각기 분리된 한 부분에 매여 이와 같은 추상적인 생산 활동에 종사한다.

기를 위하여 획득하고 생산하며 향유함으로써 그것은 동시에 나머지 모든 이들의 향유를 위해 생산하고 취득하는 것이 된다.[47] 만인 상호간의 의존관계라고 하는 이러한 전면적인 얽힘 속에 놓인 필연성은 이제 모두에게 **보편적이고 지속적인 자산**이 되는데(§ 170 참조),[48] 이것은 누구나가 자신의 도야와 숙련성에 의해 이러한 관계 속에 참여하여 자기의 생계를 확보할 수 있는 가능성을 마련해준다. 또한 각자가 저마다의 노동에 의해 취득한 것이 이 보편적 자산을 유지하고 증대시켜 주기도 한다.

---

47 여기서 헤겔은 애덤 스미스의 "보이지 않는 손"을 연상시키는 서술을 보여주고 있다. 그는 이를 "변증법적 운동"으로 묘사한다. 이러한 변증법적 운동에 대해 헤겔은 다른 곳에서 다음과 같이 설명한다. "[...] 모든 유한한 것은 확고하고 궁극적인 것이 아니라 변하기 쉽고 지나가버리는 것이라는 점, 이것이 바로 유한한 것의 변증법이다. 그리고 이 변증법에 의해 유한한 것은 직접적으로 존재하는 바로서의 그 자신을 넘어서게 되고 자신과 반대되는 것으로 전화한다." Enz. I, § 81, Zus. 1. 스미스의 "보이지 않는 손"과 여기서 헤겔이 행하는 서술과의 연관성은 다음과 같이 이미 여러 연구가들에 의해 지적된 바 있다. Herbert Schnädelbach, *Hegels praktische Philosophie*, Frankfurt a. M., Suhrkamp, 2000, p. 278; Zbigniew A. Pelczynski, "The Hegelian Conception of the State", Zbigniew A. Pelczynski (ed.), *Hegel's Political Philosophy: Problems and Perspectives*, p. 12; Sudipta Kaviraj and Sunil Khilnani (eds.), *Civil Society: History and Possibilities*, Cambridge and New York, Cambridge University Press, 2009, p. 133. 이러한 연관성과 '보이지 않는 손'에 대한 보다 상세한 설명을 위해서는 이 책의 「해제」 3장 2절의 (2)를 참조하시오.

48 헤겔이 여기서 말하는 "자산"에 해당하는 독일어 단어는 "Vermögen"이다. 이 단어는 자본재로서의 '자산'이라는 의미 외에 '능력'이라는 의미로 쓰이기도 한다. 우리의 문맥에서는 '자산'이라는 번역어가 적절하지만, 두 가지 의미가 함께 포함되어 있다고 보는 것이 더 정확하다. 또한 그가 "보편적이고 지속적인 자산"이라고 부르는 것은 사회 전체의 생산력과 생산물 그리고 생산과 관련된 경제 인프라를 총칭하는 말이다.

§ 200

그러나 이러한 보편적인 자산에 **참여하여 이를 나누어가질 가능성**, 즉 개인의 **특수한** 자산으로 삼을 **가능성**은 무엇보다도 자신에게 직접적으로 속한 기초 재산(자본)과 숙련성에 **좌우된다**. 그런데 이 숙련성은 또한 그것대로 자본에, 그리고 나아가 그밖에 여러 우연한 사정에 좌우되는데, 이것이 갖는 다양한 조건은 이미 **그 자체** 생래적으로 **불평등한** 육체적·정신적인 소질의 **발달**에서 **차이**를 만들어낸다. 이러한 차이는 바로 이 특수성의 영역[49]에서 온갖 방면을 향해 그리고 온갖 단계에서 나타나는데, 여기에 더해 그 외의 우연한 사정이나 자의가 부가되면서 개인들 간의 **자산과 숙련성의 불평등**이라는 필연적인 결과가 생겨나게 된다.

〈주석〉 정신의 **특수성이 갖는** 객관적 **권리**—이것은 이념에 내재하는데—는 불평등의 근본요소이자 기반인 자연에 의해 만들어진 인간의 불평등을 시민사회에서 폐지하지 않을 뿐 아니라, 오히려 그것을 정신으로부터 산출해내며 이를 숙련성의, 재산상의, 그리고 지성적이며 도덕적인 도야 수준의 불평등으로까지 끌어올린다. 정신의 특수성이 갖는 이러한 권리에 **평등**의 요구를 대립시키는 것은 공허한 오성에 속하는 일일 뿐이다. 여기서 오성은 평등이라는 자신의 추상과 **당위**를 실재적이며 이성적인 것으로 여기고 있다.[50] 보편성에 대해 잘못 생

49 "이 특수성의 영역"이란 시민사회를 뜻한다.

50 헤겔은 근대 시민사회와 국가에서 성립하고 보장되어야 할 법적인 "평등"의 진정한 의미에 대해 서술하면서 평등 개념에 대한 오해에 대해 논하고 있다. 이는 헤겔의 다른 텍스트에서는 다음과 같이 "자유"와의 연관 속에서 설명되고 있다. "**자유**와

각하고 있는 이 특수성의 영역은 보편성과의 이러한 한낱 상대적 동일성에 머물러 있으면서 자연적인 특수성과 자의적인 특수성 모두를 간직하고 있는데, 결국은 자연 상태의 잔재를 자기 속에 지니고 있다. 더욱이 인간의 욕구와 그것의 운동의 체계에 내재하는 이성이야말로 이 체계를 구별된 측면들의 유기적 전체로 구조화하는 것이다(§ 201 참조).

§ 201

무한히 다종다양한 수단들 그리고—상호적인 생산과 교환에서 이루어지는—이것들의 마찬가지로 무한히 상호 교차적인 운동은 그 내용에 내재하는 보편성에 의해 **모이고 보편적인 집단들**로 **나뉘게** 된다. 이렇게 해서 전체적 연관은 욕구 및 이것을 위한 수단과 노동을 포함하

평등은 단순한 범주들로서, 이것들에 의해 헌법의 근본 규정, 최종 목표 및 귀결점을 형성해야 할 바가 종종 포괄되어왔다. [...] 평등에 관해 말하자면 **모든 인간은 나면서부터 자연적으로**(*von Natur*) **평등하다**는 잘 알려진 명제는 자연적인 것과 개념을 혼동하는 오해를 담고 있다. **나면서부터 자연적으로** 보자면 오히려 인간은 **불평등**하다고 말해야만 할 것이다. 그런데, **자유**의 개념은 그 이상의 상세한 규정이나 발전을 논하기에 앞서 우선 그 자체로 현존하는 것으로서 볼 때는, 소유능력을 지니는 **인격체**로서의 추상적 주체성인 것이다. [...] 인격성에 관한 이 유일한 추상적 규정이 인간의 현실적 **평등**을 이루고 있다. 그러나 이러한 평등이 현존한다는 것, 즉 인격체로서 인정되고 있으며 법률적으로 타당성을 획득하고 있는 바가—그리스나 로마 등에서 오직 일부만이 인간으로서 대접받았던 것과는 달리—곧 **인간** 자체라는 것, 이것이야말로 결코 **나면서부터 자연적으로** 얻어진 것이 아니라, 오히려 정신의 가장 깊은 원리의 의식에서 나온 산물이자 성과이다. **시민이 법률 앞에서 평등하다**는 것은 높은 진리를 담고 있다. 그러나 [...] 법률 자체는 인격성이라는 저 좁은 범위에 관련되는 한에서는 아닐지라도 그 외의 경우에는 불평등한 상태를 전제하고 있으며, 거기에서 생기는 불평등한 법적 요건과 의무를 규정하고 있다." Enz. III, § 539.

며, 또 그 충족의 방법 그리고 이론적이고 실천적 도야의 방식까지도 포함하는 **특수한 체계들**로 구조화한다. 여기서 각 개인은 그 체계들에 귀속하게 되는데, 이것이 곧 **계층들**의 구별을 이루게 된다.

§ 202

계층은 **개념**에 따라 **실체적** 또는 직접적 계층, 반성적 또는 **형식적** 계층, 그리고 **보편적** 계층으로 나뉘게 된다.

§ 203

a) **실체적** 계층은 자신이 경작하는 **토지**의 자연 산물을 자신의 자산으로 삼는다. 토지는 배타적인 사적 소유가 가능하며, 되는 대로 사용하여 지력을 고갈시킬 것이 아니라 객관적인 방식으로 조성될 필요가 있다. 노동과 소득이 각각 **개별적으로** 고정된 시기에 묶여 있고, 수확은 자연 과정의 가변적인 성질에 의존하므로 미래에 **대비**하려는 욕구에서 나오는 목적이 생겨난다. 그러나 미래에 대비하는 활동이 처한 조건들로 인해 이 목적의 추구에서 보유되는 생존방식은 반성과 독자적인 개별적 의지에 의해서는 별로 매개되지 않은 것이며, 또 그런 가운데 보유되는 마음가짐은 일반적으로 가족관계와 신뢰에 기초한 직접적인 인륜성에 알맞은 실체적 성격을 갖는다.

〈주석〉 국가의 본래적인 시작과 그 최초의 건설이 **결혼** 제도의 도입 및 **농업**의 도입과 나란히 때를 같이하게 되었다는 것은 당연한 일이다. 왜냐하면 농업의 원리는 토지의 조성과 더불어 배타적인 사유재산이라는 결과를 가져오고(§ 170 주석 참조), 정처 없이 떠돌면서 생계를 도모하는 야만인의 유랑생활을 사법(Privatrecht)에 의해 안정된, 그리고 욕구 충족을 보장하는 상태로 전환해주기 때문이다. 또한 이와 함께 이성 간의 사랑이 결혼에 한정됨으로써 이렇게 다져진 유대는 **지속적인** 그리고 내적으로 보편적인 결합으로 확대되며, 욕구는 **가족에 대한 배려**로, 점유는 **가족재산**으로 확대된다. 욕구 충족의 보장, 확보, 지속 등의 특징들은 무엇보다도 농업과 결혼 제도가 장려되는 까닭을 이루는 것들로서 보편성의 형식들인데, 바로 이런 형태들을 통해 절대적 궁극목적인 이성적 본성이 이들 대상[51] 속에서 관철된다. 이를 뒷받침할 자료로는 내가 존경하는 친구인 **크로이처** 씨의 박학하고도 재기에 넘치는 **해명** 이상으로 흥미로운 것은 없을 것이다. 특히 그는 이 해명을 『신화와 상징』 제4권[52]에서 고대인의 **농사와 관련된** 축제라든가 형상들 또는 성역들(Heiligtümer)에 관해서 제시해주었는데, 고대인들은 농업과 이에 관련되는 온갖 제도의 도입을 신의 행위로 받아들이면서 이것들을 그토록 종교적으로 숭배했던 것이다.

이 계층의 실체적인 성격은 사적 권리에 관한 법률 면에서, 그중에서도 특히 사법 활동의 면에서, 또 교육이나 도야 그리고 종교 면에서 변화를 겪기는 하지만, 이것은 **실질적인 내용**에서가 **아니라**, 그 **형식**과 **반성의 발전이**라는 견지에서 나타나는 변화이다. 그러나 이와 같은 것

---

51 여기서 "이들 대상"이란 농업과 결혼제도를 뜻한다.

52 Friedrich Creuzer, *Symbolik und Mythologie der alten Völker, besonders der Griechen*, 4 Bde., 1810/1812.—(편집자 주) 크로이처(Georg Friedrich Creuzer, 1771-1858)는 1804년부터 하이델베르크 대학의 교수였는데, 헤겔은 자신의 하이델베르크 교수 시절(1816-1818) 그와 친교를 맺었다. 헤겔은 자신이 여기 § 203에서 『신화와 상징』으로 그 제목을 거꾸로 표기한 크로이처의 책을 〈철학사 강의〉나 〈미학 강의〉와 같은 자신의 강의에서 종종 인용하고 있다. VGP III, p. 103; Ä I, pp. 13, 402, 404 참조.

은 시간이 흐르면서 나중에 생겨난 변화들이며, 이는 다른 계층의 경우에서도 볼 수 있는 것이다

§ 204

b) **상공인 계층**은 자연적 산물의 **가공**을 업으로 삼으며, 생계 수단으로서 자기의 **노동**, **반성**과 오성에, 또한 본질적으로는 타인의 욕구와 노동을 매개하는 것에 의존한다. 이 계층은 자신이 마련하고 향유하는 것을 주로 **자기 자신**에, 자기 자신의 활동에 의거하여 획득한다. 이 계층의 업무는 다시금 세 가지로 구분된다. 구체적으로 개별적 욕구에 응하여 개인의 주문에 따라 행하는 노동은 **수공업 계층**이 담당하고, 개별적인 욕구에 응하면서도 좀 더 일반적인 수요에 맞추어진 대량생산방식의 한층 추상적인 노동은 **기계공업 계층**이 담당하며, 끝으로 개개의 제품을 주로 보편적 교환수단인 화폐를 사용하여 상호 교환하는 일은 **상업 계층**이 담당한다. 여기서 화폐란 모든 상품의 추상적인 가치를 현실화하는 교환수단이다.

§ 205

c) **보편적 계층**은 사회 상황의 **보편적 관심사**를 자신의 과업으로 삼는다. 그리하여 이 계층은 사사로운 욕구를 채워주는 직접적인 노동에서 면제되어야 한다. 이것은 사유재산에 의하여 가능하거나 아니면 보편자를 위한 이 계층의 노동에서 사적 관심사까지도 충족되도록—이런 노동을 필요로 하는—국가가 보상을 해줌으로써 가능하다.

§ 206

계층은 특수성이 객관화된 것으로서 한편으로는 이렇듯 개념에 따라 보편적 구별들로 분화된다. 그러나 다른 한편으로 **개인**이 어떤 특수한 계층에 속하느냐 하는 것은 소질이나 출생이나 주변 사정이 영향을 끼치기는 하지만, 그것의 궁극적이고도 본질적인 규정은 **주관적인 의견**과 저마다의 **특수한 의향**에 달려 있다. 이 영역[53]에서는 바로 이 각자의 생각과 자의가 그 나름의 권리와 공로를 인정받고 존중되기에, 이 영역에서 **내적 필연성**에 따라 생겨나는 것은 동시에 **자의를 통해 매개되어 있는** 것이며, 주관적 의식에 대해서는 자신의 의지의 소산이라는 모습을 띤다.

〈주석〉 이런 관점에서 봐도 역시 특수성 및 주관적 자의의 원리와 관련하여 동양과 서양, 고대와 근대 세계의 정치생활상의 차이가 드러난다. 물론 사회 전체가 계층들로 구분되는 것은 **그 자체로** 이성적이므로 동양이나 고대 세계에서도 **객관적으로 저절로** 생겨나기는 한다. 그러나 거기에서는 주관적 특수성의 원리가 동시에 그것에 합당한 권리를 누리지는 못한다. 왜냐하면 예컨대 개인이 어떤 계층에 배정되는가는 플라톤의 국가(『국가』 제3권, T. 비폰티움 판 제6권, 320쪽)에서처럼[54] 통치자에게 위임되어 있거나, **인도의 카스트**에서처럼 **한낱** 출생에 내맡겨지기기 때문이다. 이와 같이 주관적인 특수성이 전체의 조직 속으로 받아들여지지 않고 그 속에서 화해에 이르지 못한 채 본질

53 "이 영역"은 곧 시민사회를 뜻한다.

54 스테파누스 쪽수에 따르면 '415a–d'에 해당한다.

적인 계기로 등장하기 때문에, 이 주관적 특수성은 사회질서를 적대시하고 타락케 하는 것으로서 나타나게 된다(§ 185 보론 참조). 그리하여 그것은 그리스의 여러 국가나 로마 공화국에서처럼 사회질서를 전복하는 것으로 드러나거나, 혹은 이 사회질서가 강제력을 보유하면서 유지되거나 혹은 종교적 권위로 군림할 때는—어느 정도는 **스파르타**에서 그리고 오늘날에는 가장 적나라하게 **인도**에서 볼 수 있듯이—내적인 타락이나 전적인 퇴보로 나타난다. 그러나 만약 주관적 특수성이 객관적인 질서에 적합한 것으로서 동시에 자신의 권리를 보유하면서 이 질서에 의해 유지된다면, 그것은 시민사회 전반에 생기를 불어넣고 사유 활동을 진작시키면서 사회를 위한 공적과 명예를 증대시키는 원리가 된다. 시민사회나 국가에서 이성을 통하여 필연적으로 존재하는 것은 동시에 **자의를 매개로 하여** 생겨난다는 것, 바로 이것의 인정과 이것의 권리야야말로 주로 일반적인 표상 속에서 **자유**라고 불리고 있는 것의 보다 상세한 규정이다(§ 121 참조).[55]

§ 207

개인이 **현존하는 것** 일반에, 그럼으로써 **규정된 특수성**에 들어서게 되면서, 이와 함께 **다른 것을 배제하며** 욕구의 **특수한** 분야들 중 하나에 자신을 한정하게 되면서, 비로소 그는 스스로에게 현실성을 부여하

---

55 헤겔은 『법철학』 § 121에서 "자유"에 대해, 특히 시민사회에서 전형적으로 행사되는 "주관적 자유"에 대해 다음과 같이 말한다. "행위자의 **특수성**이라는 이 계기가 행위에 포함되어 있고 실현된다는 것이 좀 더 구체적인 의미에서의 **주관적 자유**를, 즉 행위 속에서 자신의 **만족**을 발견하는 **주체의 권리**를 이룬다."

게 된다.[56] 그리하여 이 체계에서 요구되는 인륜적 심성이란 스스로의 결정에 입각해서 자신의 활동과 근면성과 기량을 통해 스스로 시민사회를 이루는 계기들 중 하나에 속하는 구성원이 되고, 또한 이런 구성원으로서의 지위를 지탱해나감에 있어서의 **성실성** 및 **계층에 대한 긍지**를 지니는 것이다. 또한 이렇듯 자신을 보편성과 매개함으로써만 자신을 위해 배려하고, 이렇게 함으로써 자기의 생각으로나 타인의 생각으로도 시민으로서 가치를 **인정받는** 것이다. 이 시민사회라는 영역에서 **도덕성**은 자신의 고유한 터전을 발견한다.[57] 왜냐하면 여기에서는 자기 행위에 대한 반성, 특수한 욕구들, 그리고 복지를 지향하는 목적이 지배적이며, 이들 욕구를 충족시킴에 있어 발생하는 우연성이 타인에 대한 우연적이고 개별적인 원조마저도 의무로 만들어버리기 때문이다.

---

56 시민사회의 구성원으로서의 개인이 아직 이 사회의 특정한 부문에 속하지 않거나, 그 어떤 직업세계에도 발을 들여놓지 않는다면, 그는 그저 가능성을 지닌 존재로서의 한 개인일 뿐이다. 그가 시민사회라는 체계의 총체적 연관성 속에서 특정한 역할을 담당하는 일원이 될 때, 그는 비로소 시민으로서 현실성을 갖게 된다. 그리고 이 개인이 추구하는 나름의 특수한 목적 역시, 그가 이러한 연관성 속에 자신을 위치시켜 보편적 형식에 따라 자신의 특정한 역할을 수행하는 한에서만 실현 가능하다.

57 헤겔은 『법철학』 § 107에서 "도덕성"을 "주체적 의지의 권리"로 설명한다. 즉 "도덕성"이란 주체의 자율적인 의지의 정당성을 확신하는 입장을 뜻한다. 여기서의 도덕적 주체는 물론 자신의 행위 법칙이 보편적이고 이성적이라는 것을 믿는다. 그러나 여기에서 이 주체는 독립적인 존재로서 사회의 제도들과 관습 및 객관적 조건으로부터 스스로를 분리시킨다. 그런 한에서 도덕적이라는 것은 단지 개인의 문제로 환원되고, 주체 자신의 양심의 목소리에 따라 의무를 행하는 일이 된다. 시민사회는 개인주의적인 원리가 관철되는 곳이고, 그렇기에 윤리적 차원, 또는 인륜적 차원의 문제 일반을 개인의 문제로 치부하는 경향이 강하다.

〈주석〉 개인은 처음에는 (즉, 특히 젊을 때에는) 하나의 특정한 계층에 소속할 결심을 하는 것에 대해 반항하면서, 그렇게 하는 것을 자신의 보편적 사명의 제한이자 단지 **외적인** 필연성에 지나지 않는 것으로 생각한다. 그러나 이것은 그가 행하는 추상적 사고에서 기인하는 것이다. 여기서 추상적 사고란 보편적인 것에 또한 동시에 비현실적인 것에 머물러 있으면서 다음의 사실을 인식하지 못하는 사고이다. 즉 개념 일반이 **현존하기** 위해서는 개념과 실재성의 구별로 나아가고 이로써 규정성과 특수성에 이르러야 한다는 사실(§ 7 참조), 그리고 이렇게 함으로써만 현실성과 인륜적 객관성을 획득할 수 있다는 사실을 말이다.

§ 208

이 욕구의 체계의 원리는 앎과 의욕의 고유한 특수성으로서 **즉자대자적으로** 존재하는 보편성, 즉 **자유**의 보편성을 단지 **추상적으로**, 따라서 **소유의 권리**로 포함할 뿐이다. 그러나 여기에서 소유의 권리는 더 이상 단지 **즉자적으로** 존재하고 있는 것이 아니라, 효력을 지니는 현실성에 도달하여 **사법 활동**에 의한 **소유권의 보호**로서 존재한다.[58]

58 헤겔이 시민사회의 목적을 "재산과 개인적 자유의 보장과 보호"로 보고 있는 데서 알 수 있는 것처럼, 시민사회에서 소유권은 자유의 가장 기본적이고 직접적인 형태이며, 사법 활동 역시 이러한 "보장과 보호"에 초점이 맞추어져 있다. GPR, § 258 참조.

B. 사법 활동

§ 209

온갖 욕구와 그것을 위한 노동이 교호적인 관계 속에 있다는 **상관성**은 우선 일반적으로 무한한 인격성이라는, (추상적인) 법이라는 그것의 **자기 내적인 반성**의 형태를 취한다. 그런데 이 법[59]에 **현존재**를 부여하는 것은 이 상관성의 영역, **도야이자 교양**의 영역인 것이다. 그리하여 법은 **보편적으로 인정되고 인식되며 또 의욕되는 것**으로 존재하며, 이렇듯 인식되고 의욕되는 것임을 매개로 하여 유효성과 객관적 현실성을 지니는 것이다.

〈**주석**〉 보편적 인격체라는 점에서는 **모두가** 같은 존재라는 이유로 내가 **보편적** 인격체로 이해되는 것은 도야로서의 교양에 기인한다. 즉 각 개인을 보편성의 형식에 따라 의식하는 활동으로서의 **사유**에 기인한다.[60] **인간이 인간으로서 인정되는 것은 그가 인간이기 때문이지**, 그가

---

59 여기서 "이 법"이란 "추상적인 법", 즉 "추상법"을 뜻한다. 『법철학』 제1부가 곧 "추상법"을 주제로 삼고 있다. 여기서 법이 "추상적"인 이유는, 우리가 흔히 실정법 같은 법을 말할 때 이 법이 인격체라는 추상적 존재, 즉 그 어떤 구체적 규정도 갖지 않은, 단지 인격성을 지니고 있을 뿐이며 그런 의미에서 동등하게 보편적으로 취급되는 인간을 기초로 삼기 때문이다. 그러나 인간은 한 사회의 특정한 관계망에서 특정한 사회적 조건과 배경을 가지고 특정한 규범과 관습에 따라 살아가는 존재이다. 그렇기에 이런 조건 속에서 파악된 인간이야말로 참으로 윤리적이고 인륜적인 관점에서 파악된 인간이다. 그러나 "추상법" 단계에서의 인간은 단지 인간이라는 형식적 요건을 갖춘 존재로서 이해되고 그렇게 취급된다.

60 인간 모두가 인격을 지닌 존재로서 동일한 자격과 권리를 지닌다고 여기는 것은 감각이나 느낌에 의해 통찰되고 파악되는 일이 아니다. 즉 이렇게 여기는 것은 인간

유대교도, 가톨릭교도, 프로테스탄트, 독일인, 이탈리아인 등등이기 때문이 아니다. **사유**에 상응하는 것으로서 이러한 의식은 무한한 중요성을 지니는데, 다만 이 의식이 이를테면 **세계시민주의**(*Kosmopolitismus*)로서 구체적인 국가생활에 대립하는 것으로 고착된다면, 그것은 결함을 지닌다.[61]

§ 210

법의 객관적 현실성이란 한편으로는 법이 의식의 대상으로 존재하고 **인식되는** 데 있으며, 다른 한편으로는 현실성의 힘을 지님으로써 **효력을 발휘하고** 이로써 **보편타당한 것으로 인식되는** 데 있다.

이라는 존재의 보편성을 생각하고 그에 따라 인간을 파악하는 사유를 통해서만 가능하다. 그런데 이러한 사유 또는 사고방식은 처음부터 가능한 것이 아니다. 이렇게 생각하게 되기까지, 즉 인간을 적어도 법 앞에 평등한 존재로서, 동일한 인격체로서 대우하기까지는 오랜 시간에 걸친 도야와 문화적 발전의 과정이 필요했다고 헤겔은 주장하고 있다.

61 헤겔이 "**세계시민주의**(*Kosmopolitismus*)"를 전적으로 거부하는 것인지는 확실하지 않지만, 그는 이런 세계관이 일종의 오해를 가지고 있음을 경계하고 있다. 즉 이런 세계관은 개인이 어떤 특정한 국가에 속함이 없이 세계 자체에 속한다고 생각하는 경향을 갖는데, 헤겔에 따르면 이것은 공허한 사고방식에 불과하다. 인간이 아무 특정한 국가나 사회에도 속하지 않는다는 것은 그가 특수한 것들의 관계로부터 벗어나 있음을 뜻한다. 그런데 인간뿐만 아니라 이 세계에 현존하는 어떤 것이라도 그것은 어떤 특정한 것으로서 다른 것과 관계를 맺으며 그 속에서 자신의 위치와 역할을 갖고, 그런 의미에서 현실적으로 존재하는 것이다. 그렇기에 현실성을 지니는 존재로서의 인간은 어떤 특정한 국가에 속하여 다른 국가들과의 관계 속에 있는 그 국가의 일원으로 존재하면서, 역시 타인들과의 관계 속에 있는 자신의 특정한 역할과 지위를 지닌 채 살아가는 것이다.

a. 법률로서의 법

§ 211

본래적인 의미에서의 법 자체가 객관적인 현존재의 양태로 **정립되면**, 즉 사유를 통해 의식의 대상으로서 규정되고 법인 동시에 효력을 갖는 것으로서 **주지되면**, 그것이 **법률**이다. 그리하여 법은 이러한 규정을 통해서 **실정**법 일반이 되는 것이다.[62]

〈주석〉 어떤 것을 **보편적인 것**으로서 정립하는 것,—즉 그것을 보편적인 것으로서 의식에 가져오는 것—이것이 다 아는 바와 같이 **사유한다는 것**이다(§ 13과 § 21의 주석 참조). 사유작용은 이렇듯 내용을 가장 단순한 형식으로 환원함으로써 내용에 궁극적 **규정성**을 부여한다. 법이라는 것은 법률이 됨으로써 비로소 보편성의 **형식**을 획득할 뿐만 아니라 참다운 규정성을 획득한다. 그러므로 입법을 생각할 때면 그것에 의해서 무언가가 만인에게 타당한 행동의 규칙으로 천명된다는 그 한 가지 계기만을 떠올려서는 안 되며, 오히려 입법의 내적인 본질적인 계기는 앞의 계기보다도 법의 **내용**을 그것의 **규정된 보편성** 속에서 **인식**하는 데 있다. **관습법**조차도—동물은 그 자신의 법칙을 본능으로 갖고 있는 데 반해 인간만이 법칙을 관습으로 갖고 있으므로—**사상**으로 존재하고 또 **인지**된다는 계기를 포함하고 있다. 관습법과 법

---

62 실정법의 제정이 시민사회에서 이루어지는 것은 아니다. 입법권은 '국가'에 속하는 것으로서 의회의 소관사항이다. 그러나 법률의 제정이라는 것은 시민의 권리와 직결되며, 사법 활동이 시민사회의 기능 중 하나이므로 여기에서 실정법이 논의되는 것이다.

률의 차이는 관습법이 다만 주관적·우연적인 방식으로 알려지고, 그렇기에 그 자체로서는 관습법 쪽이 무규정적이며 그 사상의 보편성이 모호한데다가, 이 법에 대한 지식도 이러저러한 개개의 면에서 보나 전반적인 면에서 보아도 소수자의 우연한 소유물이라는 점에 있다. 관습법에는 **관습**으로 존재한다는 그 형식에 의해 **생활** 속에 스며들어 있다는 장점이 있다고도[63] 하지만, (아무튼 요즘 사람들은 아무런 생명력도 없는 소재나 가장 생기 없는 사상에 전문적으로 종사하는 것을 두고 **생명**이나 **생활 속으로 파고들어간다**는 말들을 한다) 이것은 기만이다. 왜냐하면 어떤 국민에게 적용되는 현행 법률은 그것이 성문화되고 수집된 것이라고 해서 더 이상 그 국민의 관습이 아니라고 할 수는 없기 때문이다. 관습법이 수집되어 편찬되기에 이른다는 것은 한 민족이 어느 정도의 문화 수준에 도달하기만 하면 반드시 행해지는 일로, 이렇게 수집된 것이 바로 **법전**이다. 그러나 이것은 수집된 것에 지나지 않으므로 그것의 특징이라면 **형식이 미비**하고 규정이 모호한데다 누락된 데가 있다는 것이다. 결국 이 법전이 본래적 의미의 법전과 구별되는 점은 후자의 경우 법의 원리를 그 **보편성** 속에서, 그리하여 명확히 규정된 사유 속에서 파악하고 표명한다는 데 있다. **영국의 국법**, 즉 일반법은 주

---

63 역사법학파의 주장, 특히 이 학파를 대표하는 사비니(Friedrich Karl von Savigny, 1779-1861)의 주장을 염두에 둔 서술이라고 할 수 있다. 사비니는 헤겔과 마찬가지로 베를린 대학의 교수였으며 법을 보편적 이성의 관점에서 해석하는 것에 반대하였다. 그는 자신이 이끈 역사법학파와 함께 법을 민족적 의식의 일부로 간주하고 민족의 전통과 유산을 강조하였으며 직접적인 입법보다는 관습법을 더 중시하였다. 이러한 점에서 그는 성문법의 확립을 지지하는 헤겔과는 대척점에 서 있었다. 또한 그는 계몽주의와 프랑스 혁명의 이상을 거부하는 보수주의적 관점을 지녔다는 점에서도 헤겔과 분명한 대조를 이룬다.

지하는 바와 같이 **제정법**(정식화된 법률) 속에도 포함되어 있는가 하면 이른바 **불문법** 속에도 포함되어 있다. 그러면서도 이 불문법은 성문법과 같은 정도로 잘 기록되어 있어서 이에 대한 지식은 (이 불문법이 가득 채워진 다수의 사절판(四折版)으로 된 책을) 읽는 것만으로도 얻을 수 있고 또 얻어질 것임에 틀림없다. 그러나 이 때문에 영국에서는 국법에서와 마찬가지로 사법 활동의 측면에서도 얼마나 심대한 혼란이 야기되고 있는가에 대해서는 이 방면의 전문가들이 서술하고 있는 바와 같다. 특히 그들이 지적하는 것은 이 불문법이 법정이나 재판관의 판결문 속에 그대로 포함되어 있어서 재판관들이 끊임없이 **입법자** 역할을 하게 된다는 것이다. 왜냐하면 재판관으로서는 이미 불문법으로 표명된 것에 대해서는 선임자들이 전혀 손을 대지 않았다는 점에서 그들 선임자의 권위에 의존하기도 하고 또 의존하지 **않을** 수도 있기 때문인데, 이때 의존하지 않는 것은 재판관들 스스로가 자기 속에 불문법을 가지고 있어서 이로 인해 이전에 이루어진 여러 판결들에 관해 이것들이 자기 내면의 불문법에 합치되는지 어떤지를 판정할 권리가 있다는 사실에 기인한다.—로마 후기의 사법 활동에서는 해답권을 가진 여러 저명한 법학자들이[64] 모두 나름대로의 권위를 누려왔던 탓에 영국의 경우와 비슷한 혼란이 생겨났는데, 이에 대처하기 위하여

---

64 로마 제정기의 초대 황제 아우구스투스(BC 63-AD 14)는 자신이 확립한 새로운 정치체제를 지지하는 특정의 법학자들에게 '칙허해답권(勅許解答權)'이라는 특권을 부여함으로써 법률문제에 관한 그들의 해답에 법으로서의 권위를 주었다. 그리하여 이 법학자들의 법 해석은 이러한 특권을 갖지 못한 법학자들의 견해보다 우월한 지위를 획득하였을 뿐만 아니라 재판관의 업무에 구속력을 행사할 수 있었다.

당시의 어떤 황제[65]가 묘안을 강구하였다. 이것이 **인용법**이라는 것인데, 이는 벌써 **오래전에 고인이 된** 법학자들 사이에서의—다수결 방식과 한 사람의 의장을 둔—일종의 합의제를 도입하는 것이었다(후고의 『로마법사』, 1799, 354절 참조).[66]—어떤 문명화된 국민에게 또는 그 국민 속의 법률가 계층에게 법전을 만들 능력을 인정하지 않는다는 것은,[67] 한 국민이나 법률가 계층에 가해질 수 있는 최대의 모욕 중 하나라고 해야 할 것이다.[68] 왜냐하면 법전을 작성한다고 할 때 여기서

---

65 여기서 "어떤 황제"는 테오도시우스 2세(401-450)를 말한다. 디오클레티아누스 황제(245-311) 이후로는 '해답권'을 부여받은 법학자가 없었으며, 법학자들은 독자적인 해석적 활동을 한다기보다는 이전 시대 학자들이 남긴 업적을 인용하고 주석하며 종합하는 일에 종사하였는데, 인용이 부정확하게 이루어져 그것이 악용되는 사례가 종종 발생하였다. 테오도시우스 2세는 이를 통제하려는 목적으로 '인용법'을 제정했다. 이것은 이전 시대의 권위 있는 학자들인 파피니아누스, 파울루스, 가이우스, 우르피아누스, 모데스티누스 5인의 저서에 대해서만, 그리고 이들이 인용한 다른 학자의 견해에 있어서는 그 정본과의 비교에 의해 옳다고 확인된 것에 대해서만 법적 구속력을 부여하는 규정이었다. 이 '인용법'에 따르면 특정의 구체적인 문제에 있어 이들 학자의 견해가 서로 다를 경우 다수의 견해를 채택하고, 동수의 경우에는 파피니아누스가 취하는 의견을 채택하되, 만약 그의 의견이 없을 때에는 재판관에게 어느 의견을 선택할지를 자유로이 결정할 수 있는 권한이 부여된다.

66 『로마법사』는 헤겔 당대의 법학자인 후고(Gustav von Hugo, 1764-1844)의 *Lehrbuch der Geschichte des römischen Rechts*를 뜻한다. 헤겔은 『법철학』 § 3에서도 이 책에 대해 길게 인용하고 있다.

67 사비니의 저서 『입법과 법학을 위한 우리 시대의 소명(*Vom Berufe unserer Zeit für Gesetzgebung und Rechtswissenschaft*)』(Heidelberg, 1814)을 암시한다.—(편집자 주)

68 나폴레옹이 몰락한 1814년에 하이델베르크 대학 교수인 티보(Anton Friedrich Justus Thibaut, 1772-1840)는 『통일적 독일 민법의 필요성에 관하여(*Über die Notwendigkeit eines allgemeinen bürgerlichen Rechts in Deutschland*)』라는 소책자를 통해 독일에서의 사법, 형법, 소송법을 하나로 묶은 통일적 법전의 편찬을 주장했다. 이에 대하여 사비니는 같은 해 『입법과 법학을 위한 우리 시대의 소명』을 저술하고, 법이란 인위적 입법에 의해서가 아니라 자연적으로 성장하여 발전하는 것이라는 낭만주의적 법 관념에 기초하여 나폴레옹 법전의 폐지에 찬성하면서 새로운 법전의 편찬에 반대하였다. 헤겔은

중요한 것은 **내용상** 어떤 **새로운** 법률체계를 만드는 데 있는 것이 아니라, 현존하는 법률의 내용을 그 규정된 보편성에 따라 인식하는 것, 즉 그것을—특수한 경우에 적용된 것도 참작하면서—**사유에 의해** 포착하는 것이기 때문이다.

§ 212

법 **그 자체**와 법률로 **정립된 것** 간에 이와 같은 일치가 성립할 때 **법률**로 존재하는 것은 **법**으로서 구속력을 갖는다. 그러나 법률로 정립되어 있다는 것은 현존재의 측면을 이루는 것으로서 여기에는 아집의 우연성이나 다른 특수성의 우연적 요소가 발생할 수 있으므로, 법률은 그 내용에 있어 본래적인 법 자체와는 상이할 수 있다.

〈주석〉 따라서 실정법에 있어서는 **법률에 합치되는** 것이, 도대체 무엇이 **법**인지에 대한, 또는 엄밀히 말해서 무엇이 **합법적**인가에 대한 인식의 전거가 된다.—그런 한에서 실증법학은 권위를 원리로 하는 하나의 역사 기술(記述)적인 학문이다. 역사적인 기술 이외에 실증법학이 또 할 수 있는 일은 오성의 소관 사항인데, 즉 이것은 법률의 외적인 정리, 편찬, 정합성, 그리고 더욱 세부적인 적용 등에 관한 것이다. 그런데 이렇듯 오성이 사태의 본성 그 자체에 관여할 때, 그것이 갖가지 이유를 대면서 나름의 논지를 펴나가 무엇을 야기하고 있는지는 예컨대 형법이론 같은 각종 이론이 보여주고 있다.—실증과학은 한편

여기서 하이델베르크 대학의 옛 동료인 티보의 입장을 명확하게 지지하면서 사비니의 주장에 반대하는 입장을 취한다.

으로는 기존의 법률규정이 역사적으로 발전해온 과정과 함께 그 적용 방식이나 세분화하는 방식을 실증적 자료를 근거로 추론하고 그들 여러 규정의 정합성을 제시해야 할 권리가 있을 뿐만 아니라, 그렇게 하는 것이 또한 실증과학의 필연적인 의무이기도 하다. 그러므로 다른 한편으로는 이상과 같은 실증과학적인 증명이 행해지고 난 다음 내려진 법률규정이 과연 **이성적인** 것인지를 묻는 질문이 제기될 때, 실증과학에게 이런 식의 질문이 **비난조의 힐문**으로 여겨진다고 해도 그것이 적어도 그렇게 대단히 놀랄 일은 아닌 것이다(**오성적 이해**에 대해서는 § 3 주석 참조).

§ 213

법이 일단 법률로 정립된 형식을 띠고 현존하게 될 때 **내용** 면에서도 법률의 **적용**에 따른 갖가지 소재와의 관계가 생겨난다. 여기서 **소재**라는 것은 시민사회 안에서 무한히 세분화하고 착종되어가는 소유나 계약의 관계와 종류에 관한 것이며, 더 나아가서는 심정이나 사랑이나 신뢰에 바탕을 둔 인륜적 관계에 관한 것이기도 한데, 그러면서도 여기에 법률이 적용되는 것은 어디까지나 인륜적인 관계가 추상법의 측면을 포함하는 한에서이다(§ 159 참조). 왜냐하면 도덕적인 측면이나 도덕적인 명령은 의지의 가장 고유한 주관성과 특수성에 해당하는 것으로서 실정적인 입법의 대상일 수 없기 때문이다. 그밖에 소재를 제공하는 것으로는 사법 활동 그 자체나 국가 등에서 생겨나는 갖가지 권리 또는 의무가 있다.

§ 214

그러나 법을 법률로 정립해놓은 것은 **특수한 것**에 적용될 뿐만 아니라 **개별적 사례**에 대한 **적용가능성**을 포함하고 있다. 그런데 이렇게 되면 개념적으로는 명확히 규정되지 않는 것, 즉 **양적인 것**(양형)의 영역으로 들어간다(이때 양 그 자체를 다루는 경우도 있고 어떤 질적인 것을 다른 질적인 것과 교환할 때 양적인 가치가 문제시되는 경우도 있다). 개념상의 규정은 단지 일반적인 한계를 지을 뿐이어서 그 틀 안에서 또다시 어떤 결정을 내려야 할지에 대해 망설임이 발생한다. 그러나 법률의 적용을 실현하기 위해서는 이 망설임이 중단되어야 하는 것이고, 그러다 보면 이미 정해진 한계 내에서 우연적이며 자의적인 결정이 내려지는 일이 벌어진다.

〈**주석**〉 일반적인 규정을 이와 같이 **첨예화**하여 특수한 것에 적용할 뿐 아니라 개별적인 수많은 사례에 **직접 적용**한다는 데 무엇보다도 법률의 **순수하게 실정적인 면**이 있다. 어떤 범행을 놓고 체형(體刑)으로 매를 40대 때릴 것인지 40대보다 하나 적게 때릴 것인지, 벌금형으로 5달러가 정당한지 아니면 4달러 23그로센이 정당한지, 혹은 1년의 금고형을 내릴 것인지 364일 또는 그 이하의 금고형으로 할 것인지, 아니면 또 1년에 하루, 이틀, 사흘을 더할 것인지를 놓고 과연 여기서 어떻게 하는 것이 옳은 것인지 묻는다는 것은 **이성적으로** 판가름할 일이 아닐뿐더러 개념상의 명확한 규정을 적용하여 결정할 수 있는 것도 아니다. 그러면서도 매를 한 대라도 더한다거나 1달러, 1그로센, 1주일 또는 하루의 금고라도 더하거나 모자라거나 할 경우 이것만으로도 벌써 부당한 처사가 될 수 있다. 이성이라는 것은 우연성, 모순, 가

상이 그것들 자체의—**그렇기는 하나 제한된**—범위에서 나름의 권리를 갖고 있음을 인정은 하되, 그와 같은 모순들을 정당한 것으로 바로잡을 노력은 하지 않는 것이다. 이성에는 오직 법률의 적용을 **실현한다는** 데 대한 관심, 즉 (일정한 한계 내에서라면) 어떤 방법으로든 어쨌든 결정이 이루어지고 판정이 내려져야 한다는 데 관심이 있을 뿐이다. 그런데 이러한 판정은 형식적인 자기 확신이나 추상적인 주관성에 따른 것으로, 물론 이와 같은 자기 확신이나 주관성이 **위에서 말한 한계**는 지켜나가되, 그러면서도 확정을 짓기 위해서라면 그저 망설임을 그치고 판정하기도 하고, 아니면 또 **반올림한** 정수라거나 40보다 하나 적은 수를 포함할 수도 있다는 식의 수적 규정을 근거로 판정하게도 된다. 말하자면 법률이란 현실이 요구하는 어떤 최종적 규정을 확정하는 것이 아니라, 그런 판정을 재판관에게 일임한 채 단지 최소치와 최대치 안에서 재판관을 제한하는 것에 지나지 않지만, 이것은 법률의 적용에서 전혀 방해가 되지 않는다. 왜냐하면 여기서 최소치와 최대치라는 것은 저마다 그 자체가 그런 어림수로, 뒤에 가서 재판관에 의해 그와 같은 유한하고도 순전히 실정적인 판정이 내려지는 것을 폐기하는 것이 아니라, 오히려 그런 판정을 내리는 것을 필연적인 일로서 재판관에게 허용하는 것이기 때문이다.

b. 법률의 현존재

§ 215

법률이 구속력을 갖기 위해서는 자기의식의 권리[69]라는 면에서 보아

(§ 132와 그 주석) 법률이 사회 **일반에 공지되어** 있을 필요가 있다.

〈주석〉 **참주(僭主) 디오니시오스**처럼 시민이 어느 누구도 읽을 수 없을 만큼 높은 곳에 법률을 내걸든가,[70] 반대로 법률을 학술서나 구구한 판단, 소견, 관습 등에 기초한 판례집 같은 번잡한 학술자료 속에 파묻어버리고 게다가 외국어로 덮어씌워 놓기까지 하여 전문학자만이 현행법의 지식에 접근할 수 있게 해버리는 것은 모두 마찬가지로 잘못된 것이다.—유스티니아누스[71]처럼 비록 체재가 갖춰지지 않은 모음집에 지나지 않는다 해도 국민에게 정연하게 짜인 명확한 법전으로서 **국법**을 마련해준 그런 지도자는 국민의 최대 은인이며 국민에게서 감사하는 마음으로 칭송받는 지도자일 뿐 아니라 동시에 위대한 **정의**

---

69 **자기의식의 권리:** 헤겔은 『법철학』 § 228에서 "자기의식의 권리"라는 것을 "주관적 자유의 권리"와 의미상 별 다를 바 없는 것으로 서술한다. 그런 한에서 이 자기의식의 권리는 주체의 내면적 원칙에 따른 판단과 인식 그리고 확신이 갖는 권리라고 바꿔 말할 수 있을 것이다. 헤겔은 § 132에서는 "주관적 의지의 권리"라는 말을 사용하는데, 이것 역시 "주관적 자유의 권리"와 유사한 표현으로 볼 수 있다. 그는 이것을 "자아가 이성적이라고 통찰하는 것이 아니라면 어떠한 것이라도 인정하지 않는" 권리로 또는 "내가 어떤 의무를 그럴 만한 이유에 입각하여 통찰하고, 그것에 관한 확신을 갖는 것, 그리고 내가 그 의무를 그것의 개념과 본성에 근거하여 인식하는 것" 등으로 서술하고 있다.

70 시라쿠사의 참주 디오니시오스 1세(BC 430-367)는 새 법률을 만들 때마다, 이것을 판자에 쓴 다음 장대 끝에 높이 매달아 이로써 법률이 공포된 것으로 간주했다고 한다. 시민들은 이것을 올려다보고 자기들에게 고통을 줄 또 하나의 법률이 만들어졌다고 상상할 뿐 그 내용은 알 수 없었다고 전해진다.

71 유스티니아누스 1세(482-565)를 일컫는다. 유스티니아누스는 황제가 되기 오래전부터 로마법을 집대성하려는 계획을 품고 있었다고 한다. 그는 529년 법학자 트리보니아누스를 법전 편찬의 주무관으로 삼아 여러 법학자들로 하여금 『유스티니아누스 법전』을 편찬하게 하였다. 여기에 신칙법(新勅法)이 부가된 종합 법전은 16세기 이래 『로마법 대전(*Corpus Juris Civilis*)』으로 불린다.

의 행위를 이룩한 통치자이다.[72]

§ 216

공공의 법전에는 한편 **단순하고** 일반적인 규정이 요구되어야겠지만, 다른 한편으로 법률이 적용되는 **소재란 유한적인** 것이어서, 거기에는 새로운 규정들이 끝없이 추가되게 마련이다. 법률의 범위는 한편으로는 빈틈없이 짜인 **완결된** 전체를 이루어야 하지만, 다른 한편 새로운 법규가 연달아 필요해진다. 그러나 이러한 이율배반은 확정되어 있는 보편적인 원칙을 **세칙화**하는 데서 생겨나는 것이므로 그 때문에 완결된 법전을 요구할 권리가 축소되는 일은 없다. 이는 마치 보편적인 원칙이 그 세칙화와 무관하게 그 자체로 이해되고 제시되도록 요구할 권리가 축소되지 않는 것과 마찬가지이다.

〈주석〉 입법이 복잡한 성질을 띠게 되는 주요 원인 가운데 하나는 앞에서(§ 180 주석) 지적한 바 있는 로마법이나 낡은 봉건법에서처럼 정당하지 않은 것을 포함하고 있던 원시적인 제도 속에, 즉 한낱 역사적인 진행과정에서 생겨난 여러 제도 속에 시간이 흐르면서 이성적인 것, 즉자대자적으로 정의롭고 합법적인 것이 침투된 데 있다. 그러나 여기서 본질적으로 통찰되어야 할 것은 유한한 소재의 본성 그 자체 때문에 절대적으로 이성적인 규정의 적용조차도 무한 진행적으로

---

72 헤겔은 자신의 『역사철학강의』에서도 유스티니아누스를 언급하면서 이 황제의 불멸의 업적에 대해 경의를 표하고 있다. G. W. F. Hegel, *Vorlesungen über die Philosophie der Geschichte* (이하 VPG로 축약), TWA, Bd. 12, p. 408.

(auf den Progreß ins Unendliche) 행해진다는 것이다. 법전을 놓고 여기에는 더 이상 어떤 새로운 규정도 내려질 여지가 없는 불변적인 완결된 것이어야 한다는 식의 완벽성을 요구하는 경우가 있는데, 이는 주로 **독일적인** 병폐에서 온 것이다. 그런가 하면 법전이 그런 식으로 완성될 수는 없다는 이유 때문에 법전을 어떤 불완전한 상태로, 즉 불완전한 채로 현실에 존재하도록 묵인할 수는 없다는 견해가 있다. 그러나 이는 모두가 다음에서와 같은 오해에서 비롯된 것이다. 즉 사법(私法)에서와 같은 유한한 대상에서는 이른바 완전성이란 어디까지나 완전성을 향한 **끊임없는 접근**일 수밖에 없는데, 앞의 견해는 바로 이러한 유한한 대상의 본성을 오인하고 있으며, 게다가 이성적 보편과 오성적 보편의 구별을 오해하여 끝도 없이 펼쳐지는 유한성과 개별성의 소재에 오성적 보편을 적용하려 하고 있는 것이다. "**선의 최대의 적, 그것은 최선이다**"라는 명구는 공허한 이치나 반성을 일삼는 데 대한 참되고 건전한 오성(상식)의 말이다.

§ 217

시민사회에서 법 **그 자체**가 법률로서 제시되는 데 맞추어, 이제까지는 **직접적이며 추상적인** 현존재였던 나의 개별적인 권리도 인정되고 있다는 의의, 즉 실제로 구현되는 보편적인 의지와 앎 속에 현존한다는 의의를 갖게 된다. 그리하여 소유에 관한 취득과 행위는 이러한 취득과 행위에 그러한 현존재를 갖게 하는 [사회가 부여하는] **형식**에 따라 행사되고 또 그런 형식을 구비하지 않으면 안 된다. 이로써 소유는 **계약**에 의거하는 것이 되고, 그것에 증거능력과 법률상의 효력을 지니게 하는 **형식적 절차**를 거치는 것이 된다.

〈주석〉 원시적인, 즉 직접적인 취득의 방식이나 자격이(§ 54 이하 참조) 시민사회에서는 원칙적으로 자취를 감추고 단지 그때그때 우연적인 것으로서 또는 제한된 계기들로 나타날 뿐이다. 형식적인 절차를 배척하는 것은 한편으로는 주관적인 데 머물러 있는 감정과 다른 한편으로 자기의 본질적 요소를 이루는 추상성을 고수하는 반성의 소치이다. 그런데 다른 한편 생명성이 없는 오성은 또 그것대로 사태의 핵심을 벗어나면서까지 형식적인 절차를 고수하며 이를 한없이 증대시킬 수도 있다. 어쨌든 도야와 문화형성의 과정은 어떤 내용의 감성적이며 직접적인 형식에서 출발하여 길고도 고된 노동에 힘입어 그 내용에 있어서의 사상의 형식에 이르며, 그 사상에 합당한 간명한 표현에 도달한다. 도야와 문화형성의 과정이 갖는 이러한 본성에 의하면 법률적인 문화형성이 갓 시작된 초기 상태에서는 엄숙한 절차의식(Solennitäten)이나 격식이 지극히 번잡하게 꾸며져 있어서 이것이 한낱 징표라기보다는 다분히 본질적인 사항 그 자체로 간주되고 있다. 이것으로부터 알 수 있듯이 로마법에서도 이런 의식에서 유래한 많은 규정이나 특히 많은 표현이 사상에 의한 규정과 그에 적합한 표현으로 대치되지 않은 채 그대로 보존되었던 것이다.

§ 218

시민사회에서 소유와 인격성은 법률에 의해 인정되고 타당성을 지니기 때문에, **범죄**는 더 이상 단지 **주관적으로 무한한 것**[73]의 침해라는

---

73 **주관적으로 무한한 것:** 이 표현은 '주체 또는 주관에 있어서의 무한성'으로 바꿔 말할 수도 있겠는데, 헤겔은 이와 유사하게 § 209에서 "무한한 인격성"이라는 표현을 사

데 그치지 않고 내적으로 확고부동한 현존재를 갖는 **보편적** 사안에 대한 침해가 된다. 이렇게 해서 사회에 대해 위험성 있는 행동이라는 관점이 생긴다.[74] 이러한 관점에 의해 한편으로 범죄의 크기는 한층 심각해지지만, 다른 한편 자신감을 갖추게 된 사회의 힘은 침해의 외적 **중대성**을 가볍게 여기므로 범죄의 처벌은 훨씬 관대해진다.

〈주석〉 사회의 **한** 구성원에 대한 침해가 곧 다른 **모든** 구성원에 대한 침해라고 보는 입장은 범죄의 본성을 개념상으로 변화시키지는 않지만, 범죄의 외적인 **실상** 면에서는 그것의 본성을 바꿔놓는다. 왜냐하면 이제 이 침해는 시민사회의 표상과 의식에 관련된 사안으로, 직접적으로 침해당한 당사자의 현존재에만 관련되는 것이 아니다. 영웅의 시대에는(고대인의 비극 참조) 왕족 사이에 서로 저지르는 범죄를 놓고 시민들은 자기들이 침해받는다고는 보지 않는다.[75] 범죄는 **즉자적으**

용한 바 있다. 여기서 "무한"하다는 것은 흔히 이해하는 것처럼 끝없이 펼쳐져 있다거나 헤아릴 수 없이 많다는 의미가 아니라, 특정한 것으로 정해지지 않아 한정되거나 제약되어 있지 않은 상태나 단계에 대해 쓰는 말이다. 즉 "무한한 인격성"에서처럼 단지 하나의 인격체로서 이해된 인간이란 그 어떤 특정한 방식으로도 정해지거나 한정된 것이 아니라 추상적인 의미에서의 인간이고, 이렇듯 한정되지 않았다는 의미에서 "무한한" 주체, 주관성이다.

74 범죄는 어떤 개인이나 개인들에게 해악을 끼치고 인격성의 가치를 훼손한다는 점에서 인격적 주체에 대한 침해인 동시에—헤겔이 말하고 있듯이 "소유와 인격성은 법률에 의해 인정되고 타당성을 지니기 때문에"—보편적으로 인정되고 객관적으로 정립된 것에 대한 침해이며, 이로써 이런 객관적 현실성에 기초하는 사회를 위협하는 것이 된다.

75 이와 관련하여 헤겔은 자신의 『역사철학강의』에서 다음과 같이 말하고 있다. "왕가(王家)는 개별적인 무도한 행위를 통해 몰락하거나, 아니면 점차로 소멸해갔다. 왕가와 민중(Volk) 사이에는 아무런 본래의 인륜적 결합도 없었다. 비극에서도 민중

로는 무한한 침해이지만, 이것이 이제 본질적으로 **법률적 효력에 관한 표상** 또는 **의식**으로 규정되는 그런 구체적인 사실로서의 현존재라는 점에서는 질적·양적인 차이에 따라 그 무게가 측정되어야만 하므로(§96), 결국은 시민사회에 대한 위험성이 범죄의 크기를 평가하는 기준도 되고 범죄를 질적으로 규정하는 하나의 기준도 된다. 그런데 이 질이나 크기라는 것은 시민사회의 **상태**에 따라 변하는 것이고, 상황 여하에 따라서는 단돈 몇 푼이나 채소 한 포기를 훔쳐도 사형에 처해지기도 하고, 그보다 수백 배 가치 있는 물건을 훔쳐도 가벼운 형벌이 과해지는 일이 정당화되기도 한다. 시민사회에 대한 위험성이라는 관점이 범죄의 심각성을 증대시키는 듯이 보이기도 하지만, 사실은 그러한 관점이 오히려 범죄의 처벌을 경감시켰던 것이다. 결국 형법전은 특히 그 시대와 그 시대에 속해 있는 시민사회의 상태에 좌우된다.

c. 재판

§ 219

법률의 형식으로 현존하게 되는 법은 대자적이고, 법에 관한 **특수한 의지나 의견**과 자립적으로 대면하면서 **보편적인** 것으로 자신을 관철

과 왕가 사이의 이런 관계가 나타난다. 민중은 코러스이고, 수동적이며, 행동을 취하지 않는 데 반해, 영웅들은 행동에 나서며 죄를 떠맡는다. 이 둘 사이에는 어떤 공통적인 것도 존재하지 않는다. [...] 그런 영웅적인 개별성과 군주들의 개별성이 극예술의 대상이 될 수 있는 것은 이들이 독립적이고 개인적으로 결단하지,—모든 시민들에게 효력을 지니는—보편적인 법률에 따라서 인도되는 것이 아니기 때문이다." VPG, p. 285.

시켜야 한다. **특수한** 이해관계에 얽힌 주관적인 감정을 벗어나 특수한 사례에 있어서 법을 **인식**하고 **실현**하는 것이 공적 권력인 **재판**의 역할이다.

〈주석〉 재판관이나 재판의 역사적인 성립은 가부장적인 관계라는 형식이나 권력이라는 형식 또는 자유의지의 선택이라는 형식을 취했다고 할 수 있겠는데, 이러한 것은 사태의 개념과는 아무 상관도 없는 일이다. **폰 할러** 씨의 경우처럼(그의 『국가학의 부흥』에서)[76] 재판제도의 도입이 왕후나 통치자 쪽에서 시행한, 그저 **마음 내키는 대로의 호의**나 은혜에서 비롯된 데 지나지 않는 것인 양 간주하는 것은 그대로 사려 없음(Gedankenlosigkeit)을 드러내는 것이다. 이러한 사려없음이 문제가 되는 것은 법률이나 국가를 논하는 데서 그것들이 갖는 제도가 이성적인 것으로서 즉자대자적으로 필연적이라는 것이 핵심적 사항이지, 그러한 제도가 어떻게 성립되고 창시되었는가 하는 형식은 이 제도의 이성적인 근거를 고찰하는 데서 전혀 중요하지 않다는 점을 전혀 예감조차 하지 못한다는 데 있다.[77] 폰 할러 씨의 견해와 정면으로 배치

---

76 Carl Ludwig von Haller, *Restauration der Staatswissenschaft oder Theorie des natürlich-geselligen Zustands; der Chimäre des künstlich-bürgerlichen entgegengesetzt*, 6 Bde., Winterthur 1816-1834.—(편집자 주)

77 폰 할러(1768-1854)는 스위스 베른 출신의 법학자이자 정치가로서, 1816-1834년에 걸쳐 전 6권으로 출판된 그의 책 『국가학의 부흥』으로 유럽 지식계에서 매우 유명한 인물이 되었다. 그는 이 책에서 반자유주의적 입장을 견지하면서 프랑스 혁명과 절대주의 국가 모두에 반대했으며, 봉건영주 국가를 옹호하였다. 헤겔은 『법철학』 § 258에서 폰 할러의 이 책을 상세히 소개하면서, 이 책의 관점과 내용 모두에 대해 강력히 비판하고 있다.

되는 또 하나의 견해는 강자의 권리가 인정되어 있던 중세에서처럼 사법 활동을 부당한 폭력행위, 자유의 억압 또는 전제주의로 여기는 조야한 사고방식이다. 사법 활동은 그야말로 공권력의 의무인 동시에 마찬가지로 권리인 것으로 간주되어야만 한다. 이 권리는 그것을 어떤 권력에 위탁하기도 하고 안 하기도 하는 식의 개인의 변덕스런 의향에 기초하는 것이 아니다.

§ 220

복수의 형태로 범죄에 맞서는 권리(§ 102)는 오직 **즉자적으로만** 정당한 권리이며, 합법적인 형식으로는, 즉 이 권리의 현존성에 입각해서는 올바르지 않다.[78] 권리를 침해당한 당사자를 대신하여, 침해를 입

78 헤겔은 § 102에서도 "복수"에 대해 서술하고 있다. 그는 복수가 침해받은 것에 대한 보복이라는 점에서 그 내용상 정당한 것으로 간주될 수도 있겠고, 실제로 사법 제도가 없는 곳에서는 형벌의 역할을 수행했지만, 그 형식에 있어 단지 주관적 의지의 행위이며 궁극적으로는 정당한 방법이 될 수 없음을 주장한다. 그것은 적어도 다음의 두 가지 이유 때문이다. 그 하나는 침해를 당한 당사자가 주관적으로 느끼는 침해의 정도는 어떤 정해진 기준에 입각하는 것이 아니므로 그 복수에 있어서도 정해진 기준이라는 것이 있을 수 없다. 그렇기에 복수가 도에 지나치게 이루어질 수도 있으며, 또 그런 복수가 언제나 가능하리라는 보장도 없다. 따라서 복수가 적절하고 공정하게 행해질지의 여부 그리고 과연 복수가 가능할지의 여부는 우연에 맡겨지기 십상이다. 다른 하나의 이유는 이런 주관적인 보복으로서의 복수가 정당한 것으로 여겨진다면, 복수를 당하는 쪽 역시 주관적으로 침해를 입었다고 여기게 될 수 있으므로 다시 복수를 행하는 일이 발생하고 이런 과정은 무한히 반복될 수 있다는 것이다. § 218에서 헤겔은 시민사회에서 "소유와 인격성은 법률에 의해 인정되고 타당성을" 지닐 뿐 아니라 범죄 자체가 법률적으로 규정되기 때문에, 범죄란 단지 해를 입은 당사자 개인의 문제가 아니라 사회를 지탱해주는 보편적인 것에 대한 침해로서 사회의 현존재를 위태롭게 한다고 주장한 바 있다. 그렇기에 범죄에 대한 처벌은 복수의 형태가 아니라 사법 제도에 의해 보편적 사안으로 취급되고 합법적으로 이루어져야 하는 것이다. 또 그런 한에서 범죄를 저지른 자도 이러한 처벌을 자신이

은 **보편자**, 즉 재판에서 독자적인 현실성을 갖는 보편자가 등장하여 범죄의 추적과 처벌을 떠맡게 된다. 이로써 범죄의 추적과 처벌은 복수라는 한날 **주관적이고** 우연적인 보복이기를 그치고, 권리이자 법의 그 자신과의 진정한 화해라고 할 형벌로 바뀐다. 형벌은 객관적으로 보면 범죄의 지양을 통하여 자기 자신을 회복하고 이로써 스스로를 **유효한 것으로 실현하는** 법률의 화해이며, 이를 범죄자의 주관적인 면에서 보면 범죄자가 **법률**의 존재를 **자각하고** 그것이 자기를 위해서 있고 **자기 보호를 위해서 유효한** 것임을 알아차린다는 뜻에서의 법률과의 화해이다. 범죄자는 법률이 집행되는 가운데 정의가 충족되고 법률은 범죄자인 **자신에게 합당한 것을** 행하고 있을 뿐이라는 인식을 하는 것이다.

§ 221

시민사회의 구성원은 **법정에 나설 권리**와 함께 **법정에 출두하여** 소송 중인 자신의 권리를 오직 법정의 판단을 통해서만 받아들일 **의무**가 있다.

§ 222

법정에서는, 법과 권리가 **증명 가능한** 것이어야만 한다는 규정의 지배를 받는다. **소송의 진행**은 양 당사자에게는 그들이 자신들의 증거

속한 사회에서 정의가 실현되는 것으로 받아들일 수 있고, 법률 역시 보편적 효력을 지니는 것으로서 자신을 증명하고 유지하게 됨으로써 사회의 안정과 공고화에 기여하게 된다.

나 법적 근거를 주장할 수 있게 해주고, 재판관에게는 사건의 정황을 인지할 수 있는 권한을 준다. 이런 **진행단계들은 그 자체가 권리이며**, 이러한 절차는 법률로 정해져 있어야 하는데,[79] 이것들은 또한 이론 법학의 본질적인 한 부문이기도 하다.

§ 223

소송행위가 갈수록 더 세분화하면서 그 권리들이 짐짐 더 분화해나가면 **본래** 사법 활동의 수단이었던 소송절차가 외적인 것이 되어버려 소송의 목적에 대립하게 된다. 그런데 이렇듯 번거로운 형식주의는 소송 당사자의 권리에 해당되는 것이므로 이런 형식주의를 끝까지 이행하는 것은 당연히 **그들의** 권리이긴 하지만, 또한 이 형식주의는 나쁜 것이 될 수도 있고 불법의 도구로 사용될 수조차 있다. 그러므로 소송 당사자와 소송의 본체를 이루는 법 그 자체를 소송절차와 그것의 남용에서 보호하려면, 당사자가 소송에 임하기 이전에 간이재판(중재재판 또는 화해재판)이나[80] 조정제안에 승복하게 하는 의무를 재판소의 직권으로 양 당사자가 받아들이게 해야만 한다.

〈주석〉 **형평**(衡平)[81]은 도덕적 고려나 그 외의 고려에 의해 형식적인

---

79 여기서 말하는 "법률"은 민사소송법이나 형사소송법 등 소송의 절차에 관한 법률, 다시 말해서 권리와 의무의 실질적 내용을 실현하기 위한 법적 수속을 규정하는 법률을 뜻한다.

80 **중재재판:** 분쟁 당사자의 합의에 따라 본래의 재판 기관이 아닌 제3자에 의해 분쟁을 조정하고 해결하는 재판을 뜻한다.

81 **형평(衡平):** 이것은 일반적·추상적으로 정해진 법의 규정을 일률적으로 적용할 때 구체적으로 타당하지 않은 경우가 생기기 때문에 그것을 수정하고 보완하는 원리를

법에 가해지는 훼손을 문제로 삼는데, 무엇보다도 그것은 소송의 **내용**과 관련되어 있다. 그러나 **형평법 재판소**[82]의 의의는 개개의 사건을 다루는 데 소송절차상의 형식에 얽매이거나 특히 법률상 이해될 수 있는 객관적 증거에 구애받음이 없이, 또한 매듭지어져야 할 일반적인 법률적 처리를 위해 판정하지 않고 특정한 **이것**으로서의 개별적인 사건 그 자체의 관심사에 따라 판정한다는 데 있다.

§ 224

법률의 공시를 요구하는 것이 주관적 의식의 권리에 속하는 것과 마찬가지로(§ 215 참조), 법률이 특수한 사건에서 **실현**되어가는 과정을 아는 가능성, 즉 외적인 소송행위나 법적 증명의 진행과정을 아는 가능성도 주관적 의식의 권리에 포함된다. 왜냐하면 재판의 경과는 그 자체가 보편적으로 효력을 발하는 현실적 사안이기 때문이고, 또한 사건의 특수한 내용은 당사자만의 관심사에 관련될 뿐이지만 그 보편적인 내용은 이런 관심사 속의 법과 권리에 관련된 것이어서 이에 대한 판결은 만인의 관심사에 해당하기 때문이다. 이것이 **사법 활동**

뜻한다. 그런데 이 원리는 구체적으로 보면 재판관의 판단으로 법의 적용을 완화하는 것을 의미하기 때문에, 형식적으로는 월권행위가 될 수 있으며 자의(恣意)로 흐르게 될 가능성도 있는데, 이렇게 되면 법적 안정성을 해치고 법치주의의 원칙을 어기게 된다.

82 **형평법 재판소:** 근대 초기 이후 특히 영국에서 발달했으며, 일반적인 보통법(Common Law)만으로는 지나치게 엄격하고 형식적인 측면이 있기에, 권리를 침해당하고도 구제받지 못하는 사람을 위해, 그리고 일반법이 경우에 따라 사회의 발전과 변화에 부응하지 못하는 폐단을 지양하기 위해 보통법 재판소와는 다른 재판소가 형평·평등·정의의 원리에 입각하여 이를 보충하는 재판을 한 데서 유래하였다.

의 공개가 요구되는 이유이다.[83]

〈주석〉 법정의 구성원들이 내리는 판결에 관한 그들 상호 간의 협의는 아직 각자의 **특수한** 의견이나 견해들이 개진되는 단계에 있으므로 본성상 공개될 성질의 것은 아니다.

§ 225

개별적인 사건에 법률을 적용하는 일로서 판결 과정은 다음의 **두 측면**으로 구별된다. **첫째**, 사건의 성질을 그 사건의 **직접적 개별성**이라는 관점에서 인식하는 일, 이를테면 계약 등이 존재하는가, 침해행위가 저질러졌는가, 범인은 누구인가를 인식하는 일이고, **형법의** 경우라면 행위를 그 **실체적**·범죄적 성격의 관점에서 규정하는 일, 즉 반성하는 일이다(§ 119 주석 참조). 둘째, 사건을 **법률** 아래 포섭함으로써 법을 회복하는 측면인데, 법의 회복이 형법에서는 형벌로 이해된다.[84] 이 두 가지 다른 측면을 결정하는 것은 서로 다른 기능들이다.

---

83 헤겔은 여기서 사법 활동의 공개성의 원리를 주장하고 있다. 그는 앞서 § 215에서 "법률이 구속력을 갖기 위해서는 자기의식의 권리"의 측면에서 보아 "법률이 사회 **일반에 공지되어**" 있어야만 한다고 주장한 바 있다. 헤겔에 따르면 이와 마찬가지로 시민들은 법률이 특수한 사건에서 어떻게 적용되어 판결에 이르는지를 알 권리가 있다. 왜냐하면 재판의 공개성을 통해서만 시민이 갖는 보편적 권리의 보장 및 실현이라는 재판의 목적이 올바로 구현되는지를 알 수 있으며, 구현된다는 확신을 통해서만 법은 보편적인 타당성과 정당성을 갖는 것으로 인정되기 때문이다.

84 여기서 "법의 회복"이 형벌로 이해되는 이유는 다음과 같다. 범죄는 법을 위반한 것이고 그런 행위가 저질러졌다는 사실은 이 법을 부정한 것이 되므로, 처벌을 통해 이렇게 부정된 법이 다시금 타당하고 유효한 것으로서 회복된다.

〈주석〉 고대 로마의 재판제도에서 이들 기능의 구별은 집정관이 **사건**의 쟁점은 이러이러하다는 자신의 판정을 내리고 난 뒤, 이 사태의 심리를 위하여 그가 특정한 재판관을 임명하는 방식에서 생겨났다. 영국의 소송절차에서는 어떤 행위를 놓고 그 명확한 범죄적 성질(예컨대 모살이냐 치사냐 하는)을 특징짓는 것은 원고의 견해 또는 자의에 맡겨져 있어서, 법정은 그것이 틀렸다고 생각하더라도 다른 결정을 내릴 수가 없게 되어 있다.

§ 226

특히 심리 과정 전체의 주재, 다음으로 그 자체가 법이자 권리인 두 당사자의 소송행위의 주재(§ 222 참조), 다시 그다음에는 판결 과정의 둘째 측면에(앞의 절 참조) 관한 일은 법률가로서의 재판관[85]이 담당하는 고유한 업무이다. 그런데 재판관은 법률을 집행하는 기관이므로, 사건은 법률 아래로 포섭되도록 미리 준비되어 있지 않으면 안 된다. 즉 사건은 현상적인 경험적 성질에서 벗어나 인정된 사실로, 또 일반적인 성격규정[86]의 단계로 올라가야 한다.

---

85 다른 곳에서 헤겔은 "법률가로서의 재판관"을 "관료적 재판관"으로 칭하기도 하는데, 이것은 그가 §§ 227-228에서 본격적으로 다루고 있는 배심재판에서 일반 시민인 배심원과 구별하기 위한 표현으로 보인다. Enz. III, § 531 참조.

86 헤겔이 "일반적인 성격규정"이라고 말하는 것은 사건이 범죄로서 어떤 범주에 속하는지를 규정하는 것을 뜻한다. 전후 맥락으로 보아 이것은 '구성요건 해당성'의 결정을 지시하는 것으로 보인다. '구성요건'이란 형벌 부과의 전제인 범죄에 대해 그 범죄행위의 유형을 추상적으로 법에 서술해놓은 것을 뜻하며, 그러한 서술에 상응하는 성격 또 해당하는 성격이 '구성요건 해당성'이다. 그렇기에 어떤 행위가 범죄로서 성립하려면 그것이 법에 서술되어 있는 대로 절도인지 살인인지 아니면 사기인지를 일반적으로 규정할 수 있어야 한다.

§ 227

사건을 그것의 **직접적인** 개별성에 따라 **인식**하고 그것의 성격을 규정하는 첫 번째 측면은 그 자체만으로는 판결을 내리는 일을 포함하지 않는다. 그것은 **교양인이라면 누구나** 할 수 있는 인식이다. 행동의 성격을 규정하는 데는 행위자의 판단 및 의도와 같은 주관적인 요소가 (제2부 참조) 본질적이며, 더욱이 그 증명도 이성의 대상이나 추상적 오성의 대상이 아니라 그저 개별 사안이나 사정, 감각적 직관과 주관적 확신의 대상에 관련되는 것이어서, 결국 증명에는 절대적으로 객관적인 규정은 포함되지 않기 때문에, 이런 한에서 판정의 최종근거가 되는 것은 **주관적 신념**과 양심(animi sententia)[87]이다. 이는 예컨대 타인의 발언이나 단언에 기초하는 증명의 경우에도 선서라는 것이 물론 주관적이긴 하지만, 그래도 궁극적인 확증이 되는 것과 마찬가지이다.

〈주석〉 지금 논의되는 사항에 있어 그 주안점이 되는 것은—우리가 여기서 중요하게 다루고 있는—**증명**의 본성에 주목하여 이 증명을 다른 종류의 인식이나 증명과 구별하는 일이다. 먼저 법의 개념 그 자체에 대한 이성적 규정을 증명하는 일, 즉 이성적 규정의 필연성을 인식하는 데는 기하학적 정리를 증명하는 것과는 다른 방법이 요구된다. 다시 말하면 기하학적 정리의 경우에는 도형이 오성에 의해 규정되어 있고, 그것이 일정한 법칙에 따라 이미 추상화되어 있다. 그런데 이에

87 로마 시대 재판관의 선서에서 사용되었다고 하는 표현인 'ex animi setentia(양심에 따라)'에서 따온 말이다.

반하여 어떤 하나의 **사실**과 같은 경험적 내용의 경우에는, 여기서 쓰이는 인식의 소재란 주어진 감성적 직관과 감성적이며 주관적인 확신 그리고 이들에 관한 언술이나 확신이므로, 결국 이러한 소재를 인식하는 합당한 방법은 그렇게 행해진 언술이나 증언이나 사정 등을 바탕으로 추론하여 종합적으로 판단하는 것이다. 그러나 이러한 소재와 이에 적합한 방법에서 도출되는 객관적 진리는, 이렇게 얻어낸 진리를 그것만 따로 떼어서 객관적으로 규정하려는 시도가 행해질 때는 **어설픈 증명**에 이르게 될 것이고, 다시 여기에서 곧바로 귀결이 맺어지는 경우, 이 귀결에는 동시에 형식상의 부정합성이 포함되어 있기에 **상궤를 벗어나는 형벌**을 초래하게 된다. 따라서 이와 같은 객관적 진리는 이성적 규정에 따른 진리와는, 또는 소재가 오성에 의해 이미 추상적으로 규정되어버린 명제의 진리와는 전혀 다른 의미를 지니게 된다. 그러므로 어떤 사건의 이와 같은 경험적 진리를 인식하는 것이 법정이 지니는 엄밀한 법률적 사명에 속할뿐더러, 그 사명에는 인식을 위한 고유의 자격이, 그리고 이와 함께 이 인식을 수행할 **본래적인** 독점적 권리와 필연성이 담겨 있다는 것, 바로 이것을 입증하는 일이 다음의 문제를 매듭짓는 주요 관점이 된다. 즉 사실에 관한 판단 및 권리문제에 관한 판단 모두를 어느 정도까지 정식 법률기관으로서의 재판소의 소관 사항으로 삼을 것인가 하는 문제 말이다.

§ 228

소송 당사자의 자기의식이라는 권리는—재판관의 판결이란 것이 어떤 특정한 범주에 따라 규정된 사건을 법률 아래로 **포섭**하는 일이라는 점에서—재판관의 판결에 있어서도 보장되고 있다. 왜냐하면 법률에 관해서는 그 내용이 공포되어 당사자 자신에게도 알려져 있고, 또한 **포섭**에 관해서는 재판절차가 공개되어 있기 때문이다. 그러나 사태의 **특수하고도** 주관적인 그리고 외적인 **내용**에 관한 판정에 대해—이 내용의 인식은 § 225에서 논의된 두 측면 가운데 첫 번째 측면에 해당하는데—앞에서 말한 자기의식이라는 권리가 충족되는 일은 당사자가 판정자의 주관을 **신뢰**하는 경우에 성립한다. 이러한 신뢰는 무엇보다도 당사자와 판정자 모두가 자신의 특수성, 계층 등을 동등화하는 데서 생겨난다.

〈주석〉 **주관적 자유**의 계기인 자기의식의 권리야말로 공개적 사법 활동과 이른바 **배심재판**의 필요성에 관한 문제에서 고려되어야 할 실체적인 관점으로 간주될 수 있다. 이들 제도에 대해 **유용성**이라는 형식으로 무엇이 제시되건 간에 본질적인 것은 결국 이 관점으로 귀착된다. 물론 이러한 제도가 갖는 여러 면에서의 이해득실을 이와는 별도의 관점에서 고려하거나 그 이유를 가지고 갑론을박할 수는 있겠지만, 그러한 고려나 이유라는 것은 그저 형식적인 것에 불과한 논증에서의 이유가 그렇듯이 부차적이고 결정적인 것이 못 되거나 아니면 그보다 더 고차적인 영역에서 끌어내어진 것이다. 사법 활동 그 자체는 순수하게 법률가만으로 구성된 법정에서 잘 운용될 수 **있을지도 모르고**, 어쩌면 다른 제도를 겸용하는 것보다 더욱 잘 운영될 수 **있을지도 모른다**. 그러나 비록 이러한 가능성이 개연성으로, 아니 심지어 필연성으로까지 고양된다 하더라도, 다른 한편으로 **자기의식의 권리**는 이때 자기의 권리에 대한 요구를 계속 지니면서 이 요구가 충족되고 있지 않다고 간주하기에, 이러한 가능성 따위는 문제가 되지 않는다.

만약 각종 법률의 전체 범위에 걸쳐 있는 법에 관한 지식이나 더 나아가 재판절차에 관한 지식, 그리고 권리를 추구할 수 있는 가능성 이 모두가 어떤 한 계층만의 소유물이라는 것은, 즉 스스로의 권리를 지키고자 하는 당사자들에게 외국어나 다름없는 전문용어를 사용하면서까지 배타적으로 행세하는 한 계층만의 **소유물**이라는 것은 다음과 같은 것을 의미한다. 즉, 이는 생계를 위해 **자신의 활동**, **자신의 앎, 그리고 자신의 의지의 작용**에만 의존해 있는 시민사회의 구성원들이 가장 인격적이고 가장 고유한 것에 대해서뿐만 아니라 그 속의 실체적이고 이성적인 것, 즉 법에 대해서까지 **국외자**로 취급된다는 것, 그리고 전문화한 법률가 계층의 **후견을 받는 입장**에 서게 됨으로써 이러한 계층에 대해 일종의 예속상태에까지 놓이게 된다는 것을 의미한다. 그리하여 이들 시민이 비록 법정에 신체적으로, 즉 자진해서 **제 발**로 나설(법정에 설) 권리는 갖고 있어도, **정신적으로**, 즉 자기 자신의 **앎**을 보유한 채로 출석해서는 안 된다고 한다면 그렇게 나서는 것은 하잘것없는 일이 되고 말 것이며, 결국 그들이 획득하는 권리라는 것도 그들에게는 어디까지나 외적인 **운명**에 불과할 것이다.

§ 229

시민사회에서는 이념[88]이 특수성 속에 매몰되어 내면과 외면으로 분리되어버리지만, 사법 활동에서는 그 자신의 **개념**으로, 즉 즉자적으로 존재하는 보편성과 주관적 특수성의 통일로 복귀하게 된다. 그렇

88 "이념"이란 인륜성 이념을 뜻한다.

긴 하지만 이때 주관적 특수성은 개개의 사건 속에, 그리고 저 보편성은 **추상법**의 의미로 각기 독립적으로 존재한다.[89] 이러한 통일을 특수성의 모든 범위로까지 확장하여 실현함에 있어, 먼저 그것을 상대적인 통일로 실현하는 것이 **복지행정**의 사명이고, 한정된 것이기는 하나 구체적인 총체성에 있어 실현하는 것이 **직업단체**이다.

---

89 헤겔은 여기서 "이념"이 "즉자적으로 존재하는 보편성과 주관적 특수성의 통일로 복귀"한다고 쓰고 있는데, 지금 언급되는 이념, 즉 인륜성 이념의 본성은 바로 이러한 통일에 있다. "복귀"한다는 것은 본래 존재했던 것이 어디론가 사라졌다가 다시 돌아옴을 의미한다. 즉, 이것은 다시 풀어 말하면 인륜성의 본성을 이루는 이러한 통일이 어디론가 사라졌다가 또는 상실되었다가 다시 회복되고 있음을 뜻한다. 헤겔에 따르면 가족이란 가장 직접적이고 기본적인 인간의 공동체로서, 이러한 통일이 역시 가장 직접적이고 기초적으로 실현되어 있는 공동체이다. 그리고 시민사회는 일단은 이러한 직접적인 통일이 더 이상 유지되지 않는—통일의 두 계기(특수성과 보편성)가 따로따로 발전되고 심화되어나가 단지 외적으로 연결되어 있을 뿐인—"분열의 단계"(§ 186)이다. 그리하여 그는 이를 § 157에서는 "통일의 상실"로 표현한다. 그렇기에 시민사회는 헤겔의 말을 따르자면 "자신의 양극으로 분열되어 스스로를 상실해버린 인륜성의 체계"이다. 그렇지만 시민사회는 이러한 분열과 상실만이 지배하는 공동체가 아니다. 왜냐하면 공동체가 공동체로서 유지되기 위해서는 결속과 통합의 기능이 작동해야 하기 때문이다. 그리하여 이러한 결속과 통합, 다시 말해서 통일을 위한 기능이 존재하게 되는 것이고, 이를 헤겔은 사법 활동과 복지행정 및 직업단체에서 찾는다. 그렇기에 헤겔은 사법 활동을 예로 들면서 상실되었던 것의 "복귀"를 말하는 것이다. 그러나 다른 한편 이러한 통일은 여전히 불완전한 것이다. 왜냐하면 특수한 욕구와 사적 이익의 추구라는 측면이 시민사회의 기본적 성격을 이루면서 강력히 작용하기에, 이러한 측면은 궁극적으로는 공공선 그리고 공익과의 조화에 이르지 못하기 때문이다. 따라서 "보편성과 주관적 특수성의 통일로"의 "복귀"는 제한적인 것에 불과하다. 예컨대 사법 활동에서는 개인이 지니는 특수성의 권리가 보편적 법의 작용을 통해 인정되고 지켜진다는 의미에서 특수성과 보편성의 통일이 이루어지지만, 이것은—헤겔이 § 230에서 쓰고 있듯이—"소유와 인격성의 **침해**가 제거"되는 것에 그칠 뿐이다. 결론적으로 말해, "**침해**"의 "제거"뿐만 아니라, 이러한 권리의 충분한 실현을 포함하는 인륜성 이념의 구체적인 실현은 오직 최상의 공동체인 국가에서만 가능하다는 것이 헤겔의 입장이다.

C. 복지행정과 직업단체

§ 230

욕구의 체계에서 각 개인의 생계와 복지는 **가능성**으로서 있을 뿐, 그것의 실현 여부는 개인의 자의나 자연적 특수성 그리고 이와 마찬가지로 욕구들의 객관적 체계에 좌우된다. 그리고 사법 활동을 통해서는 소유와 인격성의 **침해**가 제거된다. 그러나 **특수성에서 현실적인** 권리는 전자의 목적[각 개인의 생계와 복지]을 방해하는 **우연성**은 물론 후자의 목적[소유와 인격성]을 방해하는 **우연성**도 **지양**되어 **인격체**와 **소유**의 **안전이 확고히** 지켜지기를 요구하며, 또한 개인의 생계와 복지의 **보장**, 즉 **특수한 복지**(das *besondere Wohl*)[90]가 **권리**로서 **취급되고 실현되기를** 요구한다.

a. 복지행정

§ 231

이렇듯 안전과 보장을 행하는 보편자의 힘은—[시민사회에서는] 전자나 후자의 목적 모두에 있어서 여전히 특수한 의지가 원리인 까닭에—우선 한편으로는 **우연적인 것**의 범위에 국한된 채로 머물며, 다

90 여기서 "**특수한 복지**(das *besondere Wohl*)"란 복지 중에서 특수한 유형을 뜻하는 것이 아니라, 시민사회의 성격을 규정하는 것으로서의 특수성을 대상으로 하여 이에 대해 배려하는 복지 기능을 뜻한다. 즉 시민사회의 구성원들은 저마다 특수한 존재로서 특수한 욕구와 관심사를 지니며, 헤겔에 따르면 복지 기능은 바로 이러한 측면을 만족시키도록 시민사회 전체 차원에서 수행되어야 한다.

른 한편으로는 **외적인 질서**인 채로 머문다.

§ 232

범죄는 보편적인 권력에 의해 저지되거나 재판 과정에 의해 처리되거나 해야만 하는데, 이런 범죄 이외에, 즉 악(惡)의 자의로서의 우연성 외에, 그 자체로는 합법적인 행위를 하거나 소유물을 사적으로 사용하거나 하는 허용된 자의라는 것도 있어서, 이것 역시 다른 개개인이나 공동의 목적을 위한 여타의 공적 사업에 대해 외적인 관계를 맺고 있다. 이와 같은 보편적인 면으로 인해 사적인 행위는 나의 통제권을 벗어나서 타인에게 손해를 입히고 불법을 저지를 수도 있거나 실제로 그렇게 되기도 하는 우연적인 사태가 된다.

§ 233

물론 이런 일은 손해를 입힐 **단지** 하나의 **가능성**에 불과하지만, 그 일이 전혀 손해를 끼치지 않는다는 것도 우연히 그럴 수 있는 것이므로 이 또한 하나의 가능성 이상의 것은 아니다. 이것이 위에서 말한 사적 행위에 존재하는 **불법**의 측면으로, 결국 복지행정상의 형벌의 정당성은 그와 같은 침해의 가능성을 궁극적인 근거로 갖는다.

§ 234

외적으로 현존하는 것들이 맺는 관계들은 오성의 무한성(Verstandes-Unendlichkeit)[91]에 속한다. 따라서 무엇이 유해하고 무엇이 무해한지,

91 **오성의 무한성(Verstandes-Unendlichkeit)**: 헤겔은 그의 『논리학』에서 "진정한 무한

또는 범죄와 관련해서는 무엇이 의심스럽고 무엇이 의심스럽지 않은지, 무엇이 금지되어야 하고 무엇이 감시되어야만 하는지, 또는 무엇이 금지, 감시, 혐의, 심문, 해명을 면할 수 있는지를 정하는 경계는 **그 자체로서는 본래** 존재하지 않는다. 이런 경계를 어떻게 구체적으로 정하느냐 하는 것은 습속, 그 외의 체제의 정신, 그때그때의 상황, 눈앞에 닥친 위험 등이다.

성 개념"과 "나쁜 무한성 개념"을 구분하고, 이를 다시 "이성의 무한성"과 "오성의 무한성"으로 바꾸어 말한다. 또 그는 후자를 "추상적 무한성"이라고도 지칭한다. 오성의 무한성은 두 가지의 특징을 지니며, 바로 이 특징으로 인해 진정한 무한성이 될 수 없다. 그 하나는 이 오성의 무한성은 유한성과 구분될 뿐 아니라 이것과 단지 대립되어 있는 무한성이라는 점이다. 이 무한성은 유한성이 아닌 것으로, 즉 유한성의 부정으로서 존재한다. 그러나 무한성이 단지 유한성이 아닌 것, 즉 다른 것으로서, 독자적으로 존립하는 유한성과 대립된 것이라면 바로 이 유한성에 의해 제약되고 있는 것이다. 그런데 그 어떤 다른 것, 자신이 아닌 것에 의해 제약된 무한성이라면 진정한 무한성이 될 수 없다. 왜냐하면 진정한 무한성이라면 제한됨이 없이 모든 것을 포함해야 하기 때문이다. 다른 하나의 특징은 오성적 무한성이란 헤아릴 수 없이 많아 이를 수 없거나 끝없이 나아가는 것을 지칭한다는 점이다. 오성적 무한성이란 이렇듯 그저 한없이 나아가기 때문에 결코 완결되지 못하는, 도달될 수 없는 것을 가리키는 말이다. 헤겔은 § 234에서 이렇게 하나의 전체로 포괄할 수도 없고 끝없이 나아가는 특징을 갖는 "오성의 무한성"에 대해 말하고 있다. 그렇다면 "이성의 무한성", 곧 진정한 무한성이란 무엇인가? 간단히 말하면 오성적 무한성의 특징을 지니지 않고 이 특징이 갖는 결함을 극복한 것으로서의 무한성이다. 이성의 무한성이 전형적으로 적용될 수 있는 대상은 유일한 절대적 존재로서의 신이다. 개념적으로 보아 신은 유한한 세계를 창조했으며, 그 스스로 이런 유한한 세계 자체는 아니지만, 이것을 자신 속에 포괄하며 또한 모든 유한한 것을 자신 안에 포함한다. 그렇기에 신은 진정으로 무한하다. 또 신은 세계의 근거이자 세계가 지향하는 목적이므로 모든 것의 시작이자 끝이다. 그렇기에 신은 단지 끝이 없이 계속되어 도달될 수 없는 것과는 다른 존재이다. G. W. F. Hegel, *Wissenschaft der Logik* I, TWA, Bd. 5, pp. 33, 149, 152 참조.

§ 235

일상적인 욕구가 무한정하게 다양화하고 복잡하게 얽히게 되면, 그 욕구를 충족시킬 **수단의 조달**과 **교환**이 원활히 진행되도록 누구나 기대하게 된다. 그리하여 이러한 일들에 있어서는 물론이거니와 그 진행을 위해 가능한 한 단축되어야 할 그 일들에 대한 검사와 협상에 있어서, 공동의 이익이 되는 측면과 **한 사람**의 업무가 동시에 **모든 사람**을 위한 것이 되는 측면이 생겨난다. 또한 여기에서 공동의 사용을 위한 것일 수 있는 수단이나 사업이 생겨나기도 한다. 이러한 **보편적 업무**나 **공익적인** 사업들에 대해서는 공권력에 의한 감독 및 배려가 요구된다.[92]

§ 236

생산자와 소비자의 상이한 이해관계는 서로 충돌할 수 있는데, 이런 경우 **대체로** 올바른 관계가 저절로 조성되긴 하지만 대립을 조정하기 위해서는 역시 양자의 위에 서서 의식적으로 규제를 행할 필요가 있다. 개개의 것에 대한 그러한 규제(이를테면 가장 일상적인 생활필수품의 가격 조사와 지정)를 행할 권리가 인정되는 것은 널리 일상적으로 사용되는 상품이, 다시 말해서 개인 그 자체에게라기보다는 보편적인 존재로서의 개인, 즉 일반 대중에게 제공되는 상품이 공개적으로 진열되어 판매됨으로써, 기만당하지 않을 공중의 권리 보호와 상품의 검

92 헤겔은 공익적 성격을 지니는 업무나 사업 또는 사회적 인프라와 같이 공적 성격을 지니는 시설과 기능에 대해서는 공권력의 책임과 감독이 필요하다고 역설한다. 예를 들자면 교육이나 교통 또는 사회기반시설에 관한 사업 등이 여기에 해당되겠는데, 오늘날의 민영화 추세와 비교하여 주의 깊게 음미해볼 필요가 있는 대목이다.

사가 공동의 사안으로서 공권력에 의해 시행되고 배려될 수 있다는 점에 기인한다. 그렇지만 무엇보다도 거대한 산업부문의 경우는 해외 사정이나 원격지의 여러 복합적인 조건들에 의존해 있어서 그러한 부문에 배치되어 매여 있는 개인들은 이에 관한 전체적인 연관성을 굽어볼 수 없기에, 공공 기관에 의한 일반적인 배려와 지도가 필요해진다.[93]

〈주석〉 시민사회에서 상공업의 자유를 한쪽의 극이라 한다면, 그 반대쪽에 있는 극은 공공의 시책을 통해 만인의 노동을 알선하고 지정하는 일이다. 이를테면 피라미드나 그밖에 고대 이집트와 아시아에서 거대한 공사에 투입된 노동이 이런 경우이다. 그러한 공사는 개개인의 노동이 당사자의 특수한 자의나 특수한 이익에 의해 매개되는 일 없이 공공의 목적을 위해 수행되었던 것이다. 개인의 특수한 이익은 위로부터의 규제에 대립하여 위에서 말한 자유를 추구하지만, 그것이 맹목적으로 이기적인 목적에 몰두하면 몰두할수록 더욱더 거기에는 규제가 필요해지고 보편적인 것을 도모하는 쪽으로 조종되기에 이르는데, 이로써 사욕으로 인한 위태로운 충돌이 완화되고 그와 같은 충

93 헤겔은 시장경제 시스템을 인정하고, § 199에서는 애덤 스미스의 "보이지 않는 손"과 유사한 생각을 피력하기도 하지만, 결코 시장만능주의자는 아니다. 또 그는 시민사회를 그것의 물적 기반인 경제영역으로서의 "욕구의 체계"로 환원시키지 않는다. 그는 시장의 실패 가능성에 대해 충분히 고려하고 있을 뿐만 아니라, 시민사회 자체가 달성해야 할 목적 그리고 궁극적으로는 국가의 목적에 합당하도록 경제부문이 작동되어야 함을 역설하고 있다. 그렇기 때문에 그는 시민 개개인의 권익을 위해서 뿐만 아니라 시민사회와 국가 전체의 안녕과 발전을 위해 공공 기관이 경제부문에 대해 적정한 선에서 감독하고 규제하는 것이 필요함을 주장한다.

돌이 조정되는 시간도 단축된다. 물론 이런 충돌은 위로부터 규제가 없이도 무의식적인 필연적인 도정을 거쳐 조정되어야 마땅하겠지만 말이다.

§ 237

그런데 개인에게 보편적 자산의 배분에 참여할 가능성이 주어져 있고 그것이 공권력에 의해 보장되어 있다고는 하지만 이런 보장은 어차피 불완전할 수밖에 없으며, 그 외에도 이런 참여의 가능성은 주관적인 면에서 볼 때 우연에 좌우되게 마련이다. 더욱이 이런 가능성이 숙련성, 건강, 자본 등을 전제조건으로 하면 할수록 더욱더 그렇게 된다.

§ 238

우선 가족은 실체적 전체이므로 개인의 특수한 측면에 대해 배려하는 것은 가족이 할 일이다. 개인이 보편적 자산 중에서 자기 것을 획득할 수단이나 숙련성 면에서도, 또 그런 능력이 없어졌을 때 그의 생계와 부양 문제에 있어서도 이를 배려하는 것은 가족이 떠맡아야 할 일이다. 그러나 시민사회는 개인을 가족의 유대로부터 떼어내 그 구성원들을 서로 소원하게 하고, 그리하여 그들 모두를 독립된 인격체로 인정한다. 나아가 시민사회는 외적인 비유기적 자연이나 개인이 자신의 양식을 마련해왔던 향토를 대신하여 시민사회라는 기반을 제공하고, 가족 전체의 존립마저도 시민사회에 의존시켜 우연성에 종속되게 한다. 이로써 개인은 **시민사회의 아들**[94]이 되고, 개인이 시민사회에 대한 권리를 갖는 것과 마찬가지로 시민사회도 개인에 대해 여러 요구를 하게 된다.

§ 239

시민사회는 이렇듯 **보편적 가족**이라는 성격을 지니고 있기에 교육에 있어서—그것이 사회의 일원이 되는 능력과 관련되는 한—**부모의 자의**와 우연성에 맞서 **교육**을 감독하고 지도할 의무와 권리를 갖고 있다. 특히 교육이 부모의 손을 떠나 타인에 의해 완성되어야 할 경우에 그러하다. 또한 이러한 목적을 위해 공공의 기구와 대책을 마련할 수 있는 한에서, 이를 행하는 것 역시 시민사회의 의무이자 권리이다.[95]

---

94 우리가 근대화와 더불어 전통적인 공동체가 붕괴하고 가족이 해체되는 현상이 벌어졌다는 식의 말을 하는 것처럼, 근대에 탄생하는 시민사회는 봉건적·중세적 삶의 틀을 파괴하고 새로운 삶의 양식을 창출했다고 해도 좋을 것이다. 물론 그렇다고 해서 가족 자체가 무의미해졌다는 것이 아니라 전통적 가족제도와 그 강고한 유대가 해체되었다고 하는 것이 더 정확한 표현일 것이다. 그렇기에 새로운 삶의 터전이라 할 수 있을 시민사회는 일종의 공동체로 기능하기 위해서 이 공동체의 구성원이자 이를 지탱해나가는 시민들에 대해 다각도로 배려해야 한다. 그리고 이들이 이 공동체에서 누려야 할 권리와 생계의 보장 및 복리를 위한 공적 대책을 마련해주어야 한다. "시민사회의 아들"이란 물론 비유적 표현이고, § 239에서 헤겔이 시민사회를 "보편적 가족"으로 칭하는 것에 상응한다. 이는 발전된 근대 산업사회에서 전통적 질서로부터 떨어져 나온 가족이 더 이상 떠맡을 수 없는 복지 기능을 시민사회가 그 구성원을 위해 떠맡아야 한다는 헤겔의 입장을 달리 표현한 것으로 볼 수 있다.

95 헤겔은 여기서 공교육의 필요성과 의의를 천명하고 있다. 그는 「시민사회」장 전체에 걸쳐 "Bildung"(동사형은 'bilden')을 강조하고 있는데, 이는 우리가 이미 § 187의 내용을 설명하는 각주 21에서 언급한 바 있듯이 '도야', '교양', '문화', '형성', '교육' 등으로 번역되는 단어이다. 헤겔에 따르면 사실상 시민사회 자체가 일종의 교육과 교양 그리고 도야의 장이라고 할 수 있다. 그는 앞서 § 187에서는 "Bildung"이 갖는 "무한한 가치"에 대해 말하고, § 209에서는 그가 "상관성의 영역"이라고도 칭하는 시민사회를 "**도야이자 교양**의 영역"이라고 부르고 있다. 그렇기에 그가 여기서 "시민사회의 의무이자 권리"인 것으로 말하는 "교육"은 단순히 생계와 노동을 위한 직업교육이 아니라, "**시민사회의 아들**"(§ 238)이 바로 이 공동체의 일원으로서 스스로의 삶을 영위해나가도록 육성하는 교육을 의미한다.

§ 240

마찬가지로 시민사회는 낭비로 인해 자기와 자기 가족의 생계를 위험에 처하게 하는 사람들에 대해서는 그들의 후견을 담당하고 그들을 대신하여 시민사회의 목적과 그들 자신의 목적을 수행할 의무와 권리를 갖는다.

§ 241

그러나 낭비라는 자의적 행태뿐 아니라 우연한 사정, 육체적 조건 그리고 외적인 여러 관계에(§ 200 참조) 놓인 상황이 개인들을 **빈곤**으로 내몰 수도 있다.[96] 이런 상태가 그들이 갖는 시민사회에서의 갖가지 욕구들을 제거하는 것은 아니지만,—시민사회가 그들에게서 동시에 자연적인 취득의 수단을(§ 217 참조) 빼앗아버리고, 혈연상의 폭넓은

---

96 헤겔은 앞의 § 200에서 "생래적으로 **불평등한** 육체적·정신적인 소질"로 대변되는 "자연에 의해 만들어진 인간의 불평등"과 "숙련성의, 재산상의, 그리고 지성적이며 도덕적인 도야 수준의 불평등"을 언급하면서, 시민사회의 개인들이 처한 사정과 조건의 우연성에 의해 이러한 불평등은 더욱 다양한 양상으로 나타난다고 쓰고 있다. 그에 따르면 이러한 불평등과 차이는 시민사회의 한 원리인 특수성에 상응하는 것으로서, 단순히 부정되거나 제거되어야 할 바가 아니다. 그렇기에 그는 단순히 획일적인 평등을 지향하는 평등주의자가 아니다. 그는 오히려 시민사회 내부의 분화와 차이의 현상들, 그리고 특수성의 원리에 부합하는 온갖 현상들을 긍정한다. 단지 불평등이란 것이 인륜성의 실현과 전체의 조화를 침해할 경우에 완화될 필요가 있으며, 이런 완화를 위한 조치와 대책은 시민사회, 나아가서는 국가가 공권력으로서 담당해야 할 의무에 속한다. 그리고 여기서 주목해야 할 것은 헤겔이 빈곤의 원인을 부분적으로는 개인 자신의 문제로 돌리지만, 다분히 여러 우연적인 외적 상황과 불평등의 조건 자체에서 찾는다는 것이다. 다시 말해서 빈곤은 단순히 개인 자신의 탓이 아니라는 것이다. 그렇기에 빈곤의 완화와 해소를 위한 대책도 공적인 차원에서 복지행정이 맡아야 할 중요한 과제가 된다.

가족적 유대를 폐지하는 이상(§ 181 참조)—빈곤상태로 내몰린 개인은 일체의 사회적 편의, 즉 숙련성이나 교양을 획득할 능력, 사법 활동이나 보건 위생과 관련된 편의, 심지어는 종교적인 위안마저도 어느 정도는 박탈당한다. 이런 까닭에 공권력이 **빈민**에 대하여 가족의 역할을 떠맡아 일상적으로 부족한 점을 보살펴줄 뿐 아니라, 노동기피증, 비뚤어진 심성, 그리고 빈곤한 처지와 이를 부당하다고 느끼는 감정에서 비롯되는 그 밖의 악덕을 치유하는 데 힘쓰는 것이다.[97]

§ 242

빈곤에는 주관적인 면이 있고, 모든 개인이 애초에 그의 자연적 생활권 내에서 겪게 되는 온갖 종류의 궁핍에도 주관적인 면이 있다. 따라서 이런 주관적인 면에 대해서는 역시 **특수한** 사정의 측면에서의, 그리고 **심정**이나 **사랑**의 측면에서의 **주관적인** 원조도 필요하다. 바로 여기에서—아무리 공적인 대책이 강구된다고 해도—**도덕성**이 그 역할을 해야 할 충분한 여지를 발견하는 것이다. 그러나 주관적인 원조

---

97 "공권력이 빈민에 대하여 가족의 역할을 떠맡아"와 같은 표현은 오늘날의 우리에게도 시사해주는 바가 크다고 할 수 있다. 물론 빈곤의 문제란 사회 전체적으로 보아 해결하기 매우 어려운 것이며 헤겔도 그 어려움에 대해 잘 알고 있다. 그러나 여기서 눈여겨볼 것은 복지행정의 차원에서 "공권력"이 "가족의 역할을 떠맡아" 빈민 문제의 해결에 임해야 한다는 그의 주장이다. 또한 그는 단순히 물질적인 문제에 국한하여 말하는 것이 아니라 좀 더 심층적으로 접근하고 있다. 즉, 그는 빈곤에 빠졌던 개인이 다시금 시민사회의 정상적인 일원으로서 활동할 수 있도록, 복지행정이 일종의 재활치료 및 심리치료를 포함한 복합적인 대책을 마련하고 수행해야 한다고 주장하는 것이다. 여기서 헤겔은 약 200년 전에 이미 사회복지 정책의 과제와 방식뿐만 아니라 그 수행 태도에 대해서도 선구자적인 안목으로 그 지향해야 할 바를 설파하고 있는 것이다.

는 그 자체로나 그 효과에 있어서도 우연성에 좌우되기 때문에, 사회적 노력의 목표는 궁핍함과 그것의 구제책 마련에 있어 보편적인 것을 찾아내고, 또 보편적인 대책을 강구함으로써 위에서 말한 주관적인 원조를 한층 불필요하게 만드는 데 있다.[98]

〈주석〉 적선을 하고 시료(施療)시설을 마련하고 성상(聖像)에 등불을 비치는 등의 우연한 조치는 공공의 빈민구제소나 병원이나 가로등의 설치와 같은 것에 의해 보완된다. 그러나 자선에는 이밖에도 여전히 그 자체로서 해야 할 일이 산적해 있다. 그래서 만약 자선을 행하는 쪽에서 이러한 궁핍의 구제를 개인 심성의 **특수성**이나 자선을 베풀려는 마음가짐, 그리고 이를 위한 지식과 같은 **우연성**에만 맡겨놓으면 된다고 여기는 나머지 **의무로 부과하는** 일반적인 지시나 명령을 받을 경우, 상처를 입고 기분이 상한다면 이는 잘못된 생각이다. 오히려 보편적인 방식으로 대책이 강구되는 것에 비해 개인이 자기 나름의 특수한 소견에 따라 일을 처리해야만 할 여지가 적으면 적을수록 그만큼 더 공적인 상태는 완전하다고 간주되어야만 한다.

§ 243

시민사회가 아무런 방해도 받지 않은 채 작동하고 있을 때, 시민사회

---

98 헤겔은 물론 자선행위와 같은 개인적이고 주관적인 구제책이 불필요하다고 여기는 것이 아니다. 그는 빈곤의 문제에 대해 한층 근본적인 대책이 필요하다고 보는 것이다. 그렇기에 그는 복지행정이 나아가야 할 바가 공적이고 "보편적인 대책을 강구함으로써 위에서 말한 주관적인 원조를 한층 불필요하게 만드는 데" 있다고 말하고 있다.

내부에서 **인구와 산업은 점점 더 발전해나가는** 도상에 있다. 욕구를 통한 인간 사이의 연관관계, 그리고 욕구 충족을 위한 수단의 준비와 조달방법이 **보편화**하면서 **부의 축적**이 증대한다. 왜냐하면 바로 이 이중의 보편성으로부터 최대의 이득이 얻어지기 때문이다. 그러나 이런 면이 있는 한편, 다른 한편으로는 분화되고 특수화된 노동이 더욱더 **개별화**하고 **제한적**이 되면서 그러한 노동에 매여 있는 계급의 **예속**과 **궁핍**이 심화되는 가운데, 이 계급은 시민사회가 주는 보다 폭넓은 자유를, 또 특히 정신적 편익을 감수(感受)하고 향유할 능력을 상실해 간다.

§ 244

시민사회의 구성원에게 필요하다고 여겨지는 생계의 규모는 저절로 정해지게 마련인데, 많은 대중이 그 정도의 생활 수준을 밑도는 상태로 전락함으로써 정의감, 준법정신, 그리고 스스로의 활동과 노동으로 생활을 유지한다고 하는 자긍심의 상실에 이르게 될 때, 이것이 **천민**(*Pöbel*)[99]의 출현을 초래하게 된다. 이것은 동시에 소수의 수중에

---

99 **천민(*Pöbel*):** 독일어 "Pöbel"의 의미를 가장 잘 살린 번역어로서 "천민"이 적절한가에 대해서는 논란의 여지가 있을 수 있다. 물론 이 번역어가 학계에서 통용되는 것이긴 하지만 말이다. 우리말에서 '천민'이란 전통적으로 양반이나 상민보다 낮은 지위를 갖는, 사회의 최하층에 속하는 백성을 뜻하는 단어로서, 노비나 백정 등이 이에 해당한다. 그러니까 이 단어는 본래 신분적 질서가 이미 전제된 조건에서 쓰이는 말이다. 그런데 헤겔이 말하는 "**천민**(*Pöbel*)"은 사회의 일반적 생계 수준 이하로 떨어져 극심한 가난에 빠진 인간군이자, 여기서 헤겔이 쓰고 있는 바대로, "정의감, 준법정신, 그리고 스스로의 활동과 노동으로 생활을 유지한다고 하는 자긍심의 상실에 이르게" 된, 말하자면 물질적·정신적 자포자기 상태에 빠진 다수의 무리들이다. 그리고 또한 이들은 § 243에서 헤겔이 말하는 것처럼 "시민사회가 주는 보다 폭넓

과도한 부가 집중되는 것을 더욱 용이하게 한다.

§ 245

빈곤으로 빠져드는 대중이 그들 나름의 정상적인 생활방식을 이어갈 수 있도록 부유한 계급에게 직접 그 부담이 안겨지거나, 다른 공적 소유물(부유한 요양원, 자선시설, 수도원) 속에 그렇게 할 만한 직접적인 수단이 있다고 한다면, 궁핍한 사람들의 생계는 노동을 매개로 하지 않고도 보장될 수 있을 것이다. 그러나 이것은 시민사회의 원리 그리고 자립과 자긍심이라는 개개인의 감정의 원리에 위배될 것이다. 그런데 이번에는 반대로 그들의 생계가 노동에 의해(노동의 기회를 제공함으로써) 매개된다고 한다면, 생산량은 증대되지만 여기에 생산과잉이 초래되고 이에 상응하는—그 자체로 생산자이기도 한—소비자가 부족해지는데,[100] 이것이 바로 폐해의 본질이 된다. 그리하여 결국 빈

은 자유를, 또 특히 정신적 편익을 감수(感受)하고 향유할 능력을 상실해"버린 다수의 무리들이다. 그리하여 이들은 노동 자체를 혐오한다거나 시민사회의 부유한 계층과 시민사회 자체, 더 나아가서는 정부에 대해 분노와 불만을 품고 있는 경향이 있다. 헤겔이 말하는 "천민"은 바로 이런 성격을 갖고 있기에, 이 번역어가 아주 적합한 것은 아니다. 그러나 필자는 더 나은 번역어가 발견되지 않는 한 다른 선택의 여지가 없다고 생각한다. 그런데 이 "천민"이 발생한다는 것, 그리고 그것도 다수가 이러한 지위로 전락한다는 것 자체가 시민사회가 갖는 근본적인 문제가 될 수 있는 한편, 이러한 사태는 시민사회의 안정과 질서를 위협하는 불안요소로 작용한다. 그렇기에 시민사회는 어떤 식으로든 이러한 문제의 해결에 나설 수밖에 없다. 헤겔의 『법철학』에 등장하는 천민 개념과 빈곤의 문제를 주제로 삼아 이를 포괄적으로 다룬 최근의 연구로는 다음을 참조하시오. Frank Ruda, *Hegels Pöbel: Eine Untersuchung der "Grundlinien der Philosophie des Rechts"*, Konstanz, Konstanz University Press, 2011.

100 헤겔이 "소비자가 부족해"진다고 말하는 것은 글자 그대로 소비자의 수가 준다는 것보다도 소비가 준다고 이해하는 것이 더 정확할 것이다. 시민사회에서는 전반적

민의 생활보장을 위한 앞의 두 방법 모두가 이 폐해를 증대시킬 뿐이다. 여기에서 시민사회가 **부(富)의 과잉**에도 불구하고 **충분할 정도로 부유하지는 않다는** 사실, 즉 빈곤의 과잉과 천민의 출현을 방지하기에 충분할 만큼의 고유한 보편적 자산을 지니고 있지 못하다는 사실이 드러난다.[101]

〈주석〉 이러한 현상들에 대해서는 대체로 **영국**의 예를 통하여 알아볼 수 있는데, 더 자세히 말하면 빈민세(Armentaxe)나 수없이 많은 자선단체와 마찬가지로 헤아릴 수 없이 많은 사적인 자선행위, 특히 그중에

으로 분업화와 기계화의 경향이 증대함에 따라 생산량이 늘어나면서 원가가 절감되고 동시에 고용이 감소하는 일이 발생한다. 또한 생산자 간의 경쟁이 심화되면 비용 절감의 차원에서 노동자의 실질임금이 줄어드는 일이 발생할 수 있다. 이러한 결과들, 즉 실업과 소득의 감소는 모두 천민의 출현에 기여하는 원인이 될 수 있다. 또한 이 결과들 모두 소비의 감소를 초래한다. 왜냐하면 여기서 생산 활동에 참여하는(또는 실업자가 되기도 하는) 노동자들은 모두 동시에 소비자이기도 하기 때문이다. 여기서 헤겔은 심각한 빈곤에 처한 대중을 위한 구제책으로 이들을 고용하여 생산에 투입한다고 할지라도, 내수가 제한되어 있고 이미 구매력이 저하된 상태에서는 단지 생산과잉과 초과공급이라는 결과만 빚을 뿐이라는 점을 지적한다.

101 여기서 헤겔은 "빈곤의 과잉과 천민의 출현"이 단지 시민사회에서 우연히 발생할 수 있는 문제가 아니라, 시민사회가 본질적으로 떠안을 수밖에 없는 구조적인 문제임을 주장하고 있다. 특히 빈곤의 문제와 관련하여 헤겔이 지니고 있는 문제의식과 입장에 대한 심층적인 이해를 위해서는 다음을 참조하시오. Franz Rosenzweig, *Hegel und der Staat*, hrsg. von Frank Lachmann, Berlin, Suhrkamp, 2010, pp. 397-399; Joel Anderson, "Hegel's Implicit View on How to Solve the Problem of Poverty: The Responsible Consumer and Return of the Ethical to Civil Society", Robert R. Williams(ed.), *Beyond Liberalism and Communitarianism: Studies in Hegel's Philosophy of Right*, Albany, State University of New York Press, 2001, pp. 185-206; Richard Teichgraeber, "Hegel on Property and Poverty", *Journal of the History of Ideas*, Vol. 38, No. 1, 1977, pp. 47-64.

서도 직업단체의 폐지가 가져온 결과가 어떠했는지를 배울 수 있다. 영국(특히 스코틀랜드)에서는 빈곤에 대처하는 수단으로서, 그리고 무엇보다도 사회 존립의 주관적 토대를 이루는 수치심과 자긍심을 포기하지 않도록 하면서 천민 발생의 원천이 되는 나태와 낭비를 방지하기 위한 대책으로서, 빈민을 그들의 운명에 내맡겨둔 채 공공연히 걸식을 하도록 조치하는 것이 가장 직접적인 효과가 있다고 증명된 바 있다.

§ 246

시민사회는 이렇듯 그 스스로의 변증법에 의해 떠밀려가, 우선 자기 테두리를 넘어서, 즉 그 자신이 처해 있는 지금의 **이 특정한** 사회를 넘어서 밖으로 진출하여 자신만큼 넘쳐나는 자본재를 갖고 있지 않거나 전반적으로 기술과 같은 면에서도 뒤떨어져 있는 여러 다른 민족들에서 소비자를 구하는 동시에 필요한 생계의 방편을 구하게 된다.

§ 247

가족생활의 원리로 보면 대지, 즉 부동의 **토지**와 **지반**이 삶의 조건이 되는 것과 마찬가지로, 산업에 있어서 그것의 활동을 외부로 확대해 나가기 위한 자연적 요소가 되는 것은 **바다**이다. 산업은 영리를 위험에 처하게 하면서 영리를 추구하게 되는데, 이로써 산업은 동시에 영리를 얕보고, 흙더미에 발을 딛고서 시민생활이라는 한정된 범위에서 나름의 향락과 욕망을 안고 살아가는 방식 속에 유동성, 위험, 그리고 몰락의 요소를 집어넣는다. 그리하여 산업은 바다라는, 최대의 연결매체를 통해 원격지에 있는 나라들을 교역 관계로 끌어들이고 계약이 도입된 법적인 관계를 맺게 한다. 이러한 교역은 동시에 문화 형성의 최대 수단이며, 이것에 의해 상업은 자신의 세계사적인 의의를 지니게 된다.

〈주석〉 강은 근대에 와서는 **자연적 경계선**을 이루는 것으로 여겨지게 되었지만, 실제로는 **그렇지 않고** 오히려 강이나 바다 모두가 인간을 결합시키는 것이다. 이런 점에서 호라티우스가

[...] 지혜로운 신께서
나라와 나라를
험한 바다로 가르셨나니 [...]
(*Carmina*, I, 3)[102]

라고 말한 것은 잘못된 생각이다. 그 증거로 수많은 하천의 양쪽 유역에는 하나의 종족 또는 하나의 민족만이 살고 있지 않다는 것을 들 수 있다. 예컨대 그리스 본토와 이오니아 그리고 이탈리아 남안의 그리스 식민지들 사이의 옛 관계라든가 브르타뉴와 브리튼의, 또는 덴마크와 노르웨이, 스웨덴, 핀란드, 리보니아 등의 관계가 이를 증명한다. 특히 이런 관계는 해안지대 주민과 내륙지대 주민들 사이의 관계가 적은 것에 비하면 특히 좋은 대조를 이룬다. 그런데 바다와의 연관성에 어떤 문화 형성의 수단이 깃들어 있는지를 알기 위해서는 기술 개

102 호라티우스(Quintus Horatius Flaccus, BC 65-AD 8)의 『서정시집(*Carmina*)』 제1권의 세 번째 시에 나오는 구절이다.

발에 치중하여 이를 성공으로 이끈 국민의 바다에 대한 관계와 스스로 항해를 금지시켰던 국민의 경우를 비교해보는 것이 좋을 것이다. 그리고 이를테면 이집트인이나 인도인이 자국 내에 틀어박혀 둔감해지고 실로 가공할, 그토록 창피스러운 미신에 빠져 있던 모습과, 스스로 노력하는 위대한 국민의 경우 모두가 바다를 향해 뻗어나가던 모습을 비교해보는 것이 좋겠다.[103]

---

103 우리는 여기서 헤겔 철학이 가지고 있는 유럽 중심주의의 일단을 보고 있다고 해석해도 좋을 것이다. 이것은 특히 그의 역사철학에서 나타난다고 할 수 있겠는데, 그는 세계사를 "자유의식에서의 진보"의 역사로 파악한다. 또한 그는 종교개혁과 계몽사상 그리고 프랑스 혁명의 경험 속에서 형성된 서양의 근대 문명, 즉 몇 사람만이 아니라 모든 사람이 자유롭다는 것을 인식하고 이를 원리적으로 실현한 근대 문명을 인류사의 가장 발전된 단계로 보고 있다. 이와 함께 그는 더 이상의 획기적인 역사적 발전이란 없다는 일종의 '역사의 종말' 테제를 내세운 것으로 알려져 있다. 이 테제의 입증 가능성 문제는 차치하고라도, 이 테제와 함께 서양 근대 문명 또는 유럽 근대 문명이 가장 발전된 단계로 선언되고 역사가 이러한 방향으로 발전한다는 식의 발전사관에 입각한다면, 아시아나 아프리카와 같은 비유럽 세계는 이 문명을 보편적 모델로서 수용하는 것이 합당하다는 귀결에 이르게 된다. 후쿠야마와 같은 이론가는 이러한 귀결의 연장선상에서 헤겔의 이른바 '역사의 종말' 테제를 재해석한다. 그에 따르면 서구의 자유민주주의적 국가체제가 곧 역사의 종말을 의미하며 그 이상의 다른 원리적인 변화란 있을 수 없다. 이는 또한 헤겔의 입장이기도 하다는 것이 그의 주장이다. 이러한 주장의 등장 이후 한동안 열띤 학문적 토론이 전개되기도 했다. 이것은 헤겔의 역사철학적 그리고 정치철학적 사상의 현대적 적용가능성을 시사해주는 괄목할 만한 현상이라고 할 수 있을 것인데, 실제로 후쿠야마의 주장 자체도 논란의 여지는 다분하다. 다른 한편, 적어도 대한민국을 포함한 아시아의 근대화가 서양 근대 문명의 수용과 불가분의 관계에 있고 이런 근대화 기획이 그 현재적 의미를 상실한 것도 아니기 때문에, 헤겔의 이른바 '역사의 종말' 테제와 그의 유럽 중심주의적인 시각은 오늘날에도 연구되고 논의되어야 할 충분한 의의를 지닌다고 보아야 할 것이다. VPG, p. 32; 프랜시스 후쿠야마, 『역사의 종말』, 이상훈 역, 한마음사, 1992. 헤겔의 역사철학을 유럽 중심주의적 관점에서 조명한 최근의 시도로는 다음을 참조하시오. Teshale Tibebu, *Hegel and the Third World: The Making of Eurocentrism in World History*, Syracuse, Syracuse

§ 248

이렇듯 바다를 통해 확대된 연결망은 **식민**의 수단도 제공해준다. 식민으로—그것이 산발적으로든 조직적으로든 간에—나아가도록 몰아세워지는 것은 충분히 발달한 시민사회에서나 볼 수 있는 일이다. 이렇듯 식민에 의해 시민사회는 한편으로 그 인구의 일부로 하여금 새로운 토지에서 가족의 원리로 회귀할 수 있게 해주고, 다른 한편으로는 이와 함께 그 스스로 노동의욕의 새로운 수요와 시장을 창출할 수 있게 된다.[104]

§ 249

복지행정이 행하는 예비적 배려는 우선 시민사회의 특수성 속에 포함되어 있는 보편적인 것을—갖가지 특수한 목적과 이해관계를 지닌 대중의 보호와 안전을 위해—**외적 질서와 대책으로서** 실현하고 유지하는 것이다. 대중의 특수한 목적이나 이해관계는 이러한 보편적인 것 속에서만 존립할 수 있기 때문이다. 동시에 그와 같은 배려는 시민사회를 넘어서는 이해관계에 대해(§ 246 참조) 상부로부터의 지

University Press, 2011; Robert Bernasconi, "With What Must the Philosophy of World History Begin? On the Racial Basis of Hegel's Eurocentrism", *Nineteenth-Century Contexts*, Vol. 22, 2000, pp. 171-201.

104 헤겔은 §§ 246-248에 걸쳐 시민사회에 본질적으로 내재하는 빈곤의 문제에 대해 시민사회 자체가 취하게 되는 해결책으로서 해외 시장 개척과 식민지 건설을 제시한다. 그러나 이러한 자구책이 시민사회에서의 빈곤 문제를 근본적으로 해결할 수는 없으며, 이의 해결을 위해서는 결국 좀 더 고차적이고 포괄적인 공동체로서의 국가가 요청될 수밖에 없다는 것이 헤겔의 입장인데, 이러한 자구책과 그 한계에 대한 좀 더 상세한 설명을 위해서는 이 책의 「해제」 각주 94를 참조하시오.

도라는 형태로 조치를 취하고 대비한다.[105] 그런데 이념에 따라 특수성 자체가 그것의 내재적 이익 속에 놓인 이 보편적인 것을 자기 의지의 목적이자 대상으로 삼는 까닭에, **인륜적인 것**(*das Sittliche*)이 시민사회에 내재하는 것으로서 **복귀하며**,[106] 이를 실현하는 것이 **직업단체**의 사명이다.

---

105 헤겔은 "시민사회를 넘어서는 이해관계"로 § 246에서 "이 **특정한** 사회를 넘어서 밖으로 진출하여 자신만큼의 넘쳐나는 자본재를 갖고 있지 않거나 전반적으로 기술과 같은 면에서도 뒤떨어져 있는 여러 다른 민족들에서 소비자를 구하는" 일, 즉 해외 시장 개척을 제시하고 있다. 이것은 시민사회에 내재하는 빈곤의 문제를 해결하기 위한 한 방편이 되고 있다.

106 § 229에서도 헤겔은 이러한 "복귀"에 대해 언급한 바 있다. 거기에서 그는 이를 "즉자적으로 존재하는 보편성과 주관적 특수성의 통일로 복귀"라고 표현하고 있다. 인륜성 내지는 "**인륜적인 것**(*das Sittliche*)"의 본성이 이러한 통일에 있기에, 헤겔이 여기 § 249에서 "**인륜적인 것**"의 "복귀"라고 말하는 것은 직업단체에서 이러한 통일이 이루어지고 있음을 뜻하는 것이다. 헤겔은 가족이 가장 직접적이고 기본적인 인간의 공동체이며 여기서 보편성과 특수성의 직접적인 통일이 이루어지고 있다고 주장한다. 그러나 이에 반하여 시민사회라는 공동체는 이러한 식의 통일로 특징지을 수 있는 게 아니라, 오히려 특수성과 보편성이라는 두 계기의 자립적인 발전의 양상을 보여준다. 그렇기에 이러한 통일이 해체된다는 의미에서 시민사회는 일단은 "인륜성의 상실"(§ 181)로 특징지을 수 있다. 그러나 시민사회가 공동체로서 유지되는 한 보편성의 계기가 완전히 사라지는 것이 아니며, 또한 이러한 계기가 어떤 식으로든 특수성과 연결되어야 한다. 그렇지 않으면 공동체는 해체되고 말 것이다. 그리하여 이러한 해체와 붕괴를 제어하는 역할을 하는 기능과 기구들 중의 하나가 "직업단체"이고, 여기서는 구성원의 특수하고 개별적인 욕구가 그 자체로서만 추구되는 것이 아니라 이 단체가 지향하는 공통의 목적과의 결합 속에서 추구되며, 또한 공통의 목적의 달성이 특수한 개인적 목적의 달성에도 기여한다. 그런 한에서 보편성과 특수성의 통일은 제한된 의미에서(각 직업단체는 사회 내에서 제한된 부문을 차지하므로) 실현되며, 또 그런 한에서 인륜성도—제한된 의미에서이기는 하지만—시민사회 내에서 회복된다. 인륜성의 상실과 복귀의 의미에 관한 보충적인 설명을 위해서는 앞의 각주 89를 참조하시오.

b. 직업단체

§ 250

농민 계층은 가족생활이나 자연적 생활의 실체성에 입각하여 그 자체 속에 직접 자신의 구체적 보편성을 지닌 채 그 안에서 살고 있다. **보편적 계층**은 스스로의 사명으로서 보편적인 것을 자기 활동의 목적이며 자신의 지반으로 삼고 있다. 양자의 중간에 있는 상공인 계층은 본질적으로 **특수성**의 영역을 지향하고 있기에, 직업단체는 특히 이 계층에 고유한 것이다.[107]

§ 251

시민사회에서의 노동의 구성은 그것의 특수성에 따라 서로 상이한 부문으로 나뉜다. 특수한 성질을 지니는 노동 가운데 즉자적으로 동류의 것이 **공통적인 것**으로서 **협동체적인 조합**을 이루어 현존하게 됨으로써, 자신의 특수한 것을 지향하는 **이기적인** 목적이 동시에 보편적인 목적인 것으로 받아들여지고 관철된다. 그리하여 시민사회의 구성원은 그의 **특수한 숙련성**에 따라 직업단체의 일원이 되는데, 이로써 직업단체의 목적은 온전히 **구체적이며**, 이 목적의 범위는 상공업이라는 고유의 업무와 이익에 관련된 범위를 벗어나지 않는다.

---

107 헤겔이 말하는 계층의 구분에 대해서는 이 책에서 §§ 201-207에 해당하는 내용과 각주를 참조하시오.

§ 252

직업단체는 이러한 규정에 따라 공권력의 감독[108] 아래 다음과 같은 권리를 갖는다. 즉 단체 내부에 포함되어 있는 단체 자신의 이익을 도모하고 그 구성원이 지니는 숙련성과 성실성의 객관적인 특성에 따라 전체적인 연관 속에서 필요한 수만큼의 인원을 받아들이고, 단체 소속의 구성원을 위하여 특수한 우연적 사건들에 대비해 배려하며, 또한 구성원이 구성원으로서 갖추어야 할 능력을 지니게끔 교육받도록 배려할 권리를 갖는다. 요컨대 직업단체는 그 구성원에 대하여 **제2의** 가족과 같은 권리를 떠맡는 셈이다. 그렇지만 이런 가족이라는 입장은 개개인이나 개개인의 특수하고도 필수불가결한 욕구로부터 좀 더 멀리 떨어져 있는 일반적인 시민사회에 있어서는 상당히 불확실한 면이 있다.[109]

---

108 여기서 "공권력의 감독"이란 말을 반드시 직업단체의 자율성과 권리를 침해하는 것으로만 받아들여서는 안 된다. "직업단체"는 시민사회에 인륜성을 회복시키는 역할을 하는 기구로서 공권력의 관심 대상이 되지 않을 수 없다. 시민사회는 사적 이익과 욕구가 추구되는 장으로서 개인의 고립 그리고 소외와 같은 부정적 병리현상이 발생할 가능성이 상존한다. 그리고 이러한 병리현상의 악화는 그 자체로 시민사회의 건전한 발전을 위협한다. 그렇기에 구성원들을 공통의 관심사에 따라 통합시키는 직업단체의 기능은 공권력에 의해 후원되고 관리될 필요가 있다. 헤겔은 이러한 공동의 결사체로서의 직업단체가 시민사회와 국가에서 차지하는 의미와 중요성을 강조하면서 다음과 같이 말하고 있다. "[...] 이러한 결사체 속에 국가의 진정한 강력함(Stärke)이 놓여 있다. 정부는 이러한 공동체 안에서 정당화되고 있는 이익과 마주치게 되며, 이 이익은 정부에 의해 존중되어야만 한다. 행정기구는 이와 같은 이익을 오로지 촉진하기만 할 수도 있으나 이를 감시하는 일도 물론 해야 하는데, 그런 한에서 개인은 이런 기구의 활동 속에서 자신의 권리 행사에 대한 보호를 발견하게 되고, 또 그런 식으로 개인의 특수한 이익은 전체의 유지와 연결되는 것이다." GPR, § 290, Zus.

109 헤겔은 이미 § 239에서 시민사회 자체가 "**보편적 가족**이라는 성격을 지니고" 있다

〈주석〉 상공업에 종사하는 사람은 일용노동자와도 다르고 그때그때의 우연적인 용역에 종사하는 사람과도 다르다. 상공업 종사자는 **고용주**거나 고용주가 되려 하는 사람이나 모두가 동료관계에 있는 조합의 구성원이며, 게다가 이 조합은 우연히 생겨나는 개별적인 영리를 위해서 있는 것이 아니라 구성원 각자에 따라 특수한 생계의 범위 **전체**라는 보편적 사항을 위해서 있는 것이다. 하나의 직업단체 속에 포괄되어 있는 시민사회의 한 부문이 갖는 권리로서의 **특권**과, 어원상 본래적 의미로서의 특권은 다음과 같은 점에서 서로 구별된다. 즉, 후자가 보편적 법률의 우연한 예외인 데 반해, 전자는 단지 법률에 따라 작성된 규정일 뿐으로, 이 규정은 사회의 어떤 하나의 본질적인 부문이 갖는 **특수성이라는 본성** 자체에 깃들어 있다.

고 말한 바 있다. 그러나 이는 시민사회가 법적 인격체로서의 그 구성원에 대해 행정적 측면에서 배려함을 의미하는 것으로, 개인에게 있어 시민사회 자체가 추상적인 성격을 지니고 있기에 양자의 관계는 친밀하거나 구체적인 것이 아니다. 헤겔은 이제 여기 § 252에서 "직업단체"를 "**제2의** 가족"으로 칭하는데, 이 제2의 가족이야말로 그 구성원에 대한 구체적이고 실질적인 배려를 행하게 된다. 왜냐하면 직업단체는 서로 공통의 이해관계를 갖는 개인들의 집단으로서, 이들은 이 집단에 속하여 공통의 목표를 위해 함께 노력하며 생계 보장이나 교육 등의 혜택도 누릴 수 있기 때문이다. 물론 어느 정도까지 이런 혜택을 제공받게 되는지는 상황에 따라, 그리고 개인이 속한 직업단체의 성격에 따라 다를 수 있다. 그러나 직업단체의 일원이 됨으로써 개인은 더 이상 사회 속에 고립된 원자와 같은 존재로 머물지 않으며, 사회적·심리적 안정감 속에서 동료와 더불어 자신의 특수한 이익과 이 단체의 공동의 이익을 조화시키는 삶의 과정에 참여한다. 다시 말해서 직업단체의 이러한 측면은 가족이 그 구성원의 생계와 양육을 책임지고 또 가족 구성원은 상호 간의 일체감 속에서 가족 전체의 유대와 안녕을 추구하는 것과 유사하며, 그런 의미에서 직업단체는 "제2의 가족"이라 불릴 만하다.

§ 253

직업단체에서는 **능력**에 따라 **생계**가 **보장**된다고 하는 의미에서 가족이 확고한 기반, 즉 확고한 **자산**을(§ 170 참조) 가질 뿐 아니라, 능력과 생계의 보장도 동시에 이미 **인정받고** 있는 사항이 된다. 그러므로 직업단체의 구성원은 자기의 유능함과 번듯한 생활상태, 즉 **스스로가 상당한 정도의 인물이라는** 점을, 구성원이라는 것 이외의 **겉으로 드러나는 표시**를 통해 남에게 과시할 필요는 없다. 그런가 하면 그가 일반사회의 지체(肢體)가 되는 하나의 전체로서의 집단에 속해 있으며 이 집단의 비이기적인 목적에 관심과 노력을 기울이고 있다는 것 역시 인정되고 있다. 이리하여 그는 **자기의 계층** 속에서 **자신의 긍지와 명예**를 갖는 것이다.

〈주석〉 직업단체라는 제도는 자산을 보장해준다는 점에서 보면 다른 영역에 속하는 것으로서의 농업과 사적 소유제 도입에 상응한다(§ 203 주석). 천민의 발생(§ 244 참조)과 관련된다는 이유에서 상공인 계급의 사치와 낭비풍조가 비난받을 수 있지만, 천민의 발생에는 그밖에 다른 원인(예컨대 더욱더 기계화해가는 노동의 문제)과 더불어 상술한 바 있는 **인륜적인** 이유를 간과해서는 안 되겠다.[110] 개개인은 공인된 직업단체의 성원이 아닐 때(어쨌든 공인된 것으로서만 공동의 협동체는 직업단체의 자격을 갖게 된다), **계층에 대한 긍지**를 갖지 못하고 그 고립 상태로 인해 영업의 이기적인 면으로 돌아가버려 그의 생계와 향유는 **공**

---

110 헤겔은 §§ 243-244에서 "천민"이 발생하게 되는 원인과 "천민"의 성격에 대해 서술하고 있다.

고하게 유지될 수 없다. 이렇게 되면 그는 영업상의 성공을 외부에 드러내는 것으로써 **자신을 인정**받고자 하겠지만, 이런 과시에는 끝이 없다. 왜냐하면 계층이 실제로 성립되지 않은 상태에서는—시민사회에서는 합법적으로 설립되고 인정된 그런 공동의 협동체만이 **현존하게** 되므로—자기가 속한 계층에 걸맞은 삶의 방식이 불가능하고, 그래서 결국 자기 계층에 적합한 좀 더 일반화된 생활방식이라는 것도 형성될 리 없기 때문이다. 직업단체에서 빈곤이 받게 되는 원조는 우연적인 것이 아니며 또한 자존심에 부당하게 상처를 입히는 일도 없다. 그리하여 부(富)는 이 협동체적인 조합에 대한 의무를 이행함으로써 오만과 질투, 즉 부유한 자 쪽에서 품기 쉬운 오만과 가난한 자 쪽에서 품기 쉬운 질투를 양자 모두가 품지 않도록 하고, 이제 성실성이 참으로 인정되며 그것에 마땅한 명예도 얻게 되는 것이다.[111]

---

111 헤겔은 여기서 사실상 시민사회의 고질적인 문제인 빈곤을 해결하기 위한 또 하나의 방안을 제시하고 있다. 그것은 직업단체 자체가 빈곤 문제에 적절히 대처할 수 있도록 이러한 결사체를 활성화 내지는 강화하는 것이다. 직업단체란 본래 구성원 공동의 이익을 위해 결성되는 것으로서, 구성원 모두의 안녕이 이러한 단체의 목적을 달성하기 위한 필요조건이 된다. 헤겔은 앞서 빈민을 구제하는 방법으로 자선과 같은 주관적인 원조나 무조건적인 원조를 언급했었다. 그러나 이런 식의 방안들은 우연적이고 일시적일 뿐만 아니라 "자립과 자긍심이라는 개개인의 감정의 원리에 위배"되는 것이기도 하다. 달리 말하면, 이것은 스스로의 노동으로 생계를 이어나가는 자립적인 인격체로서의 시민이라는 시민사회의 인륜적 원리에 위배되는 방안이라는 것이다. 그러나 헤겔이 § 253에서 제시하는 방안은 빈곤 문제에 대한 좀 더 지속적이고 보편적인 해결책이 될 수 있다. 또 이것은 헤겔이 말하고 있듯이 "자존심에 부당하게 상처를 입히는 일도 없"는, "자립과 자긍심이라는 개개인의 감정의 원리"에 위배되지 않는 방법이다. 게다가 이런 원조방식은 상부상조의 성격을 지니는 것이어서, 협력을 통해 모두의 안녕과 단체의 유지 및 발전에 기여하면서 개인의 특수한 곤궁상태를 해결한다고 하는 보다 인륜적인 해결책이라 할 수 있다. 그러나 물론 헤겔이 이를 빈곤 퇴치의 궁극적이고 완벽한 방안이라고 보는

§ 254

자신의 재능을 활용하고 이렇게 해서 얻을 수 있는 것을 획득한다는 이른바 **자연적 권리**가 직업단체 내에서 제한되는 것은, 재능이 그런 제한에 의해 그 안에서 이성적 본성에 맞게 규정되는 경우에 한한다. 다시 말해서 재능이 구성원 자신의 사견이나 우연성에서 벗어나 자기를 포함한 어느 누구에게도 위험을 초래하지 않으면서 인정되고 보장되며 동시에 공동의 목적을 향한 의식적인 활동으로 고양되는 경우에 한한다.

§ 255

가족에 이어 **직업단체**는 시민사회에 그 기반을 두면서 국가의 제2의 **인륜적** 뿌리를 이룬다.[112] 첫 번째 뿌리인 가족에서는 주관적인 특수성과 객관적인 보편성의 두 계기가 **실체적** 통일성 속에 있지만, 두 번

것은 아니다. GPR, §§ 242-245 참조.

112 우리는 바로 이 문장에서 헤겔이 직업단체에 얼마나 커다란 의의를 부여하는지를 간취해낼 수 있다. 그는 개인과 국가 사이에서 이 양자를 매개하는 중간 집단으로서의 직업단체가 갖는 중요성을 강조한다, 이 중간 집단이 강화될 때에만 시민들의 의사는 더 효과적으로 국정에 전달되어 반영되며, 국가 역시 발달된 중간 집단의 힘을 통해 안정성을 확보한다는 것이 그의 입장이다. 즉 이것은 단지 직업단체의 권리와 이익의 실현이라는 차원을 넘어서서 정치적인 의미를 지니는 것이다(직업단체의 정치적 기능에 대해서는 이 책의 「해제」 3장 2절의 (4)에서 직업단체에 대한 해설 참조). 그리하여 헤겔은 다음과 같이 말한다. "국가와 피통치자를 관청과 공무원들이 행하는 권력의 남용으로부터 보호하는 것은, 한편으로는 그 위계적인 조직과 책임성에 놓여 있고, 다른 한편으로는 지방자치단체와 직업단체의 권한이 인정되는 것에 놓여 있다. 왜냐하면 이것들에 권한이 인정됨으로써 공무원들에게 맡겨진 권력 속으로 주관적 자의(恣意)가 개입되는 일이 저지되고,—개개의 언동까지 미치지는 못하는—위로부터의 통제가 아래로부터 보완되기 때문이다." GPR, § 295.

째 뿌리인 직업단체는 결국 이 두 계기를 내면적 방식으로 통일시킨다. 그런데 이 두 계기는 시민사회에서 우선은 욕구와 향유의, **내적으로 반성된** 특수성과 **추상적인** 법적 보편성 두 가지로 분열되어 있다. 그리하여 이러한 통일 속에서 특수한 복지는 권리로서 존재하고 실현되어 있다.

〈주석〉 결혼의 신성함과 직업단체에서의 긍지는 시민사회의 탈질서화 경향이 그것들을 축으로 삼아 돌아가는 두 개의 계기이다.

§ 256

직업단체의 목적은 제한적이고 유한한 것으로서,[113] 이 목적의 진리는 즉자대자적으로 **보편적인 목적**과 그것의 절대적인 현실성 속에 있다. 또한 복지행정의 외적인 지시규정에 존재하는 분리 및 그것의 상대적 동일성도 역시 이 속에서 그 진리를 갖는다.[114] 따라서 시민사

113 직업단체의 목적은 그 단체가 지향하는 공동의 이익, 그런 의미에서 그 구성원 전체가 함께 추구하는 보편적 이익이지만, 그것은 해당 직업단체에 국한되어 있기 때문에 제한된 것이며, 다른 직업단체들과의 관계에서 보면 다시금 특수한 이익일 뿐이다. 즉 이 구성원들은 해당 단체 속에서 보편적 이익과 자신들의 특수한 이익을 조화시킬 수 있지만, 이러한 조화 내지 통일은 그 자체가 한정된 것이다.

114 인륜성 개념의 본질이 보편성과 특수성의 통일에 있다고 할 때, 이러한 통일이 가장 총체적이자 구체적으로 실현되는 공동체는 바로 국가이다. 달리 말하면 사회적·정치적 동물로서의 인간은 국가에서만 그가 지닌 가능성을 온전히 발양하면서 궁극적인 보편적 선과 자신의 특수한 이익의 조화에 도달하고, 이로써 자신의 자유와 인간성을 실현할 수 있다는 것이 헤겔의 입장이다. 그렇기에 그에 따르면 국가야말로 인륜성의 최고의 형식이 된다. 그런데 그는 이미 앞에서 복지행정과 직업단체가 인륜성의 회복이라는 측면을 지닌다고 말한 바 있다(이 책의 § 229와 각주 89 참조). 즉 직업단체의 목적도 복지행정의 목적도 인륜성의 실현에 있다는 것이다. 그

회의 영역은 **국가**로 이행하게 된다.[115]

러나 이 두 제도적 장치 속에서 실현 가능한 목적은 제한된, 부분적 목적이며, 이 부분적인 목적들은 총체적이고 포괄적인 목적으로서의 인륜성의 참된 실현 속에 포섭된다. 달리 말하면, 직업단체와 복지행정은 이 절대적이고 보편적인 목적으로서의 참된 인륜성의 실현을 위한 제도적 장치들, 부분적인 목적들을 실현하는 장치들이 된다. 따라서 이 제한되고 부분적인 목적들의 근거이자 그것들을 포괄하는 궁극적이고 보편적인 목적이란 참된 인륜성의 실현인 것이다. 그리고 헤겔은 이렇듯 부분적이고 제한적인 목적과 근원적이고 전체적이며 보편적인 목적과의 관계를 여기서 "이 [제한적인] 목적의 진리는 즉자대자적으로 **보편적인** 목적과 그것의 절대적인 현실성 속에 있다"고 말하는 것이다.

115 헤겔은 이 지점에서 "시민사회"로부터 "**국가**"로의 "이행"을 말하고 있다. 그에 따르면 이 이행은 필연적인 것이며, 그는 자신의 서술을 통해 이러한 필연성을 충분히 제시했다고 주장한다. 그렇긴 해도 그가 이런 이행의 이유들을 제시했다고는 할 수 있을지언정, 이행의 필연성을 증명했다고는 볼 수 없다는 것이 헤겔 연구가들의 일반적인 평가이다. 여기서 우리의 관심사는 그의 증명의 타당성을 검증하는 데 있는 것이 아니라, 그가 제시한 이유들을 근거로 이러한 이행을 설명하는 것이다. 그가 제시하는 이유는 크게 두 가지로 정리할 수 있다. 그 하나는 앞에서 이미 언급했던 것으로서 시민사회는 그 내적인 모순과 결함으로 인해 양극화와 빈곤의 문제와 같은 고질적인 병폐에 시달리며 이는 시민사회 자체 내에서는 해결될 수 없고, 이것의 해결을 위해서는 보다 높은 차원의 공동체, 보편적이고 공적인 목적을 그 자체의 사명으로 갖는 공동체, 즉 국가가 요청될 수밖에 없다는 것이다. 다른 하나는 인륜성의 진정한 실현, 즉 보편적 목적과 특수한 목적과의 진정한 조화와 통일, 그리고 이를 통한 참된 자유의 실현은—바로 이러한 자유의 실현이 인간이 궁극적으로 지향하는 바라고 할 때—시민사회처럼 사적 이익과 관심사에 기초하는 영역에서는 가능하지 않고, 최상의 정치적 공동체, 즉 사적 시민과 공적 시민 양자의 역할을 통일시킬 수 있는 공동체인 국가에서만 가능하다는 것이다. 그렇기에 시민사회에서 인륜성의 실현을 제한적이나마 가능하게 하는 직업단체들의 활동과 그 구성원으로서의 시민의 삶이 추구하는 바도 최고의 공동체인 국가와의 관계 속에서만 또 최상의 보편적 목적에 대한 시민의 의식과 더불어서만 온전히 그리고 지속적인 형태로 실현될 수 있다는 것이 헤겔의 주장이다. 헤겔이 말하는 "이행"의 타당성과 문제점에 대한 상세한 논의를 위해서는 다음을 참조하시오. Schnädelbach, *op. cit.*, pp. 297-299; David Kolb, *The Critique of Pure Modernity: Hegel, Heidegger, and After*, Chicago, University of Chicago Press, 1991, pp. 109-117; Klaus Hartmann, "Towards a New Systematic Reading of Hegel's Philosophy

〈**주석**〉 도시와 농촌—도시는 시민적 상공업의 본거지, 즉 이는 자기 속에 몰두하여 개별화하는 반성의 장(場)인 데 반하여, 농촌은 자연에 안주해 있는 인륜성의 장이다. 한쪽은 다른 법적 인격체들과의 관계 속에서 스스로의 자기보존을 매개하는 개인들의 활동의 장이며, 다른 쪽은 가족의 터전이다. 이러한 개인들과 가족 양자는 아직 관념적인 계기들을 이루는데, 이로부터 이 계기들의 진정한 **토대**인 국가가 **발생한다**. 이와 같이 직접적 인륜성이 시민사회의 분열을 거쳐서 국가에로까지 전개됨으로써 국가가 양자의 진정한 토대로서 스스로를 드러내는 이러한 전개만이 국가 개념의 **학문적 증명**이다. 학문적 개념의 도정에서 국가가 **진정한** 토대로서 밝혀지면서 동시에 **결과**로서 나타나기 때문에, 앞에서의 매개와 가상은 **지양되어** 또한 **직접성**으로 화한다. 그렇기에 현실세계에서는 **국가**야말로 오히려 **최초의 것**이고, 국가의 내부에서 비로소 가족은 시민사회로 형성되어가며, 결국 국가의 이념 자체가 이 두 계기들로 자신을 구분하는 것이다.[116] 그리하여 시

---

of Right", Zbigniew A. Pelczynski(ed.), *The State and Civil Society: Studies in Hegel's Political Philosophy*, Cambridge, Cambridge University Press, 1984, pp. 119-121.

116 헤겔은 『법철학』 제3부 「인륜성」에서 순차적으로 가족, 시민사회, 국가에 대한 개념적 고찰을 행하고 있는데, 그는 이러한 고찰의 과정을 통해서 마지막 단계인 국가가 앞의 두 단계로부터 필연적으로 도출되고 있음을 제시했다고 주장한다. 그리고 그에 따르면 이것이 바로 국가 개념에 대한 "학문적 증명"이며, 이 증명의 본질은 앞에서 말한 바와 같이 국가가 필연적인 도출에 의한 "결과"임을 보이는 데 있다. 그런데 그가 행하는 이러한 증명에서 흥미로운 것은—그 스스로 말하고 있듯이—"결과"로서 도출된 "국가"가 앞의 두 단계, 즉 가족과 시민사회의 "토대"로서, 근거로서 "밝혀"진다는 것이다. 다시 말하면 국가는 가족과 시민사회의 근거이면서 결과이다. 그것이 근거이자 토대인 이유는 국가야말로 가족과 시민사회를 지탱하면서, 이 두 요소들이(곧 가족과 시민사회가) 각각의 목적을 온전히 실현하게 하는 조건이 되기 때문이다. 국가가 "결과"인 이유는 앞에서 본 것처럼 가족과 시민사회

민사회의 발전 속에서 인륜적 실체는 자신의 **무한한** 형식을 획득하는데, 이 형식 속에는 다음의 두 계기가 포함되어 있다. 첫째, 자기의식이 대자적으로 존재하는 **자기 내의 존재**에까지 나아가는 무한한 **구별**이라는 계기와, 둘째, 도야와 문화 속에 있는 **보편성**의 형식, 즉 **사상**의 형식이라는 계기가 그것이다.[117] 이러한 사상의 형식에 의해 정신은 **법률**과 **제도**라는 자신의 **사유된** 의지의 모습을 취하게 되고, **유기적인** 총체[118]로서 객관적이며 현실적인 것이다.

에 대한 철학적 고찰을 통해 국가로의 이행이 일어나기 때문이다. 그런데 이러한 이행은 보다 높은 단계이자 보다 포괄적인—즉 가족과 시민사회를 포함하는—공동체로의 이행이기에, 이러한 이행의 결과는 동시에 종합이다. 그리하여 앞의 두 단계는 국가를 구성하는 두 "계기들"로 드러난다. 그렇기에 가족이나 시민사회가 아니라 이 양자의 근거이면서 동시에 이 양자의 종합이기도 한 국가가 더욱 실체적이다.

117 이 두 계기란 추상적·개념적으로 말하자면 특수성과 보편성을 뜻하는데, 이것들은 시민사회에서는 우리가 § 182에서 본 것처럼 "**특수한**(*besondere*) 존재로서 스스로에 대해 목적이며 욕구들의 총체이자 자연필연성과 자의(Willkür)의 혼합체인 구체적 인격체"와 "보편성의 형식"이라는 양상으로 나타났었다.

118 여기서 헤겔이 "**유기적인** 총체"라고 말하는 것은 다름 아니라 "국가" 자체를 뜻한다. 그는 이곳 외에도『법철학』여러 곳에서 국가를 "유기체(Organismus)", "국가라는 유기적 조직(Staatsorganisation)" 등으로 표현한다(§§ 46, 267, 269, 272). 즉 그는 일종의 유기체적 국가관을 표방하고 있다. 이렇듯 국가를 유기체처럼 간주한다는 것은, 이를 하나의 전체로 보고 그 구성요소들의 관계 및 전체와 부분의 관계를 유기체에서와 유사한 방식으로 이해함을 뜻한다. 하나의 전체로서의 유기체에서 각 부분들, 즉 구성요소들과 기관들은 긴밀한 상호작용 속에 있으며 전체는 부분들에 의해서 유지되고 또 부분들은 전체에 내재하는 목적에 적합하게 활동한다. 또 부분들은 전체로부터 떨어져 나와서는 그것의 실질적 의미와 기능을 상실한다. 그리고 그런 한에서 부분들 자체의 독자성이 인정될 여지가 극히 적다. 유기체적 국가관이란 바로 유기체의 이러한 특성에 기초하는 것으로서, 헤겔의 유기체적 국가관 역시—그것이 그 어떤 고유한 면모를 갖든지 간에—이러한 특성을 지니고 있다. 바로 이러한 점이 그의 국가철학을 전체주의로 낙인찍는 해석에 힘을 실어주는 요인이 되기도 했다. 확실히 국가를 하나의 유기체로 이해하는 입장을 오늘날의 국

가에 그대로 적용하는 것은 무리이다. 그렇다면 어떤 모델에 따라 오늘날의 국가를 이해해야 하며 또 현대인이 지향하는 이상적인 국가상은 어떻게 그려볼 수 있겠는가? 이것은 물론 간단히 답할 수 있는 문제가 아닐 것이다. 국가를 일종의 대형 기계로 보고 그 구성원과 기구들과 제도들을 부속품으로 보는 기계적인 국가관도, 또 단순히 개인주의에 기초하여 국가를 개인들이 각자 추구하는 바의 달성을 위한 도구로 보는 도구주의적인 국가관도 궁극적 해답은 될 수 없다. 그렇다면 헤겔은 자신의 유기체적 국가관을 어떤 식으로 피력하는가? 이를테면 그는 국가에서 "보편적인 것이 특수한 이익 및 앎과 의지의 활동을 결여하고서는 유효하지도 않고 관철되지도 않으며, 다른 한편 개인들 또한 단지 특수한 이익과 앎 그리고 특수한 의지를 위해 사적인 인격체로서만 살아가는 것이 아니고 동시에 보편적인 것 속에서 보편적인 것을 위해 의욕하고 이 목적을 의식한 활동을 한다"고 말한다(GPR, § 260). 오늘날처럼 신자유주의의 영향 아래 개인들이 더욱 고립화되고 원자화되어가며 또 정치적 무관심 속에서 국가와의 유대나 일체감을 상실해가는 시대에, 이러한 헤겔의 주장은 그것이 아무리 유기체적 국가관의 색채를 띤다고 하더라도 귀 기울여 들어볼 필요가 있으며, 오늘날의 국가를 어떤 모델에 따라 형성해나가야만 하는지 고민하는 사람에게도 가치 있는 고려사항이 될 것이다. 헤겔의 유기체적 국가관에 대한 대표적 연구로는 다음을 참조하시오. Sally Sedgwick, "The State as Organism: The Metaphysical Basis of Hegel's Philosophy of Right", *The Southern Journal of Philosophy*, Vol. 39, 2001, pp. 171-188; M. Wolff, "Hegels staatstheoretischer Organizismus", *Hegel-Studien* 19, 1984, pp. 147-177.

부록 1

『법철학』「시민사회」장 추가 텍스트

다음에서 〈추가〉로 표시된 텍스트들은 이 책이 번역과 주해의 저본으로 삼고 있는 『법철학』의 주어캄프(Suhrkamp)사 판에서도 "추가(Zusatz)"로 표시되어 있다. 이 추가 텍스트는 본래 헤겔이 1821년 『법철학』을 출판했을 때는 들어 있지 않았고 나중에 '추가'되었다. 즉 이것은 헤겔 사후 최초의 헤겔 전집이 출판될 때 그의 제자인 간스(Eduard Gans)가 편집하여 추가한 텍스트이다. 간스는 헤겔 자신의 강의 노트와 헤겔의 강의를 들었던 제자들인 호토(Heinrich Gustav Hotho) 그리고 그리스하임(Karl Gustav von Griesheim)의 필기 노트를 토대로 하여 이 추가 텍스트를 작성하였다. 간스는 대체로 각 절마다 〈추가〉를 첨부하였는데, 몇몇 절에는 이 텍스트가 붙어 있지 않다.

§ 182

〈추가〉 시민사회는 가족과 국가 사이에 위치하면서 이것들과 구별되는 차이의 영역이다. 그렇지만 시민사회는 국가보다도 뒤늦게 형성된다. 왜냐하면 가족, 국가와는 별개로 그 사이에 자리하고 있는 시민사회가 존립하기 위해서는 독립된 존재로서의 국가를 전제해야만 하기 때문이다. 어쨌든 시민사회의 창조는 근대 세계에 속하는 것이다. 그리고 이 근대 세계야말로 이념의 모든 규정들에 비로소 그 권리를 인정해주고 있다. 만약 국가가 각기 상이한 인격체들의 통일체로서, 단지 공동성에 기초하는 통일체라는 정도로 이해된다면, 이는 시민사회에 대한 규정이나 다름없는 것이다. 그런데도 근대의 많은 국법학자들은 이것 이외의 다른 어떠한 국가관에도 도달하지 못했다. 시민사회에서는 모두가 제각기 자신에 대해 목적인 것이고, 그 외 일체의 것은 그에게는 아무것도 아니다. 그렇지만 어느 누구도 타인들과 연관되지 않고서는 자신이 목적으로 삼는 바의 범위 전체를 달성할 수 없다. 그리하여 이 타인들은 이 특수한 존재로서의 개인 각자의 목적을 위한 수단인 것이다. 그러나 특수한 목적은 타인들과의 관계를 통해서 스스로에게 보편성의 형식을 마련하고 타인의 복리를 함께 만족시킴으로써 자신을 만족시키게 된다. 특수성은 보편성이라는 조건에 제약되어 있기 때문에 전체가 곧 매개의 지반이 된다. 그리고 이 지반 위에서는 일체의 개별성이나 온갖 소질 그리고 출생과 행운에 따르는 우연성이 저마다 마음껏 펼쳐지며 온갖 정열이 드높은 파도처럼 분출하는데, 이것은 내면에서 비쳐 나오는 이성에 의해서만 조절된다. 보편성에 의해 제한된 특수성만이 척도이며, 이것에 의해 각각의 특수성은 스스로의 복리를 촉진하는 것이다.

§ 184

〈추가〉 여기에서 인륜적인 것은 자신의 양 극단으로 분열되어 상실되어버리고, 가족의 직접적 통일성은 깨어져 다수성으로 나뉘어 있다. 여기에서는 실재성이 개념의 외면성이자 개념의 해체이며, 자유롭게 흩어져 현존하는 계기들의 독립성이다. 시민사회에서 특수성과 보편성은 서로 분리되어 있으면서도 또한 서로 결부된 채 상호 제약하고 있다. 이때 한쪽은 명백히 다른 한쪽에 상반되는 행동을 하는 듯이 보이고 또 그렇게 다른 쪽을 물리침으로써만 스스로가 존재할 수 있을 듯이 여기지만, 이들은 어쩔 수 없이 서로가 서로를 자신의 존립 조건으로 삼고 있다. 그리하여 예컨대 사람들은 대개 조세의 납부에 대해 자기의 특수성을 침해하는 것, 또는 자기의 목적을 저해하는 적대적인 것으로 여기지만, 아무리 그렇게 **보인다고** 해도 목적의 특수성은 보편적인 것을 배제하고서는 충족될 수 없다. 또한 조세를 거두지 않는 나라가 특수성의 강화라는 면에서 특별히 우월하게 되는 그런 경우란 있을 수 없는 것이다. 그런데 **예를 들어** 플라톤의 『국가』에 서술되어 있듯이, 보편성이 특수성의 역량을 완전히 장악하게 되면 보편성이 한층 더 잘 유지될 수 있을 것이라고 생각할지 모르지만, 이것 또한 가상에 지나지 않는다. 왜냐하면 이때 양쪽은 서로가 다른 한쪽에 의해서만 존재하고, 또 다른 한쪽을 위해서만 존재하면서 상호 간에 전화하기 때문이다. 나는 나의 목적을 추구해나가면서 보편적인 것을 촉진하고 있는 것이며, 보편적인 것 역시 그것대로 내 목적의 달성을 촉진하고 있는 것이다.

§ 185

〈추가〉 특수성은 그 자체만으로는 무분별하고 한도가 없는 것이며, 이런 무분별함의 형식 자체에도 한도가 없다. 인간의 욕망은 동물의 본능처럼 폐쇄된 범위의 것이 아니어서, 인간은 자신의 욕망을 표상과 반성을 통하여 확대하고 이를 악무한적으로 펼쳐나간다. 그러나 다른 한편 결핍이나 궁핍에도 마찬가지로 한도가 없다. 결국 이 무분별한 향락과 궁핍으로 겹쳐진 착종 상태는 오직 이를 제어하는 국가에 의해 비로소 조화에 도달할 수 있다. 플라톤은 『국가』에서 특수성을 배제하고자 했는데, 그것은 문제 해결에 아무런 도움도 되지 않았다. 왜냐하면 그런 식의 조치는 특수성을 자유롭게 해방시키는 이념의 무한한 권리와 모순되기 때문이다. 기독교에서는, 특히 주관성의 권리가 대자 존재의 무한성과 마찬가지로 발양되었다. 그러나 이렇게 주관성의 권리가 발양되는 경우 전체성은 동시에 특수성으로 하여금 인륜적 통일성과 조화를 이루게 하는 강력함을 갖추고 있지 않으면 안 된다.

§ 187

〈추가〉 교양인이라고 하면 우선 타인이 하는 일이면 무엇이든 다 할 수 있으면서도 자신의 개인적 특수성은 자랑하지 않는 그런 사람으로 이해될 수 있는데, 이와 반대로 교양이 없는 사람의 경우에는 그의 태도가 대상의 보편적인 성질에 맞추어지지 않은 채로 그의 개인적 특수성이 그대로 나타난다. 이와 마찬가지로 타인과의 관계에서도 교양이 없는 사람은 단지 자기 멋대로 처신할 뿐 상대방의 감정 상태를 돌이켜 생각하지 않기 때문에, 자칫 타인의 마음에 상처를 주기 쉽다. 그가 남에게 상처를 주려고 하는 것은 아니지만, 그의 거동이 그의 의지와는 일치하지 않는 것이다. 이런 점에서 볼 때 교양이란 특수성의 모난 것을 원만하게 만들어, 특수성이 사태의 본성에 알맞게 처신하도록 하는 일이다. 참된 독창성은 사태의 본성을 산출해 내는 것으로서 참된 교양을 요구하지만, 거짓된 독창성은 단지 교양 없는 사람들이나 떠올리는 어리석은 일에 매달리는 것이다.

§ 189

〈추가〉 먹고 마시고 입는 것 등과 같은 일반적인 욕구라는 것이 있는데, 이것들이 어떻게 충족되느냐는 전적으로 우연한 사정에 의해 좌우된다. 토지의 비옥함은 그것이 놓여 있는 곳에 따라 다르고 수확량도 매년 차이가 나며, 또한 근면한 자가 있는가 하면 게으른 자도 있다. 그러나 이렇듯 마구잡이로 나타나는 자의적인 면이 자신으로부터 보편적인 규정들을 만들어내며, 이렇듯 언뜻 보기에 산만하고 사려가 없는 것(Gedankenlose)이 저절로 생겨나는 어떤 필연성에 따라 지탱되고 있는 것이다. 여기서 이 필연적인 것을 발견하는 일이 국가경제학의 목적인데, 이 학문은 온갖 우연성이 쌓여 있는 데서 법칙을 발견해낸다는 점에서 사상에 영예를 안겨주는 학문이다. 여기서는 온갖 연관들이 서로 반응하면서 각기 특수한 영역이 저마다 집단을 이루고 또 다른 영역에 영향을 미치며 또 다른 영역에 의해 촉진되거나 방해를 받기도 하는 등, 흥미로운 광경을 만들어낸다. 이렇듯 얽히고설킨 관계가 모두 개개인의 자의에 맡겨져 있는 듯이 보이기 때문에 우선은 믿어지지 않을 정도이지만, 사실 이 관계는 무엇보다도 주목할 만한 것이고, 태양계와 비슷한 데가 있다. 육안으로 보면 태양계는 언제나 불규칙한 운동을 보여줄 뿐이지만, 그럼에도 불구하고 그것의 모든 법칙은 역시 인식될 수 있는 것이다.

§ 190

〈추가〉 동물은 한정적이고 특수한 존재로, 본능과 이를 만족시킬 수 있는 수단을 갖고 있기는 하지만, 그 수단은 제한되어 있으며 동물은 이것을 넘어설 수 없다. 일정한 식물에 매여 있는 곤충이 있는가 하면, 좀 더 넓은 생활권을 가지고 다양한 기후·풍토에 적응하여 살아갈 수 있는 동물도 있다. 그러나 인간이 영위하는 생활권에 비추어보면 동물에게는 언제나 제한이 나타난다. 인간에게는 주거와 의복에 대한 욕구가 있으며, 음식물을 결코 날것 그대로 두지 않고 적당히 조리함으로써 그것의 자연적 직접성을 파괴하는 필연성이 있다. 이러한 욕구와 필연성으로 인해 인간은 동물처럼 안이한 삶을 영위할 수 없으며 정신적인 안이함에 젖어서도 안 된다. 온갖 구별을 파악하는 오성은 이들 욕구를 다양화하고 또 이런 가운데 취미와 유용성을 평가의 기준으로 삼음으로써, 욕구 그 자체도 또한 취미와 유용성에 사로잡히게 된다. 이리하여 마침내 충족되어야만 하는 것은 더 이상 결핍에서 오는 필요가 아니라 의견이 된다. 그래서 구체적인 것을 그 특수한 측면들로 분할하는 것이야말로 교양과 문화의 일면이 되는 것이다. 욕구의 다양화 속에는 욕망의 억제라는 면도 들어 있다. 왜냐하면 인간이 많은 것들을 사용하게 되면 자신이 필요로 하는 어떤 한 가지 것에 대한 갈망이 그리 강하지 않기 때문이다. 그리고 이것은 궁핍의 정도가 대체로 그다지 심하지는 않다는 하나의 징표이다.

§ 191

〈추가〉 영국인들이 '**쾌적한**(*comfortable*)'이라고 일컫는 것은 실로 그 한계를 지울 수 없는 것으로 무한정 계속 나아가는 그런 것이다. 왜냐하면 아무리 쾌적하고 편리한 것이라고 해도 인간은 다시금 어떤 불편함을 느끼고, 그래서 새로운 어떤 것에 대해 궁리하는 일에는 끝이 없기 때문이다. 따라서 욕구라는 것은 직접 그 무언가를 욕구하는 사람들에 의해 만들어진다기보다는 오히려 그 욕구가 생겨남으로 해서 이득을 얻으려는 사람들에 의해 만들어진다.

§ 192

〈추가〉 내가 타인에게 순응할 수밖에 없다는 데서 보편성의 형식이 생겨난다. 내가 욕구 충족의 수단을 타인에게서 얻고, 그렇기 때문에 타인의 의견을 따를 수밖에 없는 것이다. 그러나 그러면서 동시에 나는 타인을 만족시키기 위한 수단을 만들어내지 않을 수 없게 된다. 따라서 사람들은 서로가 타인에게 도움이 되도록 행동하고 있는 것이고, 타인과의 연관성 속에 있는 것이다. 그런 한에서 모든 특수하고 개별적인 것이 사회적인 것으로 된다. 즉 복장의 방식이나 식사하는 시간에 있어서도 누구나가 따라야 할 일정한 관례라는 것이 있다. 왜냐하면 그런 일에까지 자기 견해를 앞세우려고 하는 것은 그다지 애쓸만한 가치가 없을뿐더러, 오히려 그런 경우에는 다른 사람들처럼 행동하는 것이 가장 현명한 방식이기 때문이다.

§ 195

〈추가〉 **디오게네스**는 몸도 마음도 견유주의에 젖어 있던 인물이었지만, 사실상 아테네적인 사회적 삶의 산물일 뿐이었으며, 그의 사람됨을 결정지은 것은 그가 자신의 생활태도 전반을 걸고 저항한 당시의 중론이었다. 그렇기에 그의 생활태도는 당대 사회와 무관하지 않으며, 어디까지나 사회적 소산이라고 하겠는데, 결국 이것도 그 자체가 사치의 한 가지 반항적 산물이었다. 한쪽에서 사치가 극에 달해 있다면, 다른 한쪽에서는 궁핍과 타락도 마찬가지로 심화되어 있기 마련인데, 이때 견유주의는 세련성에 반대하는 양태로 출현하는 것이다.

§ 196

〈추가〉 가공할 필요가 없는 직접적인 소재는 극히 적다. 공기조차도 따뜻하게 만들어야만 할 때가 있으므로, 여기에도 사람의 노력이 따라야만 한다. 아마도 물만은 있는 그대로의 상태로 마실 수 있을 것이다. 결국 인간의 땀과 인간의 노동이 인간에게 욕구 충족을 위한 수단을 얻게 해주는 것이다.

§ 197

〈추가〉 미개인은 게으르고 흐리멍덩하게 별 생각 없이 소일한다는 점에서 문명인과 구별된다. 왜냐하면 문명인이 갖는 실천적 교양이란 바로 일하는 습성과 일에 대한 욕구에서 드러나기 때문이다. 미숙한 사람은 자기 자신의 행동을 제어할 수 없어서 언제나 자기가 의도한 것과는 다른 어떤 것을 만들어내게 된다. 이에 반하여 숙련공이라고 할 만한 노동자는 마땅히 요구되는 물건을 만들어내며, 그에게는 목적을 위한 자신의 주체적 행동에 있어서 뜻대로 되지 않는 일이란 생기지 않는다.

§ 201

〈추가〉 보편적 자산의 배분에 참여하는 방식은 각 개인의 특수성에 의거하지만, 이 경우 시민사회의 특수성에 따른 분화에서 일반적인 차이가 비롯하는 것은 필연적이다. 국가의 제1의 토대가 가족이라고 한다면 계층은 제2의 토대이다. 이 제2의 토대가 그토록 중요한 이유는 사인(私人)들이 이기적이면서도 타인의 일을 돌아보지 않을 수 없는 필연성을 가지고 있기 때문이다. 바로 여기에 이기심이 보편자로서의 국가와 결부되는 근거가 있으며, 이런 연관성을 한층 더 견실하고도 공고하게 만드는 일이야말로 국가가 배려해야만 할 사항이다.

§ 203

〈추가〉 오늘날의 농업 경영은 공장에서와 마찬가지로 반성적인 방법으로 이루어짐으로써 이제 농업은 자연성과는 배치되는 제2계층의 성격을 띠게 되었다. 그렇지만 제1계층은 더더욱 가부장적인 생활양식과 여기에 따르는 실체적인 성향을 버리지 못할 것이다. 이 제1계층에 속하는 사람들은 주어진 것을 그대로 직감적으로 받아들이며, 이를 신에게 감사드리고 이러한 은혜가 언제까지나 계속될 것이라는 경건한 신뢰를 가지고 살아간다. 이들에게는 주어지는 것만으로도 충분한 것이다. 이들은 그것을 다 사용해버리는데, 왜냐하면 이렇게 그가 사용해버린 것은 또다시 그에게로 되돌아오기 때문이다. 이는 부의 획득을 노리지 않는 단순한 심성으로서, 오히려 있는 것이면 모조리 탕진해버리는 **고대 귀족의** 심성이라고도 부를 수 있겠다. 이 계층에서는 자연이 중심 역할을 하므로, 이에 비하면 그 자신의 근면성은 부차적인 것이다. 그러나 제2계층에서는 다름 아닌 오성이 본질적인 역할을 하고 자연의 산물은 한낱 재료로 간주될 수 있을 뿐이다.

§ 204

〈추가〉 상공업 계층에 속하는 개인은 자신에게 의지하는데, 이런 자부심은 정당한 법적 상태에 대한 요구와 극히 밀접하게 연관되어 있다. 따라서 자유와 질서에 대한 감각은 주로 도시에서 싹텄던 것이다. 이에 반하여 제1계층은 거의 스스로 생각할 필요가 없다. 왜냐하면 이 계층에 속한 사람이 손에 넣는 것은 자연이라는 타자의 선물이기 때문이다. 이 계층에서는 자연에 대한 종속감이 일차적인 것이며, 바로 이 감정과 결부되기 쉬운 것이 인간에 대한 종속감인데, 이는 그 무엇이건 되어가는 대로 이를 용납하는 경향에서 드러난다. 따라서 제1계층이 좀 더 굴종적인 경향을 띠는 반면에, 제2계층은 자유에

의 경향을 좀 더 많이 가진다.

§ 207

〈추가〉 인간이 **상당한 정도의 인물**이어야만 한다는 것은—우리가 이해하는 바로는—그가 특정한 계층에 속해야만 한다는 것을 의미한다. 왜냐하면 이 상당한 정도의 인물이라는 것은 곧 그가 어떠한 실체적 존재인가를 말하는 것이 되기 때문이다. 계층에 속하지 않는 인간은 한낱 사적인 인격으로서 현실적인 보편성 속에 자리 잡고 있지는 않다. 또 다른 면에서 볼 때, 개인은 스스로 특수성을 띠면서도 마치 그 자신이 보편적 존재인 양 여김으로써, 그가 어떤 하나의 계층에 편입된다는 것에 대해 자기가 보다 저급한 상태로 빠져든다고 생각할 수 있다. 이는 마치 어떤 것이 그것에 필요한 현존재를 얻게 되면, 이로 인해 스스로를 제한하고 포기하는 게 되어버린다고 여기는 그릇된 생각이다.

§ 209

〈추가〉 법이 특수성의 보호를 위하여 외적으로 필요해지는 것은 어떤 면에서 보면 개인적 특수성의 체계에 의해서이다. 법은 물론 개념에서 생겨나긴 하지만, 그것이 현실로 구현되는 것은 역시 그것이 욕구를 위해 유용하기 때문이다. 법에 관한 사상을 갖기 위해서는 누구나 사유 활동을 할 수 있을 만큼 도야되어 있어야만 하고, 더 이상 한낱 감각적인 것에 머물러 있어서는 안 된다. 즉 온갖 대상에 보편성의 형식을 맞추어야 하고, 의지에 있어서도 역시 보편적인 것에 근거해야만 한다. 인간이 다양한 필요와 욕구를 새로이 만들어내기에 이르고 그것들을 획득하려는 시도가 충족되는 과정에서 착종 상태를 빚게 될 때, 비로소 법률이 형성되기에 이른다.

§ 211

〈추가〉 태양과 유성도 역시 저마다의 법칙을 갖고는 있지만, 그 법칙을 알지는 못한다. 미개인은 충동, 습속 또는 감성에 시배되지만 이에 대해 의식하고 있지는 않다. 법이 정립되고 인식됨으로써 감정이나 개인적 의견과 같은 일체의 우연적인 것은 복수, 동정, 이기심 같은 형식과 함께 자취를 감추며, 이렇게 해서 비로소 법은 법의 참된 규정성에 도달하여 그것의 영예를 얻게 된다. 법은 사안을 명확히 파악하는 훈련과 도야의 과정에 의해서 비로소 보편성의 능력을 발휘하게 된다. 법률을 적용하는 데는 갖가지 충돌이 따르게 되고 여기서 재판관의 오성적 판단력이 발휘되는 것이지만, 그런 충돌이란 필연적인 일이다. 왜냐하면 그렇지 않을 경우 법률의 집행은 전적으로 기계적인 것이 될 것이기 때문이다. 만약 누가 재판관의 자유재량에 많은 것을 맡기는 식으로 충돌을 없앨 수 있다고 생각한다면, 그러한 도피책은 훨씬 졸렬한 것이 될 뿐이다. 왜냐하면 충돌이라는 것은 역시 사상이나 사유하는 의식 및 이 의식의 변증법에 속하는 것인 반면에, 재판관의 단순한 판결은 자의에 불과할 것이기 때문이다. 사람들은 대개 관습법을 찬성하는 이유로 생동감이 있다는 점을 들곤 한다. 그러나 이 생동적이라는 것, 즉 규정과 주체의 동일성은 아직은 사태의 본질을 이루는 것이 아니다. 법은 사유를 통해 인식되어야만 하고 그 자체가 하나의 체계여야 하며, 오직 이러한 체계로서만 법은 문명화된 국민에게서 효력을 지닐 수 있다. 최근에 누가 민족에게 입법에 대한 사명 같은 것은 없다는 말을 한 적이 있는데, 이는 단지 모욕일 뿐 아니라, 이 말 속에는 어리석기 짝이 없는 생각이 들어 있다. 즉 이는 수없이 많은 법률이 현존하는 상황에서 개개인에게 이들을 일관된 논리로 체계화하는 능력이 있다는 것은 도대체 믿을 수 없다는 말인 것이다. 그러나 체계화하는 것, 즉 보편성의 단계로 고양하는 것이야말로 시대의 무한한 갈망이다. 이와 마찬가지로 『로마법 대전』에 수록된 것과 같은 온갖 판결문의 모음집 쪽이 가장 일반적인 의미에서 완성된 법전보다 더 우월한 것으로 여겨진 적도 있는데, 그 이유는 이들 판결문 속에 지금도 놓칠 수 없는 어떤 유의 특수성과 역사적인 회고가 그대로 담겨 있기 때문이라는 것이다. 그런데 그러한 모음집이 얼마나 잘못된 것인가는 영국법의 실제가 충분히 보여주고 있는 바이다.

§ 213

〈추가〉 결혼, 사랑, 종교, 국가와 같은 좀 더 고차적인 관계에서는 그 본성상 외형적 성격을 갖출 수 있는 면만이 입법 대상이 될 수 있다. 그런데 이 경우 서로 다른 민족 사이에는 입법에 있어 큰 차이가 나타난다. 예컨대 중국인의 경우, 남편은 그가 거느리는 다른 아내들보다도 조강지처를 더 사랑해야 한다는 것이 국법으로 정해져 있다. 만약 이것을 거역한 사실이 입증되면 그는 태형에 처해진다. 이와 마찬가지로 고대의 입법에서도 성실과 정직에 관한 여러 가지 훈령이 발견되는데, 사실 정직과 성실이라는 것은 전적으로 내면적인 성질의 것이므로 그러한 훈령은 법률의 본성에는 적합하지 않다. 다만 문제가 양심의 재량에 맡겨질 수밖에 없는 서약의 경우에서만은 정직과 성실이 실체적인 것으로서 고려되어야만 한다.

§ 214

〈추가〉 법률과 사법 활동에는 본질적으로 우연성을 포함하는 면이 있는데, 그것은 법률이 개개의 사건에 적용되어야만 하는 일반적인 규정이기 때문이다. 만약 이런 우연성을 거부하고자 한다면 이는 추상론을 말하고 있는 것이라고 해야만 할 것이다. 이를테면 형벌의 양이라는 것은 어떤 개념 규정에도 적합할 수 없는 것으로, 결국 어떤 판정이 내려지면 그것은 이러한 개념 규정의 측면에서 볼 때 어쩔 수 없이 자의적인 것이다. 그런데 이러한 우연성은 그 자체가 필연적이기도 하다. 만약 누가 이 우연성을 이유로 하여 법전이 불완전하다고 하면서 법전 전반을 반박하고 나선다면, 실은 그 사람은 법전이라는 것이 도대체 완전해질 수 없는 면이 있음을, 따라서 있는 그대로를 받아들일 수밖에 없는 면이 있음을 간과하고 있는 것이다.

§ 215

〈추가〉 법률에 관한 특수한 지식을 소유하고 있는 법률가 계층은 흔히 이것을 그들만의 독점물로 간주하며, 전문적인 종사자가 아니고는 함께 이야기할 사안이 아니라고 한다. 마찬가지로 물리학자들도 괴테가 전문가가 아닌 시인이었다는 이유로 그의 『색채론』을 못마땅하게 여겼다. 그러나 그 누구도 자기에게 신발이 맞는지 아닌지를 알기 위해 스스로 직접 제화공이 되어야 할 필요가 없듯이, 사회 일반의 관심거리가 되는 문제에 관한 지식을 얻기 위해 그 분야의 전문가가 되어야 할 필요는 결코 없는 것이다. 법이란 자유에, 즉 바로 우리

인간에게 가장 존귀하고 신성한 것에 본질적으로 관계하는 것으로서, 더욱이 그것이 인간에게 구속력을 발휘하는 것이어야 하는 한, 인간이면 당연히 그것을 알아야만 한다.

§ 216

〈추가〉 완전무결성이란 어떤 영역에 속한 일체의 개별적인 것이 완전히 집적되어 있음을 뜻하는데, 이런 의미에서라면 어떠한 학문도 그리고 지식도 완전무결할 수 없다. 그런데 만약 누가 철학이나 그밖에 어떤 학문을 두고 완전무결하지 않다고 한다면, 여기서 그가 생각하는 것은 분명히—최선의 것이 언젠가는 발견될 수도 있을 것이라는 이유로—그것이 완전한 것이 될 때까지 우리가 기다리지 않으면 안 된다고 하는 것이다. 그러나 이런 태도로는 그 어떤 것도 진전될 수 없을 것이며, 기하학이나 철학의 경우도 모두 마찬가지이다. 기하학은 벌써 완결된 체계처럼 보이지만 거기에는 여전히 새로운 규정이 생겨날 수 있고, 보편적인 이념을 다루는 철학의 경우도 역시 더욱더 세부적으로 분화될 수 있을 것이기 때문이다. 종래에는 십계명이 언제나 보편적인 법칙으로 여겨져 왔다. 그런데 이제 만약 법전이 완전무결하지 않다는 이유에서 "너는 살인을 해서는 안 된다"라는 법칙을 내놓지 않는다면 이는 이치에 맞지 않는 것이다. 어떠한 법전이라도 앞으로 더 개선될 여지는 있지 않겠는가라고 한가로이 아무것도 안 하면서 반성적 사유에나 매달려 있는 사람이라면 그런 주장을 할 수도 있을 것이다. 왜냐하면 더없이 훌륭하고 위대하며 또 아무리 아름다운 것일지라도 그것을 더욱 훌륭하고 더욱 위대하고 더욱 아름답게 생각해볼 수 있기 때문이다. 그러나 오래된 거목이 시간이 흐르면서 더욱더 가지를 뻗어나간다고 해도 거기에서 새로운 나무가 생겨나는 것은 아니다. 그런데도 새 나뭇가지가 자라나올지 모른다고 하여 아예 나무를 심지 않으려 한다는 것은 어리석은 일이 아니겠는가.

§ 217

〈추가〉 법률이란 법이 본래 그러했던 바의 모습으로서 정립된 것이다. 나는 무언인가를 점유하고 있고 어떤 소유물을 갖고 있는데, 이것은 내가 주인 없는 것으로 보고 획득한 것이다. 이제 이것은 내 것으로 인정되고 또 정립되지 않으면 안 된다. 이런 까닭에 사회에서는 소유와 관련된 **형식적 절차**가 필요해지는 것이다. 사람들은 타인에게서 인정받기 위한 표지로 경계석을 세우고 저당등기부나 재산목록을 비치해두기도 한다. 시민사회에서는 거의 모든 소유물이 형식상 그 절차가 확고히 규정된 계약에 기초해 있다. 그런데 사람들은 그러한 형식적 절차에 구애받기를 꺼려하면서, 그것이 단지 관할기관에 돈을 내기 위해서 있을 뿐이라고 여긴다. 심지어 사람들은 남자는 두 말을 하지 않는다는 격언이 더 이상 제구실을 하지 못하는 것이 아닌가라는 생각에서 형식적 절차를 어딘지 모르게 모욕적이고 불신을 나타내는 것으로 간주하곤 한다. 그러나 형식의 본질적인 의미는 본래 법 그 자체인 것을 사실 그대로 정립해두고자 하는 데 있다. 내 의지는 이성적인 의지이고 그대로 타당한 것이다. 그리고 이 타당성은 타인에 의해 인정되지 않으면 안 된다. 따라서 여기서는 내 주관성과 타인의 주관성 모두가 배제되고, 의지가 확실성과 부동성 그리고 객관성을 획득해야 한다. 그리고 의지는 이것들을 오직 형식을 통해서만 얻을 수 있다.

§ 218

〈추가〉 사회 안에서 저질러진 범죄가 막중하다고 여겨지는데도 그에 대한 형벌이 비교적 가볍다는 사태는 일종의 모순인 것으로 보인다. 그런데 범죄를 아예 처벌하지 않고 내버려 둔다면 그 뒤로는 벌을 내리지 않는 것이 법으로 정립될 것이므로, 이는 한편으로 사회의 존립을 위해서 있어서는 안 되는 일이 될 것이다. 그러나 사회가 스스로에 대해 자신을 가지고 있다면 범죄란 뭐니 뭐니 해도 반사회적 개별사건에 불과하며 고립적인 예외에 속하는 것이다. 사회 자체가 견고한 상태에 있음으로써, 범죄에는 분별 있는 의지에 의해서가 아니라 자연적 충동에서 유발된 것이라는, 한낱 주관적인 것으로서의 지위가 주어진다. 이러한 견해로 인해 범죄는 비교적 가볍게 자리매김되면서, 이에 따라 형벌도 한층 경감되게 마련이다. 만약 사회가 아직 불안한 상태로 흔들리고 있다면, 이럴 경우에는 형벌로써 그에 대응하는 본보기를 삼아야만 한다. 즉 형벌은 그 자체가 범죄의 실례에 맞서는 본보기이기 때문이다. 그러나 그 내부가 견고한 사회에 있어서는 범죄가 법으로서 정립된다고 하는 정도가 대단히 약하므로, 이렇듯 법으로 정립된 것을 폐기하는 형벌 또한 이런 약한 정도에 맞추어 정해지지 않으면 안 된다. 그렇기에 가혹한 형벌이라는 것도 그것 자체만으로 보면 부당한 것이 아니고, 그때그때 시대상황과 관련해서 가혹한 것이 된다. 결국 형법 법전은 모든 시대에 통용될 수 있는 것은 아니며, 또한 범죄는 정도의 차이는 있을지라도 기각될 수도 있는 가상적인 것이다.

§ 221

〈추가〉 개인은 누구나 법정에 설 권리를 갖고 있으므로, 당연히 법률도 알고 있어야 한다. 그렇지 않다면 이러한 권한이 그에게 아무런 도움도 줄 수 없을 것이기 때문이다. 그러나 개인은 또한 법정에 출두할 의무도 가지고 있다. 봉건제도에서 세도가는 흔히 출두하지 않고 재판정에 도전하면서 자기를 소환하는 것을 두고 재판성이 불법을 저지르고 있다고 반박하였다. 그러나 이는 재판이 마땅히 가져야 할 위상에 모순되는 상태이다. 근대에 와서는 영주라 해도 사법(私法)에 관한 건에서는 스스로 재판에 응할 수밖에 없고, 또한 공화국의 경우에는 흔히 영주의 소송이 패소로 끝나곤 한다.

§ 222

〈추가〉 인간은 자기가 지니는 권리가 입증 불가능한 것이라 해서 부인되는 것을 알면 분개할 것이다. 그러나 내가 가진 권리는 동시에 법률로 정립된 것이 아니면 안 된다. 즉 나는 내 권리를 제시하고 증명할 수 있어야만 하는 것이다. 즉자적으로 존재하는 것은 또한 그것이 오직 정립됨으로써만 사회 내에서 타당할 수 있다.

§ 224

〈추가〉 올바른 상식으로 보면 사법 활동의 공개는 지극히 정당하고 마땅한 것이다. 그러나 이러한 공개를 반대하는 데 큰 몫을 한 것은 항상 재판권을 좌지우지해온 군주들의 이른바 고귀함이었다. 그들은 어디에도 모습은 드러내지 않은 채 스스로를 법의 수호자로 자처하면서 범인(凡人)은 법에 끼어들어서는 안 된다고 했던 것이다. 그렇지만 법에서 무엇보다 필요한 것은 시민이 법에 대해서 갖는 신뢰에 있으므로, 바로 이러한 측면에서 재판의 공개가 요구되는 것이다. 공개를 요구할 권리의 근거를 이루는 것은 재판의 목적이 법과 권리라는 데 있고, 법과 권리는 보편성을 띤 **것으로서** 당연히 보편성인 공중 **앞에** 드러나야만 한다는 데 있으며, 나아가서는 재판이 공개됨으로써 실제로 재판이 올바르게 이루어지고 있다는 데 대한 확신을 시민들에게 심어준다는 데 있다.

§ 227

〈추가〉 법률가로서의 재판관만이 범죄 사실을 확정지을 수 있다고 생각해야 할 이유는 전혀 없다. 그런 확정을 하는 데는 일반적인 교양으로도 충분하며, 단지 법률적인 교양에만 해당하는 일은 아니기 때문이다. 범죄 사실의 평가는 경험적인 사정, 행위에 관한 증언, 그리고 이와 유사한 종류의 목격담을 근거로 하지만, 그러고 나서는 다시금 행위를 추론할 수 있게 하고 행위의 개연성 여부를 가릴 수 있게 해주는 사실을 근거로 해서 이루어진다. 이 경우에 그 어떤 확신에 도달해야 하긴 하겠지만, 이렇게 획득된 것은 무언가 참으로 영원한 고차적인 의미의 진리는 아니다. 결국 여기서 확신이라는 것은 주관적인 신념이고 양심이지만, 문제가 되는 것은 이 확신이 재판정에서 어떤 형식을 취해야만 하는가이다. 독일 법에서는 보통 범죄자 쪽의 자백이 요구되곤 하는데, 여기에는 범죄자 쪽에서 볼 때 주체적인 자기의식의 권리가 그것에 의하여 충족된다는 진리가 포함되어 있다. 왜냐하면 재판관이 선언하는 것은 의식 속에서 범죄자와 차이가 있어서는 안 되고, 일단 범죄자가 자백하고 나야 비로소 판결 속에는 범죄자의 뜻에 반하는 어떤 이질적인 것도 담겨 있지 않게 되기 때문이다. 그러나 여기에는 범죄자가 사실을 부인할 수 있고 이 때문에 정의라는 관심사가 위해를 입을 수도 있다는 곤란함이 따른다. 그러나 그렇다고 해서 다시금 재판관의 주관적 신념이 관철되어야만 한다면 인간은 더 이상 자유인으로는 취급되지 않은 채 또다시 가혹한 일이 벌어질 수 있게 된다. 그리하여 양극단을 매개하는 방식은 유죄냐 무죄냐의 판결이 범죄자의 마음 깊은 곳에 있는 것을 언표한 것이어야만 한다는 요구가 등장하는데, 이것이 곧 **배심재판**이다.

§ 229

〈추가〉 시민사회에서 보편성은 단지 필연성일 뿐이며, 욕구와의 관계에서 보면 권리 그 자체만이 견고할 뿐이다. 그러나 이 권리는 단지 제한된 범위에 있는 것으로서 내가 소유하는 것에 대한 보호에만 관련된다. 이렇게 되면 권리 자체에 대하여 복지는 외면적인 것이 된다. 그러나 실은 이 복지야말로 욕구의 체계에서는 하나의 본질적인 규정이다. 그리하여 처음에는 권리인 것으로서의 보편성이 특수성의 전체 영역으로까지 확장되지 않으면 안 된다. 확실히 정의는 시민사회에서 하나의 위대한 것이다. 좋은 법률은 국가를 번영하게 할 것이며 자유로운 소유는 국가에 영광을 가져오는 근본조건이다. 그러나 개인으로서 나는 전적으로 특수성에 연루되어 있는 존재이기에, 나는 이 연관 속에서 나의 특수한 복지 또한 증진되도록 요구할 권리를 가지고 있다. 즉 나의 복지, 나의 특수성이 고려되어야 하는데, 이를 실행하는 것이 복지행정과 직업단체이다.

§ 234

〈추가〉 여기에서는 확고한 규정을 내릴 수도, 절대적인 경계를 그을 수도 없다. 여기선 일체의 개인적이며 주관적인 의견이 끼어든다. 그리하여 체제의 정신, 시대가 직면한 위험이 보다 구체적인 사정을 전달해주어야 한다. 예컨대 평소에는 해롭지 않은 것도 전시에는 유해한 것으로 간주되는 식이다. 이와 같은 우연성이나 자의적인 개인성이 작용하는 면이 있기 때문에 복지행정은 뭔가 달갑지 않은 면모를 갖는다. 복지행정은 반성적 사유가 크게 발달한 경우에는 가능하면 무엇이든 자기 소관으로 끌어들이려는 쪽으로 기울어질 수 있다. 왜냐하면, 어떠한 것 속에서도 무언가 다른 것에 대해서 해로울 수 있는 그런 관계가 발견될 수 있기 때문이다. 복지행정이 사소한 것까지 지나치게 따지면서 개인의 일상생활을 방해하게 되는 까닭이 바로 여기에 있다. 그러나 이것이 아무리 못마땅한 상태를 초래한다 해도 여기에서는 객관적인 경계선을 그을 수 없는 것이다.

§ 236

〈추가〉 복지행정적인 감독과 사전의 대비가 목적으로 삼는 것은 개인을 바로 각자의 개인적인 목적의 달성을 위해 존재하는 일반적인 가능성과 매개되도록 하는 것이다. 복지행정은 가로등의 설치, 교량의 건설, 일용품의 가격 지정과 위생에 대해 배려해야만 한다. 그런데 이 점에 대해서는 다음과 같은 두 가지 주요한 두 견해가 있다. 그 하나는 행정 당국에 일체의 감독권이 주어져야 한다는 것이고, 다른 하나는 사람은 누구나 타인의 욕구에 순응하게 되어 있으므로 복지행정이 어떤 것도 규정하려고 해서는 안 된다는 것이다. 물론 개인은 누구나 자기 나름의 방식으로 일하고 빵을 얻을 권리를 가져야겠지만, 다른 한편 사회 구성원으로서의 공중에게도 필요한 것이 적절한 방법에 따라 제공되도록 요구할 권리가 있는 것이다. 결국 이 두 측면은 모두 다 충족되어야 하며, 영업의 자유는 결코 공공선을 위태롭게 하는 그런 성질의 것이어서는 안 된다.

§ 238

〈추가〉 물론 가족은 구성원 모두의 빵 문제를 해결하기 위해 힘써야 하지만, 가족은 시민사회에서는 하위에 놓이는 것이므로 다만 그 일을 위한 토대를 놓을 뿐이다. 가족의 힘이 미치는 범위는 이미 그다지 넓지 않다. 오히려 시민사회야말로 거대한 위력으로서, 인간을 자기 쪽으로 끌어당겨서 그로 하여금 시민사회를 위하여 일하게 하고, 모든 것이 시민사회를 통해서 있게 함으로써, 무엇이건 간에 시민사회를 매개로 해서만 행해지도록 사람들에게 요구한다. 이렇듯 인간이 시민사회의 일원일 수밖에 없다고 한다면, 그는 가족 내에서 누렸던 것과 같은 권리와 요구를 시민사회를 향해서도 갖게 된다. 그리하여 시민사회는 그의 성원을 보호하고 성원의 권리를 옹호해야만 하는데, 이와 마찬가지로 개인도 역시 시민사회가 갖는 권리에 대하여 의무를 떠안게 된다.

§ 239

〈추가〉 부모의 권리와 시민사회의 권리 사이에 경계를 긋는 일은 이 경우에 매우 어려운 것이다. 흔히 부모는 교육과 관련해 완전한 자유를 갖는다고 믿고 있으며, 그들이 원하는 것이면 무엇이든 할 수 있다는 생각을 갖고 있다. 교육이 공공성을 지니는 것임에도 불구하고, 주로 부모 쪽에서 공교육에 대한 반대의 목소리가 터져 나오곤 하는데, 자기들 마음에 들지 않는다고 해서 교사나 교육기관을 비난하고 외쳐대는 것이 바로 부모들이다. 그럼에도 불구하고 사회는 이런 경우 충분히 검증된 소견에 따라 조치를 취하고 부모로 하여금 자녀들을 취학시키거나 이들에게 종두를 맞히게 하는 등, 부모들을 강제할 권리를 갖고 있다. 자유로운 교육의 요구, 즉 교육은 부모의 임의에 맡겨야 한다는 요구와 국가의 감독을 받아야 한다는 요구 사이에서 지속되는 프랑스에서의 분쟁은 바로 이 문제와 관련된 것이다.

§ 240

〈추가〉 아테네에서 모든 시민은 자기 생계를 어떻게 꾸려나가는지에 대해 신고하도록 법률로 정해져 있었는데, 오늘날에는 무엇으로 생계의 수단을 삼든 타인이 전혀 관여할 일이 아니라는 것이 사람들의 일반적인 생각이다. 그러나 확실히 어떠한 개인도 한편으로는 자기만의 독자적 존재이지만, 다른 한편으로는 또한 시민사회라는 체계의 한 구성원이다. 따라서 개인들 각자가 시민사회에 대해 생계의 보장을 요구할 권리를 갖는 한, 시민사회로서는 그들을 그들 자신으로부터도 보호하지 않으면 안 된다. 이 경우 단지 기아만이 문제가 되는 것이 아니며, 좀 더 포괄적인 시각은 단 한 명의 천민도 생겨나서는 안 된다는 것이다. 시민사회는 개인들을 부양해야 할 책임을 지고 있으므로, 그들을 편달하고 생계 수단을 강구하도록 하는 권리도 또한 갖고 있다.

§ 244

〈추가〉 최저 생계 수준인 천민의 생계 규모는 저절로 정해지게 마련이지만, 최저한도라는 것은 각 민족에 따라 큰 차이가 있다. 영국에서는 극빈자라도 자신의 권리는 가진 것으로 믿고 있지만, 이는 다른 나라의 빈민이 그들 나름대로 만족을 느끼고 있는 것과는 사뭇 차이가 있다. 빈곤 그 자체가 사람을 천민으로 만들지는 않는다. 천민은 빈곤에 결부된 마음가짐에 의해, 즉 부자와 사회 또는 정부 등에 대한 내면으로부터의 분노에 의해 비로소 그렇게 규정된다. 게다가 이런 마음가짐을 갖게 되면 인간은 우연에만 의존하게 되고 경박해지며 노동을 기피하게 되는데, 이를테면 나폴리의 걸인들이 그런 경우이다. 이렇게 되면 천민에게는 자신의 노동을 통하여 스스로 생계를 꾸려나간다는 데 대한 긍지는 없이, 생계의 방편을 마련해주는 것을 자신의 권리인 양 요구하는 악폐가 발생한다. 어떤 인간도 자연에 대해서는 권리를 주장할 수 없지만, 일정한 사회의 상태에서 빈곤은 곧바로 어떤 계급인가에 가해지는 불법의 형식을 띤다. 어떻게 해야 빈곤을 퇴치할 수 있을 것인가 하는 이 중대한 문제야말로 특히 근대사회를 흔들어 놓으며 괴롭히고 있는 문제이다.

§ 248

〈추가〉 시민사회는 식민지 건설로 내몰리게 된다. 인구의 증가만으로도 벌써 그런 결과를 빚는 방향으로 나아가게 되는데, 특히 생산이 소비의 수요를 초과하면서 자신의 욕구를 자신의 노동으로는 충족시킬 수 없는 사람들이 다수 생겨남에 따라 식민지 건설이 촉진된다. 산발적인 식민 활동은 특히 독일의 경우에서 생기고 있다. 독일의 이민자들은 미국이나 러시아로 이주하여 자기 조국과는 아무런 연락도 취하지 않기에, 그들은 조국에 아무런 이익도 가져오지 않는다. 이런 첫 번째 식민방법과는 전혀 다른 두 번째 경우가 조직적인 식민지 건설이다. 여기서는 국가의 주도 아래 의식적으로 적절한 방법의 통제가 가해진다. 이러한 종류의 식민지 건설은 고대인, 특히 그리스인에게서 종종 행해졌었는데, 그들에게서 고된 노동은 시민이 관여할 바가 아니었으며, 그보다도 시민은 공적인 일에 종사하게 되어 있었다. 따라서 인구가 증가하여 이들을 부양해야 할 급박한 사태가 야기될 정도가 되면 청년들은 특별히 선발되거나 아니면 닥치는 대로 새로운 토지로 송출되었다. 근대에 이르러 식민지에는 모국의 주민에게 허용되는 것과 같은 권리가 인정되지 않았다. 이것의 결과 영국이나 스페인의 식민지 역사가 보여주듯이 전쟁을 치르고 나서야 비로소 식민지의 해방이 이룩될 수 있었다. 식민지의 해방은 그것 자체로 본국에 대한 최대 이익인 것으로 증명되는데, 이는 노예의 해방이 주인에 대해 최대의 이익이라는 점이 증명되는 것과 마찬가지이다.

§ 255

〈추가〉 근대에 이르러 직업단체가 폐지되었는데, 이것은 개개인이 자기 일을 자기 스스로 챙겨야 한다는 점에서 의미가 있기는 하다. 물론 이 점을 수긍할 수도 있지만, 직업단체가 있다고 해서 자기 생업을 스스로 챙겨야만 하는 개개인의 책무가 변하는 것은 아니다. 우리들이 살고 있는 오늘날의 국가에서 시민은 국가의 보편적인 업무에 단지 제한적으로 관여할 뿐이다. 그러나 인륜적인 인간에게는 그의 사적인 목적 추구 이외에 보편적인 활동에 참여할 기회를 부여하는 것이 반드시 필요하다. 오늘날의 국가가 그에게 언제나 제공해주지만은 않는 이 보편적인 것을 그는 바로 직업단체에서 발견한다. 앞에서 보았듯이 시민사회에서 개인은 자기 일에 힘을 기울이면서도 또한 타인을 위해서도 행동한다. 그러나 이렇듯 무의식적인 필연성만으로는 충분하지 않다. 이러한 필연성은 직업단체에서야 비로소 인식되는 인륜성이자 사유하는 인륜성이 된다. 물론 직업단체에 대해서는 국가에 의한 위로부터의 감독이 있어야만 한다. 그러지 않을 경우 직업단체는 고루하게 자기 안으로 움츠러들어서 보잘것없는 중세의 길드로 전락해버릴 것이기 때문이다. 그러나 본래 그 자체로 보면 직업단체는 결코 폐쇄적인 동업 조합이 아니다. 그것은 오히려 제각각 흩어져 있는 영업 활동을 인륜적인 것으로 만드는 기구이며, 이런 활동을 협동체적 조합으로 끌어올려 강력함과 긍지를 획득하도록 만드는 것이다.

부록 2

보론 1.
헤겔 철학에서 국가와 시민사회의 목적에 관하여

보론 2.
자유주의에 대한 헤겔의 비판에 관하여

헤겔 철학에서 국가와 시민사회의 목적에 관하여

■ 보론 1

1. 들어가는 말

헤겔의 실천철학에서 국가론은 그것의 요체를 이루는 것이자 헤겔 객관정신철학의 종착점이라고 할 수 있다.[1] 그렇기에 헤겔의 국가론에 대한 올바른 이해는 그의 실천철학이 갖는 현대적 의의를 짚어보고 평가하는 데 반드시 요청되는 과제일 것이다. 헤겔 사후 한 세기가 넘게 지나는 동안 그의 국가론에 대해서 거의 극단적으로 대립되

1 주지하다시피 헤겔은 그의 『철학대계』에서 정신철학을 주관정신, 객관정신, 절대정신의 철학으로 구분하는데, 객관정신철학의 주제는 "자유로운 의지의 현존재"로서의 "법"이다. 그리고 이러한 의미에서의 법은 "자유의 **모든** 규정들의 현존재"를 의미한다. 헤겔의 『법철학』 역시 바로 이런 의미에서의 법을 주제로 삼으며, 사실상 그의 『철학대계』 속에서의 객관정신철학과 그 주제 및 범위의 면에서 동일하다. 그러나 『법철학』은 객관정신철학보다 훨씬 풍부한 내용을 다루고 있으며, 헤겔의 입장을 보다 상세히 드러내고 있다. 『법철학』은 「추상법」, 「도덕성」, 「인륜성」이라는 삼분구조로 구성되어 있으며 제3부인 「인륜성」의 귀결부이자 세 번째 장이 「국가」이다. Enz. III, § 486. 헤겔은 『법철학』에서 "법체계(Rechtssystem)"를 "실현된 자유의 왕국"이자 "정신이 자신으로부터 산출해낸 정신의 세계"로 지칭함으로써 객관정신의 철학으로서의 법철학이 갖는 의미를 제시한다. GPR, § 4.

는 해석들이 출현했는데, 헤겔의 국가론은 그의 실천철학 일반과 더불어 프랑스 혁명의 이념에 충실했다는 해석이 있는가 하면,[2] 잘 알려져 있다시피 당시 프로이센의 복고정치를 옹호하고 국가를 신성화한 국가주의라고 폄하하는 해석 및 평가도 있어 왔다.[3] 필자는 이 논문에서 이러한 해석과 평가들의 한쪽을 지지하거나 또는 이것들을 자세히 고찰하는 대신, 헤겔의 국가론이 갖는 특징적인 점에 집중하여 그의 이론이 갖는 현대적인 시사점들을 드러내고자 한다. 여기서 특징적인 점이란 국가의 목적과 관련된 것으로서, 필자는 이 논문에서 국가의 목적에 대한 헤겔의 주장을 논의의 중점으로 삼아 그의 국가론에 접근할 것이다.

그런데 헤겔의 국가론은 그의 시민사회론과의 연관 속에서만 보다 잘 이해될 수 있다. 왜냐하면 그의 국가론의 한 핵심적인 측면이 그가 시민사회(bürgerliche Gesellschaft)와 국가(Staat)를 목적과 관련하여 원리적으로 상이한 것으로 분리시켜 취급한다는 데 있기 때문이다.[4]

---

2 이에 대해서는 다음의 책을 참조하되 특히 2장을 참조하시오. J. Ritter, *Hegel und französische Revolution*, Frankfurt a. M., Suhrkamp, 1965.

3 이러한 해석과 평가 및 이에 대한 비판적 논의를 담은 연구로는 다음을 참조하시오. W, Kaufmann(ed.), *Debating the Political Philosophy of Hegel*, New Brunswick, Transaction Publishers, 2010; J. Stewart(ed.), *The Hegel Myths and Legends*, Evanston, Northwestern University Press, 1996.

4 헤겔의 이러한 개념적 분리를 두고 펠친스키는 헤겔의 "정치·사회철학의 가장 독창적인 면모들 중 하나"로 평가하고 있다. Z. A. Pelczynski, "Introduction: The Significance of Hegel's Separation of the State and Civil Society", Z. A. Pelczynski(ed.), *The State and Civil Society: Studies in Hegel's Political Philosophy*, Cambridge, Cambridge University Press, 1984, p. 1. 또한 테일러 역시 그의 기념비적인 헤겔 연구서에서 이 점에 대해 언급하고 있다. 찰스 테일러, 『헤겔』, 정대성 역, 그린비, 2014, 795쪽 각주. 헤겔의 이러한 논의방식에 주목한 국내의 연구로는 다음을 참조하시오. 임재진,

이러한 측면은 그가 다음과 같이 말하는 데서 잘 드러나고 있다.

> 만약 국가와 시민사회가 혼동되어 그것[국가]의 사명이 재산과 개인적 자유의 보장과 보호인 것으로 규정된다면, **개인들 그 자체의 관심사**(*das Interesse der Einzelnen als solcher*)가 궁극적 목적—이것을 위해 이들이 하나로 모이게 된 것인—이 되어버리며 여기서 얻어지는 결론은 국가의 일원이 된다는 것은 임의적인 일이라는 점이다.—그러나 국가가 개인과 맺는 관계는 이와는 전적으로 다른 것이다.[5]

그는 여기서 우리가 시민사회와 국가를 혼동하게 될 때 마치 국가의 사명이 다음과 같은 것, 즉 "재산과 개인적 자유의 보장과 보호"에 있다고 잘못 생각하게 되는데, 이것은 결코 국가의 목적이 될 수 없다고 말하고 있다. 이러한 것이 목적이라면 이는 단순히 사적인 개인들의 관심사를 궁극적 목적으로 삼는 것을 뜻하는데, 이는 시민사회가 추구하는 목적이자 사명은 될지언정 국가의 목적은 아니라는 것이다. 그러나 절대왕정의 붕괴와 더불어 탄생한 근대 국가들이, 즉 영국의 명예혁명이나 프랑스 대혁명이 표방한 이념의 세례를 받

「헤겔에서의 시민사회와 국가」, 『범한철학』 12집, 1996, 191-219쪽; 정미라, 「헤겔 『법철학』에 나타난 시민사회론」, 『철학』, 1999, 97-118쪽. 필자는 이 논문에서 헤겔의 "시민사회" 개념 자체에 집중하여 논의를 전개하고 있지 않으므로 이 개념의 기원과 역사에 대해서는 상론하지 않을 것이다. 이에 대한 연구로는 다음을 참조하시오. M. Riedel, "Hegels Begriff der bürgerlichen Gesellschaft und das Problem seines geschichtlichen Ursprungs", M. Riedel(Hrsg.), *Materialien zu Hegels Rechtsphilosophie*, Bd. 2, Frankfurt a. M., Suhrkamp, 1975, pp. 247-275.

5 GPR, § 258.

은 근대 국가들이 목적으로 표방한 것과 위에서 헤겔이 사실상 시민사회의 목적으로 열거한 것은 꼭 동일하지는 않더라도 상당히 유사하다고 할 수 있다. 또한 앞의 인용문에서 "재산과 개인적 자유의 보장과 보호"라고 하는 것은 개인주의적인 관점과 분리시켜 생각할 수 없고 바로 이 개인주의적인 정치관이야말로 근대적 정치관의 고유한 측면으로 볼 수도 있다. 그리고 오늘날 여전히 그 기세를 누리고 있는 신자유주의적 세계관이 표방하는 국가의 목적 역시 바로 이러한 개인주의적인 기반을 떠나서는 운위될 수 없다. 국가의 목적에 대한 이러한 이해는 상당히 널리 퍼져 있으며, 오늘날 자유민주주의를 추구한다고 하는 그 어떤 체제도 이런 개인주의적 가치를 국가의 목적의 근본적인 요소로 포함하지 않을 수 없다. 그런데 헤겔은 위의 인용문에서 보듯이, 개인주의적인 입장에 기초하여 어떤 정치적 공동체의 목적을 규정한다면, 이는 시민사회에 해당되는 것일 뿐 그가 말하는 국가에는 해당되지 않는다고 주장하고 있다. 즉 그는 시민사회와 국가를 뚜렷이 구분하고, 전자의 목적과 후자의 목적이 상이함을 강조하고 있는 것이다.

한편 헤겔의 이러한 입장을 강하게 비판하는 현대의 연구가들도 존재한다. 이들은 헤겔이 『법철학』에서 시민사회와 국가를 개념적으로 구분하고 이런 구분을 정당화함에 있어 사실상 실패했으며, 전자에서 후자로의 이행, 그리고 후자로의 전자의 통합 역시 성공적으로 서술해내지 못했다는 주장을 편다. 또는 헤겔의 정치철학에서는 국가론이 아니라 오히려 시민사회론이 오늘날의 다원적인 민주주의에 시사해주는 바가 더 많기에, 보수적이고 권위주의적이며 심지어 국가주의의 혐의까지 받는 그의 국가론보다는 시민사회론 속에 담긴 통찰을 찾아내는 것이 긴요하다고 주장하기도 한다. 이러한 주장은 오늘날 지구화라는 구호 아래 국가 간의 장벽을 넘어 노동이나 정보의 이동이 과거보다 양적으로 훨씬 증대하고 원활해진 사정으로부터 힘을 받기도 한다.[6]

이 논문에서 필자는 우선 헤겔 국가론의 모든 요소들이 옹호되어야 하는 것은 아니지만 적어도 목적의 관점에서 본다면, 헤겔이 행한 시민사회와 국가의 구분은 원리적으로 타당하다는 것을 밝히고자 한다. 나아가 필자는 이런 타당성의 기반 위에서 정치공동체로서의 국가가 시민사회보다 우월한 지위를 갖는다는 헤겔의 주장이 어떤 점에서 설득력을 지니는지를 제시하고자 한다. 필자는 우선 2장에서 헤겔이 말하는 시민사회의 성격과 목적에 대해 서술할 것이며, 그다음 3장에서는 목적의 관점에서 본 국가와 시민사회와의 차이에 대해 논하게 될 것이다. 끝으로 4장과 5장에서 필자는 국가의 목적을 보다 상세히 규정하고, 앞에서의 논의들을 종합함으로써 그의 국가론이 오늘날 우리에게 어떤 시사점을 던져주고 있는지를 보일 것이다.

---

6 푈러(G. Göhler)는 한 논문에서 "시민사회와 국가 간의 체계적 연관성을 새롭게 펼쳐 보이고자" 시도하면서도 결국 헤겔에서 시민사회와 국가 간의 구별이 불완전하며, "국가 그 자체가 이중화되어 있는 것"이라는 테제를 전개하면서 헤겔의 국가론이 갖는 한계를 명시하고자 한다. G. 푈러, 「헤겔의 시민사회와 국가의 구별에 관한 새로운 숙고」, 『헤겔연구』 제9호(『헤겔과 근대정신』), 2000, 239-271쪽. 특히 241쪽을 참조하시오. 다음의 논문들은 대체로 오늘날의 우리가 헤겔의 국가론보다는 시민사회론 속에서 정치철학적 통찰을 얻을 수 있다고 주장하거나, 그의 국가론이 작금의 현실적 국가체제에는 적용되기 어렵다는 주장을 펼치고 있다. A. Arato, "A Reconstruction of Hegel's Theory of Civil Society"; F. Dallmayr, "Rethinking the Hegelian State", D. Cornell, M. Rosenfeld, and D. Gray Carlson(eds.), *Hegel and Legal Theory*, New York, Routledge, 1991, pp. 301-320, 321-346.

2. 시민사회의 성격과 목적

주지하다시피 헤겔의 『법철학』은 세 부분으로 구성되어 있고, 제3부 「인륜성」은 다시금 각각 「가족」, 「시민사회」, 「국가」의 세 장으로 구분되는데, 이 세 가지는 모두 일종의 공동체의 성격을 갖는다.[7] 가족이 사적이고 자연적인 공동체라고 한다면, 시민사회는 사적인 개인들이 모여 구성된 일종의 공적인 영역과도 같다.[8] 시민사회에서 이 개인들은 가족의 성원으로서가 아니라 대체로 어떤 직업에 종사하면서 살아가는 사회적 존재로서, 상호적인 관계를 통해 각기 나름의 목적을 추구하면서 삶을 영위한다. 각자 자신의 목적을 추구하는 다수의 사람들이 모여서 공동체를 이루고 또 이 안에서 서로가 서로를 필요로 하는 관계가 성립하기 때문에, 이 시민사회가 복잡하고 고도화되면 그 자체로 국가의 성격을 가질 수 있을 것으로 우리는 쉽게 기

---

7 여기서 「가족」, 「시민사회」, 「국가」의 순서는 결코 발생적인 순서가 아니다. 오히려 이 공동체들은 낮은 단계로부터 높은 단계로의, 보다 단순한 차원에서 보다 복잡한 차원으로의, 보다 피상적 측면에서 보다 심층적인 측면에로의 발전이라는 순서에 따라 논리적으로 서술되고 있는 것이다. 그리고 헤겔 자신은 역사적으로 보아 시민사회라는 것은 근대의 소산이라고 다음과 같이 밝히고 있기도 하다. "시민사회는 가족과 국가 사이에 위치하면서 이것들과 구별되는 차이의 영역이다. 그렇지만 시민사회는 국가보다도 뒤늦게 형성된다. [...] 어쨌든 시민사회의 창조는 근대 세계에 속하는 것이다 [...]." GPR, § 182, Zus. 이 말은 곧 근대 이전의 세계에서 가족은 그것의 확대와 더불어 시민사회의 매개를 거치지 않고 바로 국가로 이어진다는 주장으로 해석될 수 있다. 말하자면 이러한 해석은 고대의 국가가 확대된 가족으로서의 부족국가나 일종의 가부장적 국가로 여겨지는 것과 잘 들어맞는다고 할 수 있다.

8 헤겔은 시민사회를 구성하는 개인들을 다음과 같이 묘사하고 있다. "개개인은 [...] 시민(Bürger)으로서 자신의 고유한 이익을 목적으로 삼는 **사인(私人**, *Privatpersonen*)이다." GPR, § 187.

대할 수 있다.[9] 그렇지만 헤겔에 따르면 시민사회와 국가는 서로 상이한 성격을 지니는 공동체이며, 이 논문 1장의 인용문에서도 언급된 것처럼 서로 혼동되어서는 안 된다. 그러나 다른 한편 헤겔은 시민사회를 일종의 국가로 일컫기도 한다. 즉 그는 시민사회를 "필요국가이자 오성국가(Not-und Verstandesstaat)"로 칭한다.[10] 헤겔 이전에 오랫동안 시민사회와 국가가 거의 동일시되었고,[11] 또 그는 특히 사회계약 이론가들의 국가론을 비판하면서 이 국가론에서는 사실상 시민사회가 국가로 지칭된다고 주장하고 있기에, 그가 시민사회를—사회계약론에서 통용되기도 하는—특정한 유형의 국가라고 부른다고 해서 그다지 이상할 것은 없다. 다만 여기서 우리가 주목해야 할 것은 헤겔이 시민사회에 부여하는 별도의 명칭, 즉 "필요국가이자 오성국가"라는 명칭 속에 시민사회의 성격과 목적에 대한 그의 입장의 일단이 포함되어 있다는 점이다.

"필요국가(Notstaat)"라는 것은 필요에 따라 만들어진 또는 일종의 필연적 연관관계가 지배하는 국가를 말한다고 할 수 있다. 사회계약에 입각한 홉스의 국가론에서 말하는 국가가 이러한 필요국가의

9 그러나 헤겔은 이런 식으로 파악된 공동체는 결코 엄밀한 의미에서의 국가가 아니라 그저 시민사회일 뿐이라고 다음과 같이 쓰고 있다. "만약 국가가 각기 상이한 인격체들의 통일체로서, 단지 공동성에 기초하는 통일체라는 정도로 이해된다면, 이는 시민사회에 대한 규정이나 다름없는 것이다." GPR, § 182, Zus.

10 GPR, § 183.

11 시민사회와 국가를 엄격하고도 원리적으로 구분하고 체계적으로 서술한 최초의 인물은 바로 헤겔이었다. 헤겔 이전 대부분의 사회·정치철학자들이나 법철학자들 그리고 특히 사회계약 이론가들은 국가와 시민사회라는 용어를 같은 대상을 지칭하는 두 가지 명칭으로 여겼다고 할 수 있다. 이러한 사정에 대한 상세한 설명을 위해서는 다음을 참조하시오. Riedel, *op cit.*, pp. 249-254.

한 사례가 될 수 있을 것이다. 그에 따르면 자연 상태에서 개인들은 자신의 생명과 안전 또는 재산의 유지를 보장받을 수 없으며, 또는 달리 말하면 이러한 것들에 대한 욕망을 충족시키기 어려우며, 또 이들은 각자의 다양한 욕망을 제한 없이 달성하고자 하므로 일종의 잠재적 내지는 지속적 전쟁 상태에 놓여 있게 된다. 그리고 그러한 전쟁 상태가 계속된다면 각자의 생존 자체가 위협받을 수 있다. 그렇기에 이들은 공멸을 막기 위해 서로 계약을 맺고 국가라는 기구를 출범시켜 국가에 어느 정도의 강제력을 부여하는 대신, 개인들이 추구하는 생명과 재산의 보장에 대한 욕망이 충족될 수 있도록 한다는 것이다.[12] 물론 헤겔이 필요국가를 말할 때 꼭 홉스를 염두에 두었는지는 분명치 않다.[13] 그러나 그가 자연 상태와 사회계약론을 언급하면서 진정한 의미에서 국가란 계약관계로 환원시킬 수 없다고 주장할 때, 그리고 만약 계약관계에 입각하여 국가를 설명한다면 이러한 국가란 시민사회에 지나지 않을 뿐이라고 사회계약론을 비판할 때, 그의 비판의 화살이 겨냥하는 인물 중에는 홉스가 포함될 것이 분명하다.[14]

---

12 홉스의 사회계약론 및 근대 사회계약론들의 사상적 맥락에 대한 상세한 설명을 위해서는 다음의 연구를 참조하시오. P. Riley, *Will and Political Legitimacy: A Critical Exposition of Social Contract Theory in Hobbes, Locke, Rousseau, Kant, and Hegel*, Cambridge, MA., Harvard University Press, 1982.

13 "필요국가(Notstaat)"라는 용어에 대한 상세한 설명은 이 책의 73쪽 각주 4 참조.

14 그렇다고 해서 헤겔이 대표적인 사회계약 이론가이자 근대적 국가론의 창시자 중 하나인 홉스에 대해 부정적 평가만 하고 있는 것은 아니다. 예컨대 그는 『철학사 강의』에서 그의 국가론이 갖는 특별한 의의에 대해 다음과 같이 말한다. "홉스 이전에는 그저 이상들(Ideale)이 내세워졌거나 경전 또는 실정법이 권위를 지닌 것으로 내세워졌다. 그러나 홉스의 시도는 [...] 국가권력을 우리 자신 속에 놓여 있는 그리고 우리가 우리 자신의 것으로 인정하는 원리들에로 환원시키는 것이었다." VGP III, p.

필요국가란 사회계약론에서 말하는 국가처럼 일종의 수단으로 간주될 수 있다.[15] 즉 헤겔이 묘사하는 대로 시민사회에서의 개인은 각종의 욕구들이 모여 있는 집합체, "욕구들의 총체이자 자연필연성과 자의의 혼합체(ein Ganzes von Bedürfnissen und eine Vermischung von Naturnotwendigkeit und Willkür)"와 같다.[16] 그리하여 시민사회라는 필요국가는 이러한 욕구들이 실현될 수 있도록 만들어진 수단과 같은 것이다. 그런 의미에서 시민사회란 개인들이 지니는 특수한 욕구들 또는 이해관계가 충돌하는 일종의 각축장과 같다.[17] 그런데 이러한 각축장에서 구성원 개개인이 자신들의 특수한 욕구들을 있는 그대로, 제멋대로 실현하고자 한다면 이 각축장은 다시금 홉스가 말한 대로 만인에 대한 만인의 전쟁 상태라는 자연 상태로 전락하게 될 것이며, 욕구 실현의 장으로서의 시민사회 자체가 성립할 수 없을 것이다. 그렇기에 개개인은 스스로의 안전을 보장받으면서 자신의 특수한 욕구들을 실현하기 위해 상대방이 인정할 수 있는 방식을 택해야 하고, 또 자신이 상대방의 욕구를 실현하게 해주는 유용한 존재임을 보여주어야 한다. 예를 들자면 내가 빵집 사장으로서 성공하려는 욕

---

226. 그렇지만 사실상 헤겔이 『법철학』에서 사회계약론의 대표자 격으로 부각시키고 있는 철학자는 루소이다. GPR, § 258.

15 이와 관련하여 헤겔은 다시 홉스를 언급하면서 다음과 같이 말한다. "진정한 자연상태란 홉스가 정확히 지적한 대로 만인의 만인에 대한 투쟁 상태이다. [...] 자연적으로 법(Recht)인 것은 개별자로서의 인간에 있어서 또 이러한 인간에 대해서 법이라고 사람들은 일컬어왔다. 또 사람들은 [자연 상태가 아닌] 사회와 국가의 상태를 단지 개별적 인간을 위한 수단으로 인정해왔는데, 여기서는 바로 개별적 인간이 궁극목적인 것이다." VGP II, p. 108.

16 GPR, § 182.

17 GPR, § 289 참조.

구를 실현하기 위해서는 소비자들의 기호에 맞는 빵을 만들어서 그들의 욕구를 충족시켜야 하며 그들이 바라고 인정하는 방식으로 영업을 할 수밖에 없는 것이다. 또 이 소비자들 역시 자신들의 직업 활동에서는 이 빵집 사장과 유사하게 시민사회가 요구하는 방식으로 자신의 역할을 수행해야 한다. 이렇게 시민사회에서 구성원들은 서로의 욕구를 실현하기 위해 서로를 필요로 할 뿐 아니라 서로가 공통적으로 기대하는 방식에 따라 욕구 실현의 장에 참여하게 되며 이로 인하여 상호 간의 의존관계가 성립하게 된다. 이런 의미에서 헤겔은 특히 경제부문을 기반으로 삼는 시민사회의 메커니즘, 즉 욕구와 충족의 메커니즘을 "욕구의 체계(das System der Bedürfnisse)" 또는 "전면적인 상호 의존의 체계(ein System allseitiger Abhängigkeit)"로 명명하기도 한다.[18]

위의 단락에서 욕구실현에 있어 "상대방이 인정할 수 있는 방식", "공통적으로 기대하는 방식"이라는 표현을 사용했는데, 이러한 측면이 바로 시민사회에서 나타나는 보편성의 측면이라고 할 수 있다. 헤겔은 시민사회를 설명하면서 이 영역이 "특수성(Besonderheit)"으로 규정될 수 있다고 하면서도 동시에 "보편성(Allgemeinheit)"과 연관을 맺고 있다고 주장한다.[19] 그리하여 그는 『법철학』 § 182에서 시민사회의 두 원리를 거론하면서 이 두 가지를 특수한 욕구들의 집합체로서의 "구체적 인격체"와 "보편성의 형식"으로 규정한다. 그래

18 GPR, §§ 188, 183.

19 GPR, § 181.

서 헤겔에 따르자면 개인들이 추구하는 목적으로서의 특수한 욕구[20] 들은 그 실현에 있어 항상 "보편성"에 의해 제한되고, "보편성의 힘"에 의해 제약된다.[21] 사실상 헤겔은 여기서 시민사회를 이루는 특수성의 계기와 보편성의 계기를 언급하고 있는 것인데, 여기서 이 계기들은 서로 일종의 외적인 연관성 속에 놓여 있을 뿐이다. 즉 구성원 개개인들은 모두 특수한 자신의 욕구들을 충족시키려 할 뿐이고 보편성은 일종의 외적인 형식으로서 작용하고 있는 것이다. 이를 두고 헤겔은 "시민사회에서 특수성과 보편성은 서로 분리되어 있으면서도 또한 서로 결부된 채 상호 제약하고 있다"고 말한다.[22] 바로 이러한 특징적인 면모로 인하여 헤겔은 시민사회를 "오성국가"라고도 부르고 있는 것이다. 왜냐하면 이성과 구분되는 오성의 활동이란 헤겔에 따르면 특수자를 보편자 속에서 통일적으로 파악하지 못한 채 양자를 분리시켜 놓고 외적으로 결합시켜 고찰하는 추상적 사유 활동을 뜻하는 것이고, 바로 이러한 외적 연관성과 추상성의 면에서 시민

20 헤겔은 시민사회에서의 특수성의 계기에 대해 다음과 같이 말한다. "특수성은 우선 의지의 보편성 일반에 대립하여 규정되는 것으로서 주관적인 욕구이다." GPR, § 189.

21 GPR, §§ 183, 185. 헤겔은 § 182의 〈추가〉에서 다음과 같이 말하기도 한다. "시민사회에서는 모두가 제각기 자신에 대해 목적인 것이고, 그 외 일체의 것은 그에게는 아무것도 아니다. 그렇지만 어느 누구도 타인들과 연관되지 않고서는 자신이 목적으로 삼는 바의 범위 전체를 달성할 수는 없다. 그리하여 이 타인들은 이 특수한 존재로서의 개인 각자의 목적을 위한 수단인 것이다. 그러나 특수한 목적은 타인들과의 관계를 통해서 스스로에게 보편성의 형식을 마련하고 타인의 복리를 함께 만족시킴으로써 자신을 만족시키게 된다." GPR, § 182, Zus.

22 GPR, § 184, Zus.

사회의 내적 구조와 오성적 사유는 공통점을 갖기 때문이다.[23] 시민사회에 존재하는 특수성과 보편성의 이러한 외적 연관성[24]은 헤겔이 "필요국가이자 오성국가"인 시민사회를 다시금 "외적 국가(äußeren Staat)"로 부르게 하는 이유가 된다고 할 수 있다.[25]

한편 헤겔이 시민사회를 "오성국가"로 부른다는 사실은 어떠한 내적으로 이성적인 국가의 존재를 암시한다고 할 수 있는데, 사실상 그가 진정한 의미에서 국가로 칭하는 것은 이를테면 이성국가로 불릴직한 정치공동체로서의 국가이다. "국가"는 그의 『법철학』 내에서 제3부인 「인륜성(Sittlichkeit)」의 마지막 장에 위치하고 있지만, 『법철

---

23 이와 관련해서는 헤겔의 다음과 같은 언급을 참조하시오. "오성의 활동은 본질적으로 그것의 내용에 보편성의 형식을 부여하는 데 있다. 그리고 오성을 통해 정립된 보편자는 추상적인 보편자로서 그 자체로는 특수자에 대립하여 고정되어 있다. 이를 통해서 보편자는 또한 동시에 스스로도 특수자로 규정되는 것이다." Enz. I, § 80.

24 시민사회에서 특수성과 보편성의 결합은 구체적으로 보아 다음과 같이 설명될 수 있다. 즉 구성원들 각자의 특수한 욕구들이 충족되기 위해서는 이들 서로가 서로를 필요로 하고 또 연관을 맺어야 하며, 그러한 연관성 속에서 보편적인 형식에 따라 욕구들의 내용이 규정되어야 한다. 그렇기에 여기서의 보편적 형식이란 자발성의 산물이라기보다는 외적으로 주어진 그러나 회피할 수 없는 일종의 강제처럼 여겨질 수 있다. 이러한 측면과 관련하여 헤겔은 다음과 같이 말하고 있다. "개개인은 이 국가[필요국가이자 오성국가로서의 시민사회]의 시민(Bürger)으로서 자신의 고유한 이익을 목적으로 삼는 사인(私人, Privatpersonen)이다. [...] 이 목적은 개개인이 스스로 그들의 앎과 의욕과 행위를 보편적인 방식에 맞추어나가고 각자가 자기 자신을 이러한 전체적 연관성이라는 사슬의 일원으로 만드는 한에서 달성될 수 있는 것이다." GPR, § 187.

25 GPR, § 183. "외적 국가"라는 명칭이 뜻하는 바는 다음과 같은 헤겔의 서술에 잘 드러나 있다. "**시민사회**는 독자적인 개별자들인 구성원들의 결합체로서 이와 함께 **형식적인 보편성** 속에서 이들의 **욕구들**을 통해 그리고 개인들과 소유물의 안전을 위한 수단으로서의 **법체계**를 통해 그리고 이들의 특수하고 공통적인 관심사를 위한 **외적인 질서**를 통해 등장하고 유지되는데, 이 **외적 국가**는 실체적 보편자와 이것에 바쳐진 공적 삶의 목적 및 현실성으로 [...] 귀착하여 전체적으로 총괄된다. GPR, § 157.

학』 전체를 이끌어가는 중심 주제라고 할 수 있다. 실제로 그는 『법철학』 「서문」에서 이 저작 자체의 과제를 "국가를 내적으로 이성적인 것(ein in sich Vernünftiges)으로 파악하고 서술하려는 시도"[26]로 규정하고 있기조차 하다.

이미 이 논문 1장의 인용문에서 "재산과 개인적 자유의 보장과 보호"가 궁극적 목적인 공동체는 시민사회이지 국가가 아니라는 헤겔의 언명을 소개한 바 있다. 그렇다면 국가는 그 이상의 어떤 목적을 지니며 이것은 시민사회의 목적 및 성격과 어떤 관계를 지니는 것인가? 또 어떤 이유로 오성국가로서의 시민사회는 정치공동체의 종착점일 수 없고 헤겔의 표현대로 국가의 한 계기일 수밖에 없는가?[27] 다음 장에서는 바로 이러한 질문들에 대한 답변을 시도할 것이다.

3. 목적의 관점에서 본 국가와 시민사회와의 차이

시민사회의 목적이 개인적 자유, 생명과 재산의 보장 등과 같은 개인들의 특수한 관심사를 달성하는 데 있다면, 헤겔은 우선 "국가의 목적(der Zweck des Staates)"이 "보편적 관심사 그 자체(das allgemeine Interesse als solches)"라고 말한다.[28] 이 보편적 관심사의 내용이 무엇이

---

26 GPR, p. 26. 또 헤겔은 국가를 가리켜 "즉자대자적으로 이성적인 것(das an und für sich Vernünftige)"이라고 칭하기도 한다. GPR, § 258.

27 GPR, § 256; § 263, Zus.

28 GPR, § 270. 국가의 목적에 대한 보다 상세한 서술은 다음 장(4장)에서 이루어질 것이다.

며 이것이 시민사회의 목적과 어떻게 다른지를 고찰하기 전에, 여기에 등장하는 보편성의 측면은 특수성으로부터 분리된, 그런 의미에서 추상적인 보편성이 아니라는 것을 분명히 해둘 필요가 있다. 왜냐하면 시민사회에서도 보편성이라는 계기가 결여되어 있지 않으며, 관건이 되는 것은 보편성과 특수성이 어떻게 결합하고 있는가이기 때문이다.[29] 즉 헤겔이 "국가의 본질"을 "즉자대자적으로 보편적인 것"[30]으로 규정할 때에도, 이 보편적인 것은 특수성과 유리된 것으로서의 보편성이 아니다. 그렇기에 헤겔이 "보편적 관심사"가 국가의 목적이라고 말한다 해도 특수성, 보다 구체적으로 말하면 개인들의 특수한 관심사가 억압당하거나 배제되는 것이 결코 아니다. 오히려 그에 따르면 국가의 "힘(Stärke)은 국가의 보편적인 궁극목적과 개인들의 특수한 관심사의 통일"[31]로부터 생겨나고 유지된다고 할 수 있다. 우리는 여기서 헤겔이 말하는 국가의 "보편적인 궁극목적"이 무엇을 뜻하는지를, 그리고 이것이 시민사회에서 추구되는 목적과 어떤 관계가 있는 것인지를 알아보기 위해 다시금 시민사회의 목적과 그것의 특수한 성격에 눈을 돌려볼 필요가 있다.

시민사회는 일단 구성원들 각자의 특수한 욕구들과 주관적 자유가 추구되는 장이면서 일종의 보편성과 필연성이 지배하는, 욕구와 충족의 메커니즘이자 상호연관의 자기 완결적 체계로 보이지만, 다른 한편 불가피하게 결함과 모순이 내재된 역동적 체계이기도 하

---

29 특히 헤겔은 국가와 관련하여 "국가에서 관건이 되는 것은 보편성과 특수성의 통일(die Einheit der Allgemeinheit und der Besonderheit)"이라고 말한다. GPR, § 261, Zus.

30 Enz. III, § 537.

31 GPR, § 261.

다. 그것은 시민사회가 그 성격상 구성원들의 특수한 욕구들이 충돌하는 현장이고 그로부터 다양한 문제점들이 발생할 수 있기 때문인데,[32] 이러한 사정은 헤겔이 시민사회를 "모두의 개별적인 사적 관심사들이 모두에 대하여 충돌하게 되는 싸움터(Kampfplatz)"[33]로 표현하는 데서 잘 드러나 있기도 하다. 헤겔은 시민사회 자체 내에 그 안에서 발생하는 문제점들과 모순을 해결하기 위해 마련된 장치들이 있긴 하지만 이러한 장치들이 궁극적인 해결책이 될 수는 없다고 진단한다. 그 장치들이란 그가 "사법 활동(Rechtspflege)"과 "복지행정 및 직업단체(Polizei und Korporation)"[34]라고 지칭하는 것들로서, 이들은 모두 노동 및 경제활동의 체계를 기반으로 하는 시민사회 내에서 발생하는 문제들을 해결하고 질서유지와 사회의 결속에 기여하는 장치들이라고 할 수 있다.[35] 이러한 장치들에 힘입어 이 오성국가로서의

---

32 시민사회에 특유한 양상과 문제점들에 대해 헤겔은 다음과 같이 말하고 있다. "[...] 욕구는 무한히 촉발되고, 그것의 충족은 외적인 우연이나 자의, 그리고 보편성의 힘에 제약되어 있기 때문에, 결국 필연적인 욕구든 우연적인 욕구든 그것의 충족 여부는 우연에 맡겨진다. 시민사회는 욕구의 이러한 대립과 착종 상태 속에서 과잉과 빈곤이 공존하는 광경을 연출하며 이 둘 모두에게 공통적으로 나타나는 육체적·도덕적 타락상을 보여준다." GPR, § 185.

33 GPR, § 289.

34 여기서 "복지행정"으로 번역한 "Polizei"는 종종 '경찰행정', '사회정책' 등을 의미하여 오늘날의 쓰임새와 달라 오해의 소지가 다분하다. 헤겔 당대의 용법에서 "Polizei"는 오늘날의 경찰이 수행하는 기능뿐 아니라 소방서, 건설 행정, 공공 의료, 빈민구호 관청 등을 모두 포괄하는 시민의 복지와 관련된 공적 기능을 뜻한다. 이에 대한 상세한 설명을 위해서는 다음을 참조하시오. A. W. Wood, *Hegel's Ethical Thought*, Cambridge and New York, Cambridge University Press, 1990, p. 283; Riedel, *op. cit.*, pp. 266-267.

35 『법철학』에서 헤겔이 서술하는 바에 따르면 "시민사회"는 다음과 같은 세 부문, 즉 "욕구의 체계(das System der Bedürfnisse)", "사법 활동(Rechtspflege)", "복지행정과 직업

시민적 공동체는 어느 정도 자기 유지 및 발전의 체계로서 작동할 수 있다. 즉 일종의 '국가'로서의 시민사회는 법과 규범의 집행이나 치안과 관련된 공적 서비스, 그리고 동종 업종에 종사하는 또는 동일한 이해관계를 지닌 사람들 간의 결사체 등을 포함하는 공동체로서 기능한다.

그러나 헤겔은 이 공동체가 결국 독자적으로는 존립할 수 없다는 입장을 내세우는 것인데, 그 이유는 근본적으로는 무엇보다도 시민사회의 계기들인 특수성과 보편성의 외적이고 불완전한 결합에 있다. 즉 하나의 공동체가 그 자체로 유지되고 자립적으로 발전하려면 이 공동체 전체를 이끌고 가는, 그런 의미에서 보편적인 어떤 목적이 존재해야 한다. 그러나 시민사회는 자신의 이익을 추구하는 마치 원자와도 같은 구성원들의 조직체로서, 여기에 존재하는 보편성은 그 자체로 추구되는 목적으로서의 보편성이 아니라 수단으로서의 보편성이거나 아니면 우연적으로 획득되는 보편성이다. 즉 단지 특수한 목적을 달성하기 위해 필요한 보편적 형식으로서의 보편성이거나, 아니면 개인들 간의 또는 이익집단 내에서의 공통의 이해관계로부터 출현하는 우연적 일치로서의 보편성이다. 또는 경제적인 상호의존 체계에 기인하는, 자기 이익의 추구가 결과적으로 다른 사람들과 공동체의 이익에 기여하게 되는 가능성으로서의 보편성이다.[36] 따라

단체(Polizei und Korporation)"로 구성된다. GPR, § 188.

36 다음의 문장에서 헤겔은 영국의 고전 경제학자 애덤 스미스가 말하는 "보이지 않는 손"을 연상시키는 주장을 펼치고 있다. 여기서 그는 시민사회에서 생겨나고 달성되는 일종의 보편성, 구체적으로 말하면 보편적 복리에 대해 말하고 있다. "이렇듯 노동과 욕구의 충족이 상호 의존적으로 관련되는 가운데, 주관적인 이기심이 다른 모

서 이러한 보편성은 시민사회 내에서 작동하는 원리이긴 하지만 언제나 특수성과 분리될 수 있으며 행위 주체로서의 구성원들에 내재하는 보편성일 수 없다. 그렇기에 시민사회는 일종의 분열의 요소가 상존하는 공동체이며,[37] 언제라도 붕괴의 위험에 내몰릴 수 있다.[38] 그런 까닭에 결국 시민사회는 그것의 사명 또는 목적이 "재산과 개인적 자유의 보장과 보호"에 있다 하더라도 이것의 날성이 끊임없이 위협당하는 처지에 놓여 있을 수밖에 없다. 게다가 위에서 말한 분열의 요소로 인하여, 또는 보편성과 특수성의 내적인 통일이 결여되어 있기에 시민사회의 발전 자체가 시민사회를 파괴하는 방향으로 전화될 수 있다. 그런 의미에서 시민사회는 원리적으로 보아 자기 보존의 능력에 있어 결함을 가지게 되며, 그것에 고유한 문제들을 해결하는 데 있어 충분한 능력을 지니지 못하는 것이다. 헤겔이 말하는 대로 시민사회에서 발생하는 "대립과 착종 상태 속에서 과잉과 빈곤이 공존하는 광경을 연출하며, 이 둘 모두에게 공통적으로 나타나는 육체적·도덕적 타락상을 보여"[39]주는 현상은 오늘날의 우리에게도 그다지 낯선 일은 아니다. 그렇기에 이러한 헤겔의 주장과 진단에 대해서는 별

든 사람들의 욕구를 충족시키는 데 기여하는 것으로 전화한다." GPR, § 199.

37 헤겔은 "시민사회"를 "가족"이나 "국가"와 비교하여 일종의 "분열(Entzweiung)"의 단계로 묘사한다. GPR, §§ 157, 184.

38 헤겔은 시민사회에서 보편성과 분리된 특수성이 그 자체로 추구되는 경우 발생할 수 있는 상황에 대해 다음과 같이 쓰고 있다. "특수성은 그 자체로는, 한편으로 그것에 고유한 욕구와 우연적인 자의 또 주관적인 의향을 온갖 방면에 걸쳐 거리낌 없이 추구하고 만족시킴으로써 향락을 누리는 가운데 자기 자신과 자기의 실체적 개념을 파괴한다." GPR, § 185.

39 GPR, § 185.

도의 입증이 필요할 것 같지 않다. 즉, 오늘날의 우리 사회에서도 보게 되는 양극화의 심화, 그에 따른 범죄의 증가 및 생활고에 시달린 극빈 계층의 자살률 증가와 더불어 그 반대로 사치품 소비의 증가가 동시에 발생하는 현상들은 모두 시민사회의 통합을 저해하고 공동체의 해체를 촉진하는 현상들이다. 그리하여 이 오성국가로서의 시민사회는 그 자체의 발전과 함께 아무리 부유해진다고 해도 헤겔의 말대로 "충분히 부유하지는 않다는"[40] 결과에 이른다. 즉 이 말은 시민사회가 원리적으로 빈곤층을 구제할 수 있을 정도의 충분한 부를 축적할 수 없다는 것이 아니라, 자기이익과 특수한 욕구들에 기초한 시민사회로서는 이 빈곤의 문제를 스스로 해결할 수 없다는 말이다.[41] 그리하여 부익부 빈익빈 현상의 심화와 더불어 한편으로는 "부의 축적"이, 다른 한편으로는 특정한 노동에 매인 계급의 "예속과 궁핍"이 진행되면서[42] 상당한 수의 대중이 생계유지에 필요한 일정한 경제 수준 이하로 전락하는 현상이 벌어진다. 헤겔에 따르면 이렇듯 생활고에 시달리는 대중이 바야흐로 "정의감, 준법정신, 그리고 스스로의 활동과 노동으로 생활을 유지한다고 하는 자긍심의 상실"에 이르게

40 "여기에서 시민사회가 부(富)의 과잉에도 불구하고 충분할 정도로 부유하지는 않다는 [...] 사실이 드러난다." GPR, § 245.

41 이 논문은 빈곤의 문제에 대한 헤겔의 진단과 해결책을 주제로 삼는 것이 아니므로 이 주제에 관한 다음의 논문들을 제시하는 것으로 만족하고자 한다. J. Anderson, "Hegel's Implicit View on How to Solve the Problem of Poverty: The Responsible Consumer and Return of the Ethical to Civil Society", R. R. Williams(ed.), *Beyond Liberalism and Communitarianism: Studies in Hegel's Philosophy of Right*, Albany, State University of New York Press, 2001, pp. 185-206; R. Teichgraeber, "Hegel on Property and Poverty", *Journal of the History of Ideas*, Vol. 38, No. 1, 1977, pp. 47-64.

42 GPR, § 243.

될 때 이것이 바로 "천민(Pöbel)"의 출현을 야기한다.[43] 그리하여 한편으로 부의 축적과 집중 그리고 생산과잉과, 다른 한편으로 빈곤의 증대와 소비의 부족현상은 시민사회를 자신의 테두리를 넘어 시장을 개척하고 값싼 원료를 공급받을 수 있는 식민지 건설에 나서도록 내몰게 된다.[44] 그러나 헤겔은 이것 역시 궁극적 해결책이 아니라고 본다. 왜냐하면 식민지 자체가 전쟁을 통해서건 아니면 다른 방식을 거쳐서건 간에 결국은 해방과 독립의 길을 걷게 되고, 해방된 이 식민지 역시 시민사회에 내재할 수밖에 없는 문제점들을 똑같이 겪을 것이기 때문이다.

시민사회에 내재한 이상과 같은 문제점들과 모순들은 바로 이것들을 해결하고 이 공동체의 유지와 발전을 지속시킬 수 있는 보다 높은 수준의 공동체를 요청하게 된다. 그것이 곧 국가인데 이러한 사실은 국가라는 보다 높은 수준의 공동체가 실제로 시민사회에 존재하는 모든 문제들을 일거에 해결할 수 있느냐 아니냐 하는 것과는 상관이 없다. 헤겔 당대는 물론이고 오늘날의 국가들 중에 예컨대 빈곤의 문제를 철저히 퇴치한 국가가 얼마나 되겠는가? 오히려 헤겔의 주장에서 중요한 것은 국가라는 공동체가 원리적으로 보아 시민사회가 해결할 수 없는 모순과 문제점들을 보다 잘 해결할 수 있는 조건을

---

43 GPR, § 244.

44 GPR, §§ 246–248 참조. 헤겔은 또 이에 대해 다음과 같이 말하기도 한다. "시민사회는 식민지 건설로 내몰리게 된다. 인구의 증가만으로도 벌써 그런 결과를 빚는 방향으로 나아가게 되는데, 특히 생산이 소비의 수요를 초과하면서 자신의 욕구를 자신의 노동으로는 충족시킬 수 없는 사람들이 다수 생겨남에 따라 식민지 건설이 촉진된다." GPR, § 248, Zus.

갖추고 있다는 점이다. 이는 국가가 단지 자기이익을 목표로 결속된, 그리하여 언제라도 결속 자체의 와해의 위험에 직면한 시민사회와는 상이한 성격을 지니며, 국가의 목적 역시 시민사회의 그것과는 달리 공동체 자체의 보존과 발전에 직결되어 있기 때문이다.[45] 그러나 그렇다고 해서 국가의 목적이 시민사회에서 추구되는 것과 무관하여 그것과 완전히 분리된 것으로 볼 수는 없다.

『법철학』의 논의순서를 따라 국가라는 공동체의 등장을 설명해 보자면, 헤겔은 『법철학』 제3부를 "인륜성" 이념의 전개과정으로서 서술하며 국가는 이러한 서술에서 일종의 최종적 결과로서 도출된다. 즉 가족에서 시민사회로의 발전에 뒤이어, 시민사회의 개념적 자기전개와 발전의 "결과(Resultat)"로서 국가가 등장한다.[46] 그렇기에 국가의 목적은 이러한 과정에서 논의된 시민사회의 목적과 무관할 수 없을뿐더러 이를 포함할 수밖에 없다.[47] 게다가 『법철학』의 서술에 따르면 시민사회 개념의 충분한 발전 속에서 시민사회는 국가로 필연적으로 이행한다.[48] 이것은 곧 시민사회가 인간에게 있어 궁극적

45 이처럼 국가라는 공동체의 유지, 발전, 결속에 기여하는 국가의 구성요소이자 장치로서 헤겔은 특히 주권, 행정권, 입법권과 관련된 제도들을 들고 있다.

46 그러나 다른 한편 헤겔에 따르면 가족과 시민사회는 국가의 두 계기를 이루며, 국가는 이 두 계기의 "진정한 토대(wahrhafter Grund)"로서 드러난다. GPR, § 256.

47 헤겔은 심지어 얼핏 보면 시민사회의 목적일 것 같은 내용을 국가의 목적이라는 식으로 말하고 있기조차 하다. "사람들은 종종 국가의 목적이 시민의 행복이라고들 말해왔다. 이것은 물론 맞는 말이다. 즉 시민들이 안녕하지 않으면, 그들의 주관적 목적이 충족되지 않으면, 그들이 이러한 충족을 매개해주는 것이 국가임을 발견하지 못한다면 국가는 허약한 토대 위에 서게 되는 것이다." GPR § 265, Zus.

48 이 논문에서는 국가의 목적에 관한 논의에 중점을 두고 있기에 시민사회에서 국가로의 발전 과정이나 '이행'이라는 문제에 대해서는 상론하지 않을 것이다. 시민사

인 정치공동체일 수 없다는 사실을 함축하기도 한다. 말하자면 시민사회의 불충분성 또는 모순이 국가라는 정치공동체를 요청할 수밖에 없으며, 시민사회를 한 계기로서 포함하는 국가에서 비로소 정치적 동물로서의 인간이 추구하는 바가 달성될 수 있다는 말과도 같다.[49] 이제 앞에서 살펴본 시민사회와 국가 간의 차이 및 양자의 관계를 염두에 두면서 헤겔이 말하는 국가의 목적을 보다 구제적으로 고찰해 보고자 한다.

4. 국가의 목적과 자유의 실현

이미 이 논문의 3장 서두에서 헤겔이 "국가의 목적"을 "보편적 관심사 그 자체"라고 말한다는 사실을 지적한 바 있다. 이것은 시민사회에서 그 구성원들이 "개인들 그 자체의 관심사"를 "궁극적 목적"으로 삼는다는 것과 정확히 대치되는 것이라고 할 수 있다. 이제 이 "보편적 관심사"가 무엇을 뜻하는지를 보다 명확히 규정하고자 한다. 그런데 우선 이 보편적 관심사란 단지 개인들의 주관적 관심사와는 다르게 공동체 전체에 의해 추구되는 것이고, 또 그것은 보편적으로 옳

회로부터 국가로의 이행과 관련해서는 발전적 순서상 시민사회의 마지막 구성요소인 직업단체의 매개적 역할이 중요한데, 이를 중점적으로 논의하고 있는 연구로는 다음을 참조하시오. 이정은, 「헤겔 법철학에서 시민사회와 국가의 매개체」, 『헤겔연구』 제12호, 2002, 247-278쪽; G. Heiman, "The Sources and Significance of Hegel's Corporate Doctrine", Z. A. Pelczynski(ed.), *Hegel's Political Philosophy: Problems and Perspectives*, Cambridge, Cambridge University Press, 1971(1976 printing), pp. 1-29.

49 "국가는 특수한 목적과 복리의 실현을 위한 유일한 조건이다." GPR, § 261, Zus.

고 바르고 선(善)하다고 인정된 것으로서 추구될 것이리라는 점은 분명하다. 그렇기에 보편적인 것, 보편적인 관심사가 무엇인지를 규정하는 일이 일견 어려워 보일 수는 있어도 실제로 꼭 그렇지는 않다.[50] 이러한 관심사란 한 사회가 공적으로 추구하는 가치들, 즉 정의, 공동선, 질서, 번영 등등을 모두 포괄하는 것이라고 해야 할 것이다. 또는 경향성이나 자의에 사로잡히지 않은 자율적이고 이성적인 존재이자 사회적 존재로서의 인간의 의지가 추구하는 바라고 해도 무방할 것이다.[51] 그러나 다른 한편, 이미 앞에서 언급했듯이 헤겔은 이러한 보편적 목적이 개인들의 특수한 욕구들이나 관심사를 배제하는 추상적인 보편적 관심사임을 주장하지 않는다. 여기서의 보편은 특수와 통일된 것으로서의 보편인 것이다. 바로 이러한 보편, 특수한 의지의 내용들까지 포괄하는 이 보편적 관심사로서의 목적을 헤겔은 자유, 또는 보다 정확히 말하자면 "구체적 자유"라고 부른다.[52] 다시 말해서

---

50 헤겔은 심지어 한 사회에서 보편적으로 통용되고 추구되는 윤리적 규범들과 관련하여 이것들을 아는 일은 전혀 어려운 것이 아니라며 다음과 같이 말하고 있다. "내용적으로 어떤 것이 선하고 선하지 않은지, 또 어떤 것이 올바르고 올바르지 않은지에 대한 것은 일상적 삶의 통상적인 경우에서는 한 국가의 법률과 윤리규범에 주어져 있다. 이것을 아는 일은 그다지 힘든 것이 아니다." G. W. F. Hegel, *Die Vernunft in der Geschichte*, hrsg. v. J. Hoffmeister, Hamburg, Meiner, 1955, p. 94.

51 헤겔은 이미 『법철학』 내의 "추상법(das abstrakte Recht)"으로부터 "도덕성(Moralität)"으로 이행하는 대목에서 "주관적 의지(subjektiver Wille)"가 의욕하는 "보편 그 자체(das Allgemeine als solches)"를 "도덕성"의 개념으로 규정한 바 있다. "인륜성"은 "도덕성"을 포괄하는 개념이며, 그렇기에 인륜성의 차원에서 등장하는 보편적 목적 내지는 보편적 관심사라는 것은 도덕성의 차원에서 주체가 추구하는 보편 그 자체 또는 "선(das Gute)"을 포괄하는 개념이라고 보아야 할 것이다. GPR, § 103 참조. 또한 §§ 123, 124도 참조.

52 GPR, § 259. "구체적 자유"라는 표현 외에도 헤겔은 『법철학』에서 "주관적 자유",

국가는 이 구체적 자유가 현실적인 것으로서 실현되는 공동체이자 또한 이렇듯 실현되는 자유를 유지하고 추구하며 재생산하는 일종의 유기적 조직체이다.[53] 다시 말해서 구체적 자유는 이 유기적 조직체로서의 국가를 이끌고 가는 목적이자 국가 속에서 실현되는 이념이라고 할 수 있다.

국가의 목적을 이렇듯 "자유"를 통해 규정하는 것과 관련해서 좀 더 많은 설명이 요구될 수도 있으며, 또한 헤겔이 파악하는 국가의 유기적인 내적 구조에 대한 추가적인 서술이 필요할 수도 있겠으나, 필자는 지금까지의 논의 과정에 힘입어 다음과 같은 두 가지 질문에 답함으로써 일단 이 논문이 목표한 바를 달성할 수 있다고 생각한다.

"특수한 자유", "실체적 자유", "자의" 등 자유 개념에 포괄될 수 있는 다양한 표현들을 사용하며 또 이들을 구분하여 서술한다. 이 논문은 헤겔의 자유 개념 자체에 대한 탐구를 목표로 삼고 있지 않기에 "구체적 자유" 개념에 대한 설명 외에 그의 자유 개념 일반에 대해서는 상론하지 않을 것이다. 헤겔의 자유 개념 전반에 대한 설명을 위해서는 다음을 참조하시오. R. L. Schacht, "Hegel on Freedom", in A. MacIntyre(ed.), *Hegel: A Collection of Critical Essays*, Notre Dame, University of Notre Dame Press, 1972, pp. 289-328; G. H. R. Parkinson, "Hegel's Concept of Freedom", in M. Inwood(ed.), *Hegel*, Oxford and New York, Oxford University Press, 1985, pp. 153-173.

53 헤겔은 『법철학』의 여러 대목에서 국가에 대해 "유기체(Organismus)", "유기체적 삶(organischen Lebens)", "유기적 조직체로서의 국가(Staatsorganisation)"라는 표현들을 사용한다(GPR, §§ 269, 271, 272). 이러한 표현들은 그가 국가를 어떤 식으로 파악하는지를 이해하는 데 많은 시사점을 던져준다. 그렇기에 그의 국가론을 보다 정확하게 이해하기 위해서는 유기체로서의 국가가 갖는 의미를 탐구할 필요가 있다. 그러나 이러한 탐구의 본격적 시도는 이 논문의 전체적 틀을 벗어나는 일이 될 것이기에 필자는 이러한 시도를 후속 연구의 과제로 미루고 본문에서는 유기체로 이해된 국가가 그 구성원과 어떤 관계를 맺는지를 설명하는 것으로 만족하고자 한다. 헤겔의 유기체적 국가론에 대한 탁월한 연구로는 다음을 참조하시오. M. Wolff, "Hegels staatstheoretischer Organizismus", *Hegel-Studien* 19, 1984, pp. 147-177.

그 두 질문이란 **첫째**, 국가의 목적이 왜 "자유", 또는 "구체적 자유"로 파악되어야 하는가이고, **둘째**, 이러한 목적을 지닌 국가는 바로 목적이란 관점에서 어떻게 시민사회와 뚜렷이 구분되며 후자보다 우월한 지위를 가질 수밖에 없는가이다.

우선 **첫째** 질문과 관련해서 말하자면, 헤겔은 자신의 『법철학』에서 가족, 시민사회, 국가로 전개되는 인륜성의 개념을 자유의 이념으로 지칭한다.[54] 그리고 인륜성의 마지막 단계 내지는 형식인 국가는 보다 발전된 내용을 지니는 자유를 그것의 본질 또는 목적으로 삼는다고 할 수 있는데, 사실상 그의 법철학 또는 객관정신철학 자체가 자유의 객관화를 주제로 삼는다고 할 수 있다.[55] 왜냐하면 헤겔에 따르면 정신의 본질은 곧 자유이며,[56] 객관화된 정신이란 바로 자유가 실현된 방식들의 총체이자 이 방식들에서의 정신의 활동성이기 때문이다. 그렇기에 헤겔이 국가를 "구체적 자유의 현실성"이라고 말할 때[57] 이것은 그러한 자유의 현실화와 구현에 국가의 개념과 목적이 존재한다는 의미이지, 예컨대 현존하는 어느 국가에서 구체적 자유가 철두철미하게 실현되어 있다는 것을 의미하는 것은 전혀 아니다.[58] 자유가 이념인 한에서 그것은 끊임없이 발전적으로 실현되어

54 GPR, § 142.

55 헤겔은 자신의 『법철학』을 시작하며 "법체계"를 "실현된 자유의 왕국"으로 칭한다. GPR, § 4.

56 Enz. III, §§ 482, 382.

57 GPR, § 259.

58 "국가는 예술작품이 아니다. 국가는 세상에 존재하는 것이고, 그 때문에 자의, 우연 그리고 오류와 함께한다. 그렇기에 나쁜 행위가 국가를 많은 면에서 기형적으로 만들 수 있다." GPR, § 258, Zus.

가는 과정 중에 있지 어떤 한 시점에서 완성되고 종료되는 것이 아니다.[59] 또한 우리가 국가를 단지 객관화된 결과물로만 볼 것이 아니라 자기산출적인 활동성을 강조하면서 그것에 주체적인 성격을 부여해서 생각해본다면—그리고 이것이 바로 헤겔의 관점이기도 한데—국가란 앞에서 언급해온 구체적 자유의 현실성인 동시에 이러한 현실성을 산출하는 정신, 즉 객관 정신이다.[60] 그리고 이러한 자유를 자신의 본질로, 내재적 목적으로 삼는 한에서, 국가는 자신의 목적을 자신 속에 지니며 자기를 스스로 실현하는 "자기목적"이기도 하다.[61]

지금껏 국가의 목적을 "구체적 자유"로 규정하는 것의 정당성에 대해 서술했다면 이제는 구체적 자유라는 것에 대해 헤겔이 어떻게 서술하는지를 고찰함으로써 이러한 자유의 의미를 보다 잘 이해해 보고자 한다. 헤겔은 "구체적 자유"를 보편자와 특수자의 통일로 설명하는데, 그가 이러한 자유를 규정하는 대목을 인용해보면 다음과 같다.

> [...] 인간의 사적인 개별성과 그것이 지니는 특수한 관심사들이 온전하게 발양되어 이것들의[개별성과 특수한 관심사들의] 권리가 그 자체로 (가족과 시민사회에서) 인정되면서 이것들이 동시에 [...] 앎과 욕

59 헤겔에 따르면 이념이란 자기를 실현하는 "주체"이자 "과정"이다. Enz. I, §§ 213, 215.

60 헤겔은 『법철학』에서 국가를 "객관 정신"으로도, "인륜적 정신"으로도 칭한다. GPR, §§ 257, 258. 또 그는 다음과 같이 말하기도 한다. "국가는 정신이되, 세계 속에 존재하는 정신이며 세계 속에서 의식과 더불어 스스로를 실현한다." GPR, § 258, Zus.

61 GPR, § 258.

구와 함께 보편자의 관심사를 인정하는 데, 그것도 이 보편자를 개별성과 특수한 관심사들의 고유한 **실체적 정신**으로 인정하는 데, 그리고 이것들이[개별성과 특수한 관심사들이] 그 자신들의 **궁극목적**으로서의 이 보편자를 위해 **활동**하는 데 구체적 자유의 본질이 있는 것이다. 그리하여 구체적 자유의 차원에서는 보편적인 것이 특수한 이익 및 앎과 의지의 활동을 결여하고서는 유효하지도 않고 관철되지도 않으며, 다른 한편 개인들 또한 단지 특수한 이익과 앎 그리고 특수한 의지를 위해 사적인 인격체로서만 살아가는 것이 아니고 동시에 보편적인 것 속에서 보편적인 것을 위해 의욕하고 이 목적을 의식한 활동을 한다.[62]

여기서 헤겔이 말하는 바와 같이 구체적 자유란 국가에서 실현되어야 할 것으로서, 공동선과 같은 보편적인 내용을 지닌 목적이 추구되는 동시에, 특수한 것과 개별적인 목적 및 관심사들이 함께 고려되면서 인정되는 자유이다. 또 달리 말하면, 인륜성의 마지막 단계로서의 국가 자체가 바로 이러한 자유가 실현되고 추구되는 조건이자 이러한 자유가 실현된 대상이기도 하다.[63] 반면에, 시민사회에서 추구

---

62 GPR, § 260.

63 이러한 자유를 목적으로 삼을 뿐 아니라 그 자체로 이러한 목적이 실현된, 또는 실현되고 있는 대상으로서의 근대 국가의 본질에 대해 헤겔은 다음과 같이 말한다. "근대 국가의 본질은 보편적인 것이 특수성의 충만한 자유 및 개인의 안녕과 결합되어 있는 것이다. 따라서 가족과 시민사회의 관심사가 국가로 함께 집약되고 총괄되어야 하는데, 그렇다 하더라도 목적의 보편성이 특수성, 즉 그 나름의 고유한 권리를 보유해야 마땅한 특수성 자체의 앎과 욕구를 결여한 채 앞으로 나아갈 수는 없는 것이다. 즉 보편적인 것이 관철되되, 다른 한편으로는 주관성이 전적으로 그리고

되는 자유는 특수한 또는 주관적인 자유로서 이러한 공동체에서 개인들은 자기 나름의 특수한 이익과 관심사들을 욕구하고 충족시키고자 한다. 시민사회에서도 보편성의 요소가 존재하긴 하지만, 앞서 3장에서 언급된 것처럼, 이러한 보편성은 그 자체로 의식적으로 추구되는 어떤 것이 아니라 우연적으로 획득되거나 필요에 의해 수단으로서 추구된다. 그리하여 이러한 보편성의 요소는 그 자체로는 자유보다는 제한처럼, 추구되는 것이기보다는 외적으로 부과되는 것처럼 여겨진다. 이를테면 극심한 경쟁의 현장인 시장에서 준수되어야 할 규칙이나 행위규범은 개인의 특수한 이익을 달성하기 위해서 요구되고 또 부과되는 것이지만, 자유의 제한처럼 여겨지지 추구되고 또 추구되어야만 할 보편성으로 여겨지지 않는다.

우리가 이상에서처럼 『법철학』의 "인륜성" 전체를 규정하는 개념인 자유의 관점에서 국가의 목적을 구체적 자유로, 시민사회의 목적을 특수한 자유 내지는 주관적 자유로 규정하게 될 때, 우리는 자연스럽게 앞에서 언급했던 **두 번째** 질문에 하나의 설득력 있는 대답을 제공할 수 있게 된다. 그 질문이란, 즉 국가가 목적이란 관점에서 어떻게 시민사회와 뚜렷이 구분되며 후자보다 우월한 지위를 가질 수밖에 없는가 하는 것이었다. 이에 대한 대답은 국가와 시민사회 양자는 각각 추구하고 실현하는 목적의 뚜렷한 상이성을 통해 구분되며, 양자의 목적에는 우열관계가 성립한다는 것이다. 즉 구체적 자유가 특수한 자유보다 우월하며, 『법철학』 또는 그의 객관정신철학 내

생동적으로 구현되어야 한다." GPR, § 260, Zus.

에서 이 우월성은 시민사회가 국가로 지양된다는 식으로, 또 국가는 시민사회를 "이끌어 간다(leiten)"는 식으로 표현된다.[64]

국가의 목적으로서 구체적 자유가 갖는 우월성은 다음과 같이 적어도 세 가지 측면에서 고찰될 수 있다.첫째로, 특수성 또는 주관성에만 기초하는 특수한 자유가 일면적이고 그런 의미에서 제한적인데 반하여, 구체적 자유는 보편적 관심사와 특수한 관심사 모두를 고려하며, 그런 의미에서 일면성을 지양하는 자유이다. 둘째로, 개인적이고 특수한 욕구들과 관심사에 따르는 특수한 자유에 비해, 보편적인 것 자체를 추구하면서 특수성을 배제하지 않는 구체적 자유는 정신적이고 이성적인 존재로서의 인간성에 더 적합한 자유이다. 셋째로, 특수한 자유를 목적으로 삼는 시민사회가 개인들의 특수한 욕구와 관심사들의 무절제한 추구와 충돌로 인하여 항상 붕괴의 위험에 처하는 반면, 구체적 자유는 보편성과 특수성 양자의 통일 속에 존재하며 정치공동체의 유지와 재생산 그리고 발전에 더 적합한 자유이다. 여기서 우리는 국가와 시민사회에 존재하는 또 하나의 차이를 발견하게 되는데, 그것은 이 각각의 공동체를 구성하는 구성원들과 이들이 속하는 공동체가 맺는 관계의 차이이다. 이 차이를 우리는 헤겔 자신의 표현을 통해 규정해볼 수 있는데, 헤겔은 시민사회를 "원자론의 체계"로 지칭하며,[65] 국가를 앞에서 이미 언급했듯이 "유기체"로 지칭한다.[66] "원자론의 체계"인 공동체 내의 구성원들과 하나의 "유

64 Enz. III, § 537.

65 Enz. III, § 523.

66 앞의 각주 53 참조.

기체"로서의 국가를 구성하는 구성원들이 각각 자신이 속한 공동체와 맺는 관계는 당연히 다를 수밖에 없다. 전자에서 그 구성원들이 그들의 공동체에 대해, 또 구성원들 서로에 대해 맺는 관계는 외적인 것으로서 그 결합과 분리가 임의적이고 우연적인 것이라면, 후자에서 구성원들은 공동체와 이른바 유기적인 관계를 맺는다. 즉 첫째로, 국가의 구성원들은 마치 유기체의 각 부분들이 전체의 존속과 재생산에 기여하는 것처럼 전체로서의 국가의 존속과 발전에 기여하며, 이것은 다시금 역으로 구성원의 존속과 발전을 보장한다. 둘째로, 국가의 구성원들 각자는 자신을 유지·발전시킴으로써, 또 자신의 활동을 통해서 다른 구성원들을 유지·발전시키며, 역으로 다른 구성원들의 활동과 역할을 통해서 자신을 유지·발전시킨다.[67] 셋째로, 구성원들은 이 정치공동체로서의 국가를 통해서 또 국가라는 조건하에서만 자신의 본성을 실현한다. 국가와 개인과의 이러한 유기적 관계 때문에 헤겔은 필자가 이 논문의 1장에서 국가의 목적과 관련하여 인용한 문장에서 "국가가 개인과 맺는 관계"가 시민사회가 개인과 맺는 관계와 "전적으로" 다르다고 말하고 있는 것이다.

5. 맺는말

지금까지 목적이라는 관점에서 시민사회와 국가를 비교하여 고찰하

67 GPR, § 286.

고 이에 관한 헤겔의 주장들을 검토함으로써, 그가 행한 시민사회와 국가의 구분이 원리적으로 보아 타당하다는 것과, 목적의 추구와 실현의 측면에서 보아 정치공동체로서의 국가가 시민사회보다 우월한 지위를 갖는다는 그의 주장이 설득력 있는 것임을 제시하였다.

그의 국가론이 지닐 수 있는 약점과 문제점들에도 불구하고, 또한 이와 관련하여 그에게 제기되었던 다양한 비판들에도 불구하고 필자는 그의 국가론이 오늘날에도 여전히 유효할 수 있는 면모를 갖고 있으며 이 논문을 통해 이러한 면모를 어느 정도는 드러냈다고 생각한다. 이에 해당하는 몇 가지를 말해보자면, 그 **첫째로**는 바로 이 논문의 주된 관점이기도 한 국가의 목적과 역할에 관련된 것이다. 아무리 오늘날 국가 간의 교류가 활발해지고 자본과 노동의 이동이 원활해졌다고는 하나, 사실상 국가 간의 장벽 자체가 무너진 것은 전혀 아니며, 또 개별 국가에게는 과거에 못지않은 또는 과거보다 더욱 많은 역할과 기능이 요구되고 있다. 예컨대 복지정책의 확대와 같은 것 말이다. 헤겔은 이러한 역할과 기능이 지향해야 할 바를 뚜렷이 제시하였다. 이러한 지향점이란 곧 그가 말하는 국가의 목적이기도 한 보편적 관심사이다. 그렇기에 국가를 구성하는 어떤 개인이나 집단이라도 이러한 보편성을 의식하면서 이에 의거하여 국가의 성격을 이해해야 한다. 또한 그렇기에 국가권력을 이루는 또는 이와 연결된 어떤 기구도 이 보편성을 떠나서 정책을 집행하려 한다거나 국가 자체를 사적인 또는 집단 이익을 위한 도구처럼 여겨서는 안 된다.

둘째로, 헤겔은 시민사회가 공동체적 삶을 위한 기반으로서 어떤 점에서 또 어떤 이유로 결함을 지닐 수밖에 없는지를 명확하게 제시하였다. 그것은 우리가 이 논문에서 논했던 시민사회가 추구하는 목적과 밀접히 관련된 것이다. 사적이고 특수한 관심사와 이익들을 추구하는 개인들의 집합체인 시민사회는 바로 이러한 목적으로 인해 아무리 보편적인 차원이 병존한다 하더라도 경쟁과 근본적인 개인주의적 경향 속에서 자기 파괴적인 현상을 빚어내며, 사회적 양극화를 심화시켜 결국 붕괴의 위험에 이르게 된다. 또한 시민사회 그 자체로는 이런 문제들을 해결할 수 없으며, 결국 국가 차원의 개입과 노력이 요청된다는 것이 헤겔의 입장이다. 시민사회란 시장경제체제를 기반으로 하는 공적 영역으로서 그것이 지니는 효율성뿐만 아니라 그것이 갖는 결함과 문제점들 역시 역사적 사실로서 우리에게 잘 알려져 있다. 시장경제는 빈번히 위기에 이르며 이것은 시장의 자기조정능력으로는 해결될 수 없다. 우리는 이러한 위기상황이 발생할 때마다 결국 문제의 해결은 국가의 정책적 개입과 노력을 통해서 이루어졌음을 기억해야 한다. 헤겔은 이미 이러한 과정을 자신의 이론을 통해 원리적으로 제시했을 뿐 아니라, 시민사회의 위기상황을 빚는 원인에 대해서도 명확한 인식을 지니고 있었다.

셋째로, 국가의 목적으로서의 보편적 관심사에 대한 헤겔의 주장은 우리가 공적 서비스라고 부르는 교육, 의료, 또는 교통과 같은 부문의 과제들이 왜 국가의 책임하에 이루어져야 하는지를 우리에게 알려주고 있다. 말하자면 이러한 과제들이란 언제나 공적이고 보편적인 목적이라는 관점에 따라 수행되어야 하는 것이며, 이것이 시장경제체제의 한 구성 요소로서 사적 사업이 되는 순간 이러한 과제들의 수행은 시장의 메커니즘 속에서 특수한 개인이나 집단의 이윤추구 활동으로 변모하게 될 위험이 상존한다. 또 그런 상황에서 공익과 보편적 목적은 부차적인 것으로 전락하기 십상이다. 이것은 오늘날의 우리에게도 시사해주는 바가 많다. 이를테면 공적 사업의 민영화가 갖는 폐해 같은 것 말이다.

결국 헤겔의 관점에 설 때 시민사회의 일원이자 동시에 국가의 일원인 시민의 근본적인 과제는 공동체의 건전한 유지와 발전을 위해서뿐만 아니라 그 자신이 개인적으로 추구하는 특수한 목적들의 달성을 위해서라도 좋은 국가를 만드는 일이 될 것이다. 그런 의미에서 국가는 헤겔의 지적처럼 보편적 목적의 실현을 지향하면서 동시에 "특수한 목적과 복리의 실현을 위한 유일한 조건"이 되는 것이다.[68]

68 GPR, § 261, Zus.

자유주의에 대한 헤겔의 비판에 관하여

■ **보론 2**

1. 들어가는 말

헤겔에게서 자유가 갖는 의미는 매우 각별하다. 그는 자유를 "인간에게 가장 존귀하고 신성한 것"이라고 말하며,[1] 인간의 역사를 "자유의식에서의 진보"의 역사로 파악한다.[2] 그리하여 그는 이러한 역사 속에서 실현되는 이른바 "정신"의 본질이 바로 자유에 있다고 주장한다.[3] 또한 그의 실천철학이 체계적으로 요약되어 있는 『법철학』의 중심적 원리는 바로 자유라고 할 수 있다.[4] 인식의 측면에서도 헤겔은 그가 최고의 인식적 단계로 여기는 개념적 인식과 관련하여 개념이라는 것을 바로 자유의 영역으로 규정하고 있다.[5] 게다가 그는 "철학

---

1 GPR, § 215, Zus.

2 VPG, p. 32.

3 Enz. III, § 482.

4 헤겔은 자신의 실천철학적 저작으로서의 『법철학』이 대상으로 삼는 것은 "법의 개념과 그것의 실현(den Begriff des Rechts und dessen Verwirklichung)"이며, "법의 체계(Rechtssystem)"란 "실현된 자유의 영역(das Reich der verwirklichten Freiheit)"이라고 말한다. GPR, §§ 1, 4.

5 G. W. F. Hegel, *Wissenschaft der Logik* II, TWA, Bd. 6, p. 240.

의 관심사란 스스로를 실현하는 이념, 보다 정확히 말하자면 자유 이념의 발전 과정을 인식하는 것"이라고까지 말한다.[6] 이러한 점에서 볼 때 우리가 그의 철학을 자유의 철학이라 부른다고 해도 결코 지나치지 않을 것이다.

그러나 그는 다른 한편, 기본적으로 개인의 자유에 기초하고 있는 자유주의에 대해 비판적 시각을 견지하고 있기도 하다. 자유의 철학자가 자유주의를 비판하고 있는 것은 일견 역설적으로 보일 수도 있다. 그러나 그의 견해를 자세히 살펴보면 그가 자유와 관련된 자신의 주장에 있어 일관성을 결여하고 있다거나 자유주의를 전적으로 부정하는 것이 아님을 알 수 있다. 그런 까닭에 그가 자유주의를 비판한다는 사실이 곧 그가 반자유주의자임을 의미하는 것도 아니며, 누군가의 지적처럼 그가 반드시 국가주의자 내지는 전체주의자의 입장에 서 있음을 함축하는 것도 아니다.[7] 오히려 그의 실천철학적 견해는 자유주의적 요소를 상당 부분 포함하고 있으며, 또한 본론에서 다루어지겠지만, 그는 자유주의적 원리야말로 근대 세계의 특징적

---

6 VPG, p. 540.

7 헤겔이 당대의 보수, 반동적 프로이센 국가를 이론적으로 정당화하고 있다는 식의 입장 또는 헤겔이 궁극적으로는 전체주의를 옹호하고 있다는 입장의 대표자들은 다음과 같다. R. Haym, *Hegel und seine Zeit*, Berlin, Rudolph Gaertner, 1857; K. Popper, *The Open Society and Its Enemies*, London, Routledge, 1962; E. F. Carrit, "Reply", in W. Kaufmann(ed.), *Debating the Political Philosophy of Hegel*, New Brunswick, Transaction Publishers, 2010, pp. 30-43; S. Hook, "Hegel and His Apologists", in Kaufmann(ed.), *op. cit.*, pp. 87-105. 스튜어트는 이러한 입장들 속에서 나타나는 오해와 일면성을 지적하는 다수의 논문들을 편집하여 이러한 오해와 신화 속에 존재하는 헤겔 사상의 이미지를 교정하고자 시도한 바 있다. 이에 대해서는 다음을 참조하시오. J. Stewart(ed), *The Hegel Myths and Legends*, Evanston, Northwestern University Press, 1996.

일면을 드러낸다고 본다. 이렇듯 자유주의에 대한 그의 입장은 일방적으로 단순하게 요약될 수는 없는데, 이러한 사정과 관련하여 찰스 테일러는 이를 "양가적이고 이중적(ambivalent and double-sided)"이라고 평가하고 있기도 하다.[8]

자유주의에 대한 헤겔의 입장이 단순하지 않은 것임은 분명하지만, 그럼에도 불구하고 필자는 헤겔의 입장이 애매모호한 성격을 지니는 것은 아니라고 본다. 왜냐하면 자유주의가 갖는 특정한 측면에 대해 헤겔은 뚜렷한 근거를 들어 비판하고 있으며 이러한 비판 자체는 오해를 유발시키지는 않을 정도로 명백하기 때문이다. 헤겔이 지니는 문제의식의 핵심은 자유주의가 내세우는 자유 개념이 헤겔이 생각하는 진정한 자유 개념에 비하면 상당한 정도로 결함을 지니는 것이어서 자유의 실현이라는 문제를 충분히 설명해주지 못한다는 것이며, 따라서 이러한 자유 개념과 결부된 자유주의의 기본적 원칙들 역시 근대 사회의 바람직한 윤리적 기반을 이루기에는 부족하다는 것이다.

이 논문의 목적은 헤겔의 자유주의 비판의 골자를 이루는 내용이 무엇이며 또한 이러한 비판에 대해 그가 내세우는 근거는 무엇인지를 고찰함으로써 그의 비판이 갖는 성격을 이해하고 또 이러한 비판의 타당성 및 의의를 제시하는 것이다. 2장에서 필자는 헤겔의 자유 개념을 중심에 두고 그의 자유주의 비판을 서술할 것이며, 3장에서는 자유주의의 기반에 놓인 개인주의에 대해 헤겔은 어떤 평가를 내리

8 C. Taylor, "Hegel's Ambiguous Legacy for Modern Liberalism", in R. Stern (ed.), *G. W. F. Hegel: Critical Assessments*, Vol. 4, London and New York, Routledge, 1993, p. 345.

고 있는지를 살펴볼 것이다. 4장에서 필자는 자유주의가 표방하는 국가관에 대해 헤겔이 어떤 입장을 지니는지를 개인과 국가의 관계라는 관점에서 또한 그의 사회계약론 비판을 통해서 고찰할 것이다. 그리고 이로부터 필자는 이상에서 살펴본 헤겔의 입장이 어떤 점에서 현대 사회의 실천철학적 논의를 위해서도 여전히 유효할 수 있는지를 가늠해볼 것이다.

2. 자유주의와 헤겔의 자유 개념

자유주의에 대한 헤겔의 비판을 논함에 있어 우선 문제시될 수 있는 것은 그의 자유주의 비판이란 것이 정확히 무엇을 뜻하는가 하는 점이다. 이미 헤겔의 자유주의 비판에 대한 여러 연구들이 존재하고 이 논문 역시 이러한 비판을 기정사실화하고 있음에도 필자가 이런 문제를 제기하는 것은 실제로 그의 비판의 주된 내용이 담겨 있다고 간주되는 그의 성숙기 저작 『법철학』이나, 그가 직접 출판한 여타의 글에서 자유주의라는 용어 자체가—필자가 아는 한—사용되고 있지 않기 때문이다. 그가 이 용어를 써가며 이에 대해 자신의 입장을 제시하는 것은 그의 『역사철학강의』에서나 등장하고 있다. 그러나 여기에서조차도 그가 자유주의 자체를 특별한 항목으로 삼아 상세히 다루고 있는 것은 아니다. 그럼에도 불구하고 일단 우리는 바로 『역사철학강의』에 나오는 그의 언급을 출발점으로 삼아 자유주의에 대한 헤겔의 기본입장이 무엇인지를 이해하려는 시도에 착수해야만 할 것이다. 이 책의 한 대목에서 그는 "자유주의(Liberalismus)"를 언급하면서, 이것에 "원자의, 개별 의지의 원리(das Prinzip der Atome, der Einzelwillen)"를 귀속시키고, 자유주의적 관점의 자유 개념이 갖는 형식적인 성격에 대해 논하고 있다.[9] 이 대목으로부터 우리는 그가 자유주의의 기반에는 개인적 의지를 원리로 삼는 개인주의가, 헤겔식 표현을 사용하자면 일종의 원자론적 개인주의가 놓여 있다고 보고 있음을 알 수 있다. 이것은 사실상 자유주의에 대한 일반적인 이해로부터 그다지 벗어나는 것은 아닌데, 고전적인 의미에서 자유주의라는 것은 대체로 개인의 생명과 자유 그리고 재산을 보장하는 것을 주된 가치로 삼는 정치사상이라고 볼 수 있기 때문이다.[10] 그리고 이에 근거하여 우리는 자유주의를 구성하는 원칙들을 상정해볼 수 있는데, 그것들은 자유주의에 고유한, 특정한 의미의 자유 개념, 이것의 기반에 놓인 개인주의, 그리고 사회계약론에 입각한 국가관 등이 될 것이다. 그런데 이러한 원칙들 모두가 헤겔이 가하는 비판의 대상이 되고 있으므로,[11] 이로부터 일단 우리는 헤겔이 자유주의에 대해 분명한 비판적 입장을 지닌다는 귀결을 이끌어내도 좋을 것이다.

이제 헤겔의 비판이 겨냥하는 대상 중 하나인 자유주의적 자유

9 VPG, pp. 534-535. 여기서 이러한 "형식적 성격'이 무엇을 의미할 수 있는지에 관해서는 이 논문의 2장에서 칸트의 윤리학적 입장에 대해 헤겔이 "형식주의적"이라고 비판하는 대목을 다루면서 언급될 것이다.

10 자유주의의 정의를 놓고 벌어지는 많은 논의들이 존재하지만, 우리는 헤겔의 자유주의에 대한 이해가 고전적 의미에서의 자유주의가 지니는 본질적 성격을 벗어나지 않는 한에서, 그런 논의들에는 지면을 할애하지 않을 것이다.

11 이러한 비판의 내용에 대해서는 앞으로 본문에서 다루게 될 것인데, 헤겔이 이런 비판과 관련하여 거론하는 사상가들은 대체로 자유주의의 초석을 놓았다고 간주되는 홉스, 로크, 루소, 칸트 등이다.

개념을 논하려고 하는데, 이를 위해서 우리는 헤겔 자신의 자유 개념을 아울러 고찰하게 될 것이다. 왜냐하면 양자의 비교적 고찰을 통해서 그의 비판이 갖는 내용과 성격이 보다 더 분명히 드러나게 될 것이기 때문이다.

헤겔이 자유에 대해 여러 상이한 용어를 사용하면서 또 자유의 상이한 유형들을 구분하면서 이를 비판적으로 고찰하고 있는 까닭에 그의 자유 개념에 대한 논의는 그 자체만으로도 복잡한 양상을 지닐 수밖에 없다.[12] 그러나 이 논문에서의 논의에 한정해서 말하자면 자유주의적 자유 개념에 대한 그의 비판은 대체로 다음과 같이 두 가지로 요약될 수 있다.[13] 즉 이러한 자유 개념은 그것이 기본적으로 개

---

12 헤겔은 스스로 자유가 많은 의미를 함축하는 용어이며, 자유의 의미와 관련하여 무한히 많은 오해와 오류 그리고 혼란스러움이 존재해왔다고 말한다. VPG, p. 33.

13 이 논문의 목적은 헤겔의 자유 개념 자체를 고찰하는 것이 아니므로, 필자는 이에 대한 본격적이고도 상세한 논의를 펼치는 대신에 이에 관한 기존의 연구들을 제시하고자 한다. 우리는 물론 예컨대 앞의 각주 11에서 제시된 자유주의적 사상가들에게서 나타나는 자유 개념이 모두 동일한 것은 아님을 인정해야 한다. 그리고 헤겔 역시 이들의 자유 개념이 갖는 차이를 간과하는 것은 아니다. 이러한 차이를 이 논문에서 본격적으로 다룰 수는 없는데, 혹자는 이러한 차이를 강조하는 나머지 자유주의의 기반에 놓인 공통된 자유 개념을 상정하는 것 자체를 문제시할 수도 있을 것이다. 그럼에도 불구하고 그것은 더 이상의 논의를 가로막을 정도로까지 심각한 문제가 될 수는 없다. 왜냐하면 이러한 차이에도 불구하고 이들의 자유 개념은 모두 헤겔의 비판의 대상이 되고 있으며, 본문에서 언급한 바대로 이 사상가들은 자유주의를 대표하는 고전적 사상가들이기 때문이다. 본문에서 필자는 헤겔이 자신의 자유 개념을 서술하는 과정에서 나타나는 자유주의적 자유 개념에 대한 비판을 중심으로 논의를 펼치게 될 것이다. 헤겔의 자유 개념을 본격적으로 다룬 연구로는 다음을 참조하시오. R. L. Schacht, "Hegel on Freedom", in A. MacIntyre(ed), *Hegel: A Collection of Critical Essays*, Notre Dame, University of Notre Dame Press, 1972, pp. 289-328; G. H. R. Parkinson, "Hegel's Concept of Freedom", in M. Inwood(ed), *Hegel*, Oxford and New York, Oxford University Press, 1985, pp. 153-173; Z. A.

인의 자의적 욕구에 기초함으로써 이성적인 것과의 필연적 연관성을 지니지 않거나, 아니면 형식적으로 이성적 성격을 지니더라도 내용을 결여함으로써 공허한 것으로 되어버릴 위험에 처한다는 것이다. 그런데 여기서 우리가 다시 기억해야 할 것은 헤겔은 이런 식의 자유 개념을 결함 있는 것으로 보아 무시하는 것이 아니라, 이런 식의 자유 개념이 자유의 본질 전부를 드러낸다고 믿는 관점을 비판하는 것이다. 이제 이러한 헤겔의 기본적 입장을 염두에 두면서 그의 자유 개념을 고찰해보도록 하겠다.

헤겔은 사람들이 흔히 가지고 있는 자유 개념에 대해 다음과 같이 말하고 있다.

> 사람들이 자유에 대해 갖는 통상적인 관념은 자의(Willkür)이다. 이것은 단지 자연적인 충동들을 통해 규정되는 것으로서의 의지와 즉자 대자적으로 자유로운 의지 양자 사이에 위치한, 반성의 중간 단계(die Mitte der Reflexion)에 해당한다. 사람들이 흔히 다음과 같이 말하는 것을 우리가 듣게 될 때, 즉 자유란 본래 **하고자 하는 것을 할 수 있는(man tun könne, was man wolle)** 것이라고 말하는 것을 들을 때, 이런 식의 관념에는 전적으로 사유의 도야가 결여되어 있다고 할 수 있다.[14]

Pelczynski, "Political Community and Individual Freedom in Hegel's Philosophy of State", in R. Stern(ed), *G. W. F. Hegel: Critical Assessments*, Vol. 4, London and New York, Routledge, 1993, pp. 248-273; A. Patten, *Hegel's Idea of Freedom*, Oxford, Oxford University Press, 2006.

14 GPR, § 15.

여기서 헤겔은 그가 "자의(Willkür)"라고 부르는 것을 규정하면서 이를 단지 비판하는 식으로 말하는 것처럼 보이기도 한다. 그러나 그의 기본적인 입장은 그저 자의를 부정적으로 취급하는 것이 아니라, 그것이 그가 생각하는 자유 개념의 외연 전체에서 일종의 중간 단계를 형성한다는 것이다.[15] 물론 그는 자신이 자의라고 부르는 자유의 단계가 극복되어야 한다고 보고 있지만, 인용문이 말해주듯이, 사실상 그는 그것이 지니는 현실성에 대해 충분히 긍정하고 있다. 그에 따르면, 일반적으로 말해서 자의는 선택할 수 있는 가능성으로서의 자유 내지는 이러한 자유의 능력으로서의 의지를 뜻하는 것인데,[16] 이것의 특징은 우연성에 있다.[17] 자의에 따른다는 것은 기본적으로 왜 이것을 선택하고 다른 것을 선택하지 않느냐 하는 것이 그때그때의 우연적 조건에 좌우될 수 있음을 뜻한다. 그러나 이것은 이때 우리가 단지 자연적인 충동이나 직접적인 욕망에 따른다는 것을 뜻하는

15 또한 헤겔이 말하는 이 중간단계로서의 "자의"는 일상적 용법에서 그러한 것처럼 특별히 부정적 함의를 갖는 것도 아니다.

16 헤겔의 자유 개념을 고찰함에 있어 흥미로운 것은 그가 자유를 종종 의지와 동일한 것으로 지칭한다는 점이다. 이것은 통상적인 용법과는 사뭇 다른 것인데, 흔히 의지는 무엇을 의욕하는 능력을 뜻하며, 자유는 그런 의지가 지닐 수 있는 속성을 뜻하기 때문이다. 또 그런 의미에서 사람들은 의지의 자유에 대해 말하거나 자유 의지의 존재에 대해 논한다. 그러나 헤겔은 의지란 본래 자유로운 것이며 자유란 의지의 실체(Substanz)를 이룬다고 말할 뿐 아니라, 또한 현실적인 것으로서의 자유란 곧 의지에 다름 아니라고까지 주장한다. 그렇기에 헤겔은 자의를 의지라고 칭했다가 일종의 자유라고 칭하기도 하는 것이다. 예컨대 헤겔은 다음과 같이 말한다. "[...] 왜냐하면 자유로운 것(das Freie)은 의지이기 때문이다. 자유 없는 의지란 공허한 말에 불과하며 그리하여 자유는 오직 의지로서, 주체로서 현실적(wirklich)이다." GPR, § 4와 그 Zus.

17 GPR, §§ 14-15.

것은 아니다. 그런 까닭에 헤겔은 "반성의 중간단계"라는 표현을 쓰고 있는 것이다. 즉 자의라는 단계의 자유는 우연적인 조건에 좌우되기는 하지만 개인적 선호나 욕구에 따라 숙고하고 계산하여 어떤 것을 선택하는 자유를 말한다. 흔히 사람들은 자유를 이런 것으로 이해하고 있기 때문에, 헤겔은 이를 "사람들이 자유에 대해 갖는 통상적인 관념"이라고 말하는 것이다. 그렇다면 이것과 자유주의는 어떤 관계에 있는 것인가? 헤겔은 자유주의가 표방하는 자유는 상당 부분 자의와 일치한다고 본다.[18] 예컨대 다음과 같이 로크가 제시한 자유의 정의도 헤겔이 말하는 자의와 거의 다를 바 없다고 할 수 있다.

> 자유란 어떤 특정한 행위를 행하거나 또는 삼가는 것에 있어 인간이 갖는 능력을 말한다. 이때 그는 자신의 마음속에 그것을 행하거나 삼가는 것에 대한 실질적인 선호를 가지고 있으며, 이는 그가 그런 행위를 의욕하느냐 아니냐의 여부에 따라서 행한다는 것을 뜻한다.[19]

18 헤겔은 보편적 의지에 대한 루소의 견해를 언급하면서 루소의 자유 개념이 사실은 자의의 단계를 넘어서지 못한다고 다음과 같이 비판한다. "그런데 보편적 의지에 대한 [루소의] 오해는 여기서 시작된다. 자유의 개념은 모든 개인의 우연적인 자의라는 의미로가 아니라 이성적 의지라는, 즉자대자적인 의지라는 의미로 이해되어야 한다." VGP III, p. 307.

19 J. Locke, *An Essay Concerning Human Understanding*, ed. with an introd. by Peter H. Nidditch, Oxford, Clarendon Press, 1975, Book II, p. 241. 다른 곳에서 로크는 자유가 "법이 규제하지 않는 한 모든 일에서 나 자신의 의지를 따르는" 데서 성립한다거나, "자신의 인격(person), 행동, 소유물, 그리고 자신의 전 재산을 법이 허용하는 범위 내에서 뜻대로 처리하고 정할 수 있는" 데서 성립한다고 주장하고 있다. J. Locke, *Second Treatise of Government and a Letter Concerning Toleration*, ed. by J. W. Gough, Oxford, Basil Blackwell, 1976, §§ 22, 57. 여기서 로크는 자유를 특별히 이성적인 것 내지는 보편적인 것과 연결시키지 않음으로써 그의 개인주의적이고 일종의 자연주

자유주의의 초석을 놓은 대표적 사상가인 로크의 이와 같은 정의는 헤겔이 지적하듯이 상식적으로 받아들이는 견해이기도 한데, 헤겔은 이러한 자유 개념에 대해 전적으로 부정적 태도를 취하지는 않는다. 그렇긴 하지만 다른 한편 그가 지적하고자 하는 문제는, 이런 식의 자유 개념을 그대로 받아들일 경우 한 개인의 자발적인 결정이라고 여겨지는 것이 사실상 외적 조건이나 생리적인 원인에 의해 결정되는 것에 불과하게 될 가능성이 상존한다는 것이다. 그렇다면 이것은 결정론자들의 주장에서처럼 사실상 자유가 부정되는 결과가 초래될 것이다. 자유라고 주장된 것이 자유가 아닌 것이 되는 이러한 자기기만적 가능성 때문에 그는 이러한 자유, 즉 자의라는 단계의 자유를 일종의 "기만(Täuschung)"이라고 지칭하기도 한다.[20]

그렇다면 헤겔이 생각하는 진정한 자유란 무엇을 말하는 것인가? 이에 답하기 위해서 우리는 헤겔이 자유의 중간단계 내지는 두 번째 단계로 칭하는 자의 외에 그가 언급하는 자유의 다른 단계 내지는 유형들을 고찰해볼 필요가 있다. 따라서 우리는 우선 자유의 첫 번째 단계로부터 시작할 것이다.

의적인 자유관의 일단을 보여주고 있는데, 이러한 점에서 보면 자유주의의 초석을 놓았다고 간주되는 홉스의 자유 개념 역시 로크의 그것과 대동소이하다. 그는 자유를 "외부적 방해의 부재"라고 말함으로써 개인이 지니는 욕구의 추구가 방해받지 않는 것을 자유로 간주하고 있다. 그리하여 그 역시 헤겔과는 달리 자유와 관련하여 이러한 욕구를 특별히 이성적인 것과 연결시키지 않고 있다. 즉 그는 의지를 "숙고 속에서의 최종의 욕구(Appetite)"로 정의하면서 의지라는 것이 본성적으로 이성적이라는 견해 자체에 반대한다. Th. Hobbes, *Leviathan*, ed. by M. Oakeshott, Oxford, Blackwell, 1957, pp. 84, 38 참조.

20 GPR, § 15.

그가 자유의 첫 번째 단계로 말하는 것은 단지 "자연적 충동(natürliche Triebe)", 또는 본능적 욕구에 의해 규정되는 것으로서의 의지 또는 이에 근거하는 자유를 뜻한다. 이러한 자연성, 또는 자연적 직접성에 매여 있는 것으로서의 자유가 지니는 특성은 그것의 감각적 성격이다.[21] 이러한 자유의 주체는 물론 한편으로는 자신의 욕구와 충동 또는 감각적 기호에 따라 만족을 구하게 될 것이다. 그런데 헤겔이 보기에 이러한 자유가 갖는 결함은 이런 식의 욕구나 충동이 외적 자극으로부터 오거나 아니면 자연적 존재로서의 인간에게 주어지는 것으로서, 엄밀한 의미에서 스스로의 결정에 따르는 것이 아니라는 점에 있다. 따라서 헤겔은 이러한 단계에 머물러 있는 것, 즉 자연적 욕구의 상태에 머무는 것은 오히려 자유가 아니라 "부자유(Unfreiheit)"의 상태에 있는 것이라고까지 말한다.[22]

세 번째 단계의 자유는 그가 진정한 의미에서 자유라고 간주하는 것으로서, 그것의 특징은 이성적이고 자율적이라는 것이다. 즉 이것은 그 어떤 외적인 권위에도 종속되지 않는 이성적인 그리고 사유를 통한 자기결정성을 함축하는 것으로서, 칸트의 자유 개념과 매우 유사한 면을 지니고 있다. 그리고 헤겔이 아무리 한편으로 자신과 칸트와의 실천철학적 차이를 부각시키고 있다 하더라도, 그의 자유 개념

21 GPR, §§ 11, 15, 21.

22 GPR, § 194. 헤겔은 이러한 이른바 첫 단계의 자유와 관련하여 이것이 왜 가장 낮은 단계이며 진정한 의미에서 자유가 아닌지에 대해 다음과 같이 말하기도 한다. "충동들, 욕구들, 경향성들(Neigungen)은 동물에게도 역시 존재하는 것인데, 그러나 동물은 의지를 갖고 있지 않으며 어떤 외적인 것이 방해만 하지 않는다면 반드시 충동에 따르게 되어 있다." GPR, § 11, Zus.

은 칸트와의 연속성이라는 면에서 이해될 필요가 있다. 사실상 자유 개념과 관련하여 헤겔은 칸트가 이룩한 철학적 발전에 대해 언급하면서 칸트에게 충분한 경의를 표하고 있다.

> 이러한 원리가 정립되었다는 것, 자유야말로 인간이 자신의 최종적인 중심축으로 삼는 것이라는 사실, 또 자유야말로 궁극적인 지향점이며 어떤 다른 것을 통해서도 압도될 수 없다는 사실, 그리하여 인간은 자신의 자유에 반하는 그 어떤 것이라도, 그 어떤 권위도 타당한 것으로 인정하지 않는다는 것이야말로 위대한 진보라고 할 것이다. 이러한 점으로 인하여 칸트 철학은 한편으로 엄청난 확산과 공감을 획득하였다. 인간이 자신 속에서 전적으로 확고한 것, 부동의 것(Unwankendes), 어떤 중심점을 발견한다는 것, 그리하여 이 자유가 존중받지 않는 곳에서는 어떤 의무도 요구될 수 없다는 것이야말로 칸트 철학이 내세운 원리이다.[23]

칸트 자신은 자유를 한편으로는 의지의 "원인성(Kausalität)"이 지니는 속성으로서 그 어떤 외적인 원인으로부터도 "독립적으로 작용

23 VGP III, p. 367. 헤겔은 다른 곳에서도 이러한 자유 개념이 갖는 의의에 대해 언급하면서, 특히 외적 권위와 자유의 양립 불가능성을 강조하고 있다. "이러한 주관적 또는 도덕적 자유는 무엇보다도 유럽적인 의미에서 자유라 불리는 것이다. 이러한 자유의 권리에 의거하여 인간은 반드시 선과 악의 차이 일반에 대한 나름의 인식(Kenntnis)을 가지고 있기 마련이다. 윤리적이고 종교적인 규정들은 그저 권위를 지니는 외적인 법칙과 규범들로서 인간에 대해 권리를 행사하고 인간이 이들을 준수하도록 단지 요구할 것이 아니라, 그의 마음과, 심정, 양심, 통찰 등등 속에서 찬동과 인정 또는 심지어 근거를 통한 정당화를 획득해야 한다." Enz. III, § 503.

하는 속성"으로, 다른 한편으로는 스스로 법칙부여적인 이성의 "자율성(Autonomie)"으로 규정하고 있다. 여기서 외적인 원인이란 자연필연성에 따르는 온갖 종류의 감각적 욕구와 충동 그리고 "경향성(Neigungen)"을 뜻하는 것으로 칸트는 이러한 원인들에 따르는 것을 "타율성(Heteronomie)"으로 명시함으로써 이를 의지의 자율성과 명백히 대립시키고 있다.[24] 이러한 타율성에 따라 만족을 구하려는 의지의 자유는 헤겔식으로 말하자면 첫 번째 단계의 자유에 해당할 것이다.

그런데 헤겔은 절대적 자발성 내지 자율성이라는 자유의 원리를 확립한 칸트의 공로를 인정하면서도, 칸트의 자유 개념이 지니는 결함과 일면성을 지적하고 있다.[25] 간략히 말하자면 헤겔의 관점에서

---

24 Immanuel Kant, *Grundlegung zur Metaphysik der Sitten*, WS, Bd. IV, pp. 81-82; *Kritik der praktischen Vernunft*, WS, Bd. IV, pp. 144, 247. 행위 주체의 자율성, 그 어떤 것에도 종속되지 않는 독립성이라는 측면에서 보면 칸트의 자유 개념과 헤겔의 그것은 매우 유사한데, 이러한 점은 자유에 대한 헤겔의 다음과 같은 언명들에서 잘 나타난다고 할 수 있다. "이와는 달리 정신은 자기 자신과 함께하며, 이것이 바로 자유이다. 왜냐하면 내가 종속적일 때, 나는 내가 아닌 어떤 다른 것에 연관되어 있고 그런 다른 것 없이는 있을 수 없기 때문이다"; "그리하여 정신은 순전히 자기 자신과 함께하며 이를 통해서 자유롭다. 왜냐하면 자유라는 것은 자신의 타자 속에서 자기 자신과 함께하는 것, 자기 자신에게만 종속하는 것, 스스로가 자기 자신을 규정하는 존재가 되는 것이기 때문이다." G. W. F. Hegel, *Die Vernunft in der Geschichte*, hrsg. v. J. Hoffmeister, Hamburg, Meiner, 1955, p. 55; Enz. I, § 24, Zus. 2.

25 칸트의 자유 개념 및 실천철학적 입장에 대한 헤겔의 잘 알려진 비판들이 존재한다. 그것들은 말하자면 칸트의 도덕 개념이 갖는 "무내용성", "형식주의", "의무를 위한 의무" 같은 전형적인 표현 속에서 나타나는데, 이러한 비판은 물론 이 논문의 주제와 관련되어 있으나 우리의 목적은 이러한 비판을 상세히 고찰하거나 칸트와 헤겔의 실천철학적 입장을 비교하는 데 있는 것이 아니므로, 헤겔의 자유주의 비판과 직결될 수 있는 내용들만을 언급하는 것에 만족하고자 한다. 그리고 이러한 내용들 속에서 칸트의 도덕 개념 내지 자유 개념을 다룸에 있어서도 일종의 단순화가 불가피함을 밝혀두고자 한다. 이러한 논의에서 대두되기 마련인 해석상의 문제, 예컨

보아 칸트의 자유 개념은 헤겔 자신이 말하는 진정한 자유 개념에 충분히 도달하지 못한, 이를테면 두 번째와 세 번째 단계 사이에 걸쳐 있는 자유 개념이라고 할 수 있다.[26] 칸트의 자유 개념에 대한 헤겔의 비판은 칸트의 윤리학에 대한 비판과 맞물려 있는데, 이 비판을 두 가지로 요약하자면, 칸트의 윤리학적 입장은 **첫째**, "형식주의적"이라는 점과, **둘째**, 개인주의적이고 단지 주관적인 차원에 머물러 있다는 점이다.[27]

첫째, 형식주의 비판부터 고찰해보자면, 헤겔이 가하는 비판의 요점은 칸트가 도덕법칙으로 주장하는 이른바 정언명법[28]이 행위 준칙

대 헤겔의 칸트 해석이 정당한가 또는 어느 정도로 정당한가에 대한 문제 역시 이 논문에서 상세히 고찰할 수는 없다. 이러한 해석 문제를 포함하여 헤겔의 칸트 비판을 다룬 본격적인 연구로는 다음을 참조하시오. A. W. Wood, "The Emptiness of the Moral Will", *Monist* 72, 1989, pp. 454-483; S. Sedgwick, "On the Relation of Pure Reason to Content: A Reply to Hegel's Critique of Formalism in Kant's Ethics", *Philosophy and Phenomenological Research*, Vol. 49, 1988, pp. 59-80; T. O'Hagen, "On Hegel's Critique of Kant's Moral and Political Philosophy", in S. Priest(ed), *Hegel's Critique of Kant*, Oxford, Clarendon Press, 1987, pp. 135-159.

26 이성적인 자율성이란 관점에서 보면 칸트의 자유 개념은 이미 헤겔이 말하는 진정한 자유에 근접하고 있다고 할 수 있겠으나, 다른 한편 헤겔은 칸트의 자유 개념이 자의의 차원에 머무를 수 있는 가능성에 대해서도 분명히 언급하고 있다. GPR, § 15.

27 칸트는 윤리학의 원리로서의 도덕법칙 그리고 자유 양자가 서로 분리될 수 없도록 맞물려 있다고 말하고 있는데(*Kritik der praktischen Vernunft*, WS, Bd. IV, p. 139), 그렇게 본다면 그의 자유 개념에 대한 비판은 동시에 도덕법칙에 근거한 그의 윤리학에 대한 비판이 되는 것이다. 헤겔은 칸트의 윤리학적 입장을 "도덕성(Moralität)"의 입장으로 지칭하면서 자신의 "인륜성(Sittlichkeit)"의 입장과 대비시키고 전자의 본질적 성격인 "주관성"에 대해 언급한다. GPR §§ 135, 137.

28 이 정언명법이 표현된 예를 들자면 주지하다시피 다음과 같다. "네 행위의 준칙이 동시에 보편적 법칙이 되도록 바랄 수 있는, 오직 그런 준칙에 따라서 행위하라." 칸트는 이와 관련하여 직접적인 경향성이나 욕구가 아닌 의무로부터의 행위만이 도덕

의 내용 또는 의무의 내용을 스스로 규정할 수 없으며 그런 한에서 단지 형식에 불과하다는 것이다. 어떤 행위의 준칙도 그 자체로 특정한 내용을 지녀야만 준칙으로서 기능할 수 있을 것인데, 칸트의 도덕법칙은 바로 어떤 내용을 지녀야 할지를 규정하지 못하기 때문에 결국 이러한 준칙의 내용을 이루게 되는 것은 칸트가 배제하고자 한 감각적 충동이나 욕구로부터 비롯될 수 있다는 것이다. 그리고 만약 그렇게 된다면 도덕법칙에 따르는 것이 순수하게 이성적이고 자율적이라는 칸트 자신의 주장과 모순될 수밖에 없다는 것이다. 물론 칸트가 말하는 도덕법칙에는 어떤 행위의 규범이 의무로서의 정당성을 획득할 수 있느냐에 대한 기준이 완전히 결여되어 있는 것은 아니며, 그런 한에서 특정한 내용을 지닌 행위규범을 규정할 수 있다는 주장도 가능할 수 있다. 즉 이 법칙에는 어떤 행위 규범도 보편적일 수 있는 준칙이어야 한다는, 보편화 가능성이라는 기준이 포함되어 있기에 이로부터 우리는 특정한 내용을 지니는 규범을 이끌어낼 수 있다는 주장도 가능할 수 있다. 또한 칸트는 어떤 도덕적 규범도 자기 모순적이어서는 안 된다는 구체적 기준을 제시하기도 한다.[29] 그러나 헤

적 가치를 갖는다고 말한다. 그리고 그는 의무로부터 행위하는 것은 곧 도덕법칙에 대한 존중으로부터 행위하는 것이라고 주장한다. Kant, *Grundlegung zur Metaphysik der Sitten*, pp. 51, 23-26; *Kritik der praktischen Vernunft*, pp. 140, 203 참조.

29 칸트는 실제로 몇 가지 행위의 준칙을 가정하고 이렇게 가정된 준칙들이 왜 보편적 법칙이 될 수 없는지를 모순율의 기준을 가지고 판정하고 있다. 또 칸트는 그의 유명한 "위탁물(Depositum)"의 예에서도 보편적인 실천적 법칙은 그 자신이 스스로를 부정해서는 안 된다는, 즉 자기 모순적이어서는 안 된다는 것을 기준으로 제시하고 있다. Kant, *Grundlegung zur Metaphysik der Sitten*, pp. 52-55; *Kritik der praktischen Vernunft*, p. 136.

겔이 보기에 이것들은 어떤 특정한 규범이 도덕적으로 정당한 것인지를 결정할 수 있는 실질적인 기준이 될 수 없기 때문에, 결과적으로 여하한 내용을 지니는 규범이라도 정당화될 가능성을 허용한다는 것이다. 요약하자면 칸트가 말하는 도덕법칙은 오직 자유에 근거하는 것이지만, 그것이 의무의 행사를 통한 자유의 실현에 있어서는 어떤 특정한 내용도 규정하지 못하며, 그런 한에서 칸트의 입장은 공허한 형식주의를 벗어나지 못한다는 것이다.[30]

칸트의 자유 개념 및 그의 윤리학적 입장에 대한 헤겔의 **두 번째**

30 이와 관련하여 헤겔은 다음과 같이 말한다. "이러한 [도덕성의] 입장으로부터는 어떤 내재적인 의무론(Pflichtenlehre)도 가능하지 않다. [...] 모순의 결여, 자기 자신과의 형식적인 일치라는 의무의 규정으로부터는 특정한 의무들을 규정하는 데까지는 이를 수 없다. 또한 행위를 위한 어떤 특정한 내용이 고찰될 때, 이러한 원리에는 이 내용이 의무인지 아닌지에 대한 기준이 놓여 있지 않다. 오히려 그 반대로 모든 부당하고 비도덕적인 행위방식들이 이런 식으로 정당화될 수 있다." GPR, § 135; Enz. I, § 54 참조. 칸트의 입장을 이렇듯 형식주의로 고찰하는 것과 관련하여 우리는 헤겔의 관점에서 보아 홉스나 로크의 자유 개념 역시 일종의 형식주의적·추상적 성격을 벗어나지 못한다는 비판을 가할 수 있다. 즉 이들은 모두 자유 개념을 어떤 제한이나 방해의 부재라는 식으로, 즉 "부정적인(negative)" 방식으로 정의함으로써 자유의 내용이 무엇이어야 하느냐에 대해서는 어떤 규정도 하고 있지 않다. 내용이 규정되고 있지 않은, 그런 의미에서 공허한 자유에 대해 헤겔은 "부정적 자유"라는 명칭을 부여하고 또 이를 "오성의 자유"로 부르기도 한다. GPR, § 5. 이사야 벌린은 그의 한 유명한 에세이에서 자유를 "부정적 자유"와 "긍정적(positive) 자유"로 구분하여 논하면서 헤겔의 입장을 명백히 후자 쪽에 위치시키고 후자가 갖는 위험성에 대해 언급하고 있다. I. Berlin, "Two Concepts of Liberty", in *Four Essays on Liberty*, London and New York, Oxford University Press, 1969, pp. 134-152 참조. 이 논문의 목적상 벌린의 이러한 견해에 대해 더 이상의 논의를 하지는 않을 것이며, 그 대신에 그의 견해를 헤겔적 입장에서 반박하는 다음과 같은 글들을 소개하고자 한다. G. H. R. Parkinson, "Hegel's Concept of Freedom", in Inwood(ed), *op. cit*, pp. 170-173; A. W. Wood, *Hegel's Ethical Thought*, Cambridge and New York, Cambridge University Press, 1990, pp. 41-42, 52.

비판의 내용을 고찰하고 그것의 정당성 여부를 논의하기 전에 기억해두어야 할 것은 칸트와 헤겔 양자의 윤리학적 관점에 기본적인 차이가 존재한다는 것이다. 우선 칸트는 "합법성(Legalität)"과 "도덕성(Moralität)"을 엄격히 구분하고 있다. 그에 따르면 합법성은 "어떤 행위가 그것의 동기와는 관계없이 법칙과 일치하는 것"을 뜻하며, 도덕성은 오직 "법칙으로부터 나오는 의무의 관념이 동시에 행위의 동기가 될 때의 그 행위와 법칙과의 일치"를 말한다. 그런데 그에게서 윤리학의 영역을 이루는 것은 오로지 후자에 관한 것이 되고 있으며, 그리하여 정치 공동체의 법체계 내지는 실정법과 관련된 것은 그 자체로는 윤리학의 영역에서 배제된다. 다른 말로 하면 오직 실천이성에 근거하는 도덕법칙으로부터 유래하는, 그런 의미에서 어떤 외적인 법칙에 종속되지 않는 의무에 관한 이론이 윤리학의 영역을 이룬다.[31] 그렇기 때문에 칸트에게 있어서는 윤리학의 핵심적 문제가 이러한 의무 그리고 이것을 규정하는 실천이성의 법칙이 되고 있다. 그리고 이러한 의무로부터 행위하려는 의지가 바로 그가 말하는 선의지라고 할 수 있는데, 그에 따르면 도덕적 가치는 선의지와 선의지의 행사 자체에 존재하는 것이지, 의무에 따르는 행위의 결과에 있는 것이 아니다.[32]

이와는 달리 헤겔에게서 윤리학은 행위 주체의 선의지나 이러한 의지의 행사를 규정하는 도덕법칙에만 국한된 것이 아니다. 간단히 말하자면 그는 칸트가 구분하고 있는 합법성과 도덕성을 통일하

---

31 Kant, *Metaphysik der Sitten*, pp. 324-325.

32 Kant, *Grundlegung zur Metaphysik der Sitten*, pp. 18-19, 26-27.

여 이를 인륜성으로 칭하면서 윤리학의 영역을 확대하고, 그런 관점에서 칸트의 견해를 비판한다.[33] 그는 칸트의 입장을 도덕성의 입장으로 지칭하면서, 이런 입장을 취하는 한에서 우리는 칸트 자신이 내세운 자유의 원리가 지닐 수 있는 객관적인 차원을 도외시하는 결과에 이르게 된다고 주장한다. 즉, 칸트식으로 윤리의 문제를 고찰한다면, 우리는 필연적으로 이를 쉽사리 개인의 선의지와 양심의 문제로 환원시키게 되고[34] 그런 한에서 우리는 윤리의 궁극적 목적으로서의 선의 실현과 관련하여 객관적 법칙을 마련할 수 없게 된다는 것이다. 게다가 칸트는 그가 윤리학의 문제로부터 제외시킨 합법성의 논의와 관련해서도 자유의 문제를 다루고 있는데, 이를테면 그는 "법이란 모든 사람의 자유가 어떤 보편적 법칙에 따라 가능한 한에서 이 자유를 모든 사람의 자유와 합치하도록 제한하는 것"이라고 말하고 있다.[35] 여기서 그는 우선 자유와 보편적 법칙을 연결시키지만, 결과적

33 물론 우리는 여기서 칸트와 헤겔의 관점상의 차이 또는 입장 차이를 강조하여 이 두 철학자의 이론이 갖는 상대적 타당성만을 지적할 수도 있을 것이다. 또 이러한 견지에서 양자의 이론을 단지 비교할 수도 있을 것이다. 그러나 우리가 헤겔의 입장을 전적으로 수용하지는 않는다고 해도, 필자는 그의 비판이 갖는 타당한 측면에 주목할 필요가 있다고 생각한다.

34 칸트는 실제로 양심이 결코 오류를 범할 수 없다고 주장한다. Kant, *Metaphysik der Sitten*, p. 532. 이와는 달리 헤겔은 양심에 따르는 것, 순수하게 주관적 확신에 머물러 있는, 선을 향한 의지는 의도와는 반대로 악이 될 수 있다는 견해를 표명한다. 그리하여 헤겔은 양심이 갖는 도덕적 의미를 인정하면서도 그것이 "진정으로(in Wahrheit)" 이성적인 성격을 갖는 것이 아니라면, 마치 학문의 세계에서 주관적인 "사견(Meinung)"이나 "확언(Versicherung)"처럼 그 타당성을 인정받을 수 없다고 말하고 있다. GPR §§ 137, 139.

35 Immanuel Kant, *Über den Gemeinspruch: Das mag in der Theorie richtig sein, taugt aber nicht für die Praxis*, WS, Bd. VI, p. 144. 이러한 합법성과 관련하여 칸트는 또 자유를

으로 법이라는 것은 기본적으로 자유를 제한하는 것이라고 주장하고 있는 셈이다. 그리하여 칸트를 따르자면, 도덕성의 관점에서 자유는 자기 규정적이고 자율적이지만, 합법성의 관점에서 자유는 자기 제한적인 것이 된다. 칸트에게서는 두 영역이 구분되어 있으므로 자유가 지니는 이 두 가지 상이한 측면이 별반 문제가 되지 않는 것으로 보이지만, 헤겔에게서 이것은 칸트를 비판할 수 있는 충분한 이유가 된다. 즉 헤겔에 따르면 이런 식의 구분은 실제로 자유가 어떻게 실현되어야 하느냐에 대해서는 어떤 실효성 있는 답을 주지 못한다. 선의지에 따르는 행동이 법을 위반하는 경우에 우리는 도덕적으로 선하지만 합법적이지 못한 상태에 놓이는 것이고, 이때에 칸트식의 구분은 아무런 현실적 도움을 주지 못한다. 이러한 상황에 처한 개인은 아마도 자신의 도덕적인 우월성을 확신하면서 현실적으로는 처벌을 기다리게 될 것이다. 또한 합법성의 관점에서 본 칸트의 자유 개념은 그 이전의 자유주의 이론가들의 그것과 별반 다를 바가 없다. 즉 이런 자유 개념은 헤겔식으로 말하자면 두 번째 단계의 자유 개념에 해당하며, 이로부터 출발하면 정치적 공동체 내에서 개인은 자신의 자유를 제한적으로 향유할 수밖에 없다는 결과에 이른다.[36] 요약하면,

---

다음과 같은 공식으로 표현하기도 한다. "각자가 모두 자신과 유사한 목적을 추구하는 다른 사람의 자유—이 자유는 어떤 가능한 보편적인 법칙에 따라 모든 사람의 자유와 함께 존립할 수 있는 [...] 것인데—를 침해하지만 않는다면, 자기가 좋다고 생각하는 방식으로 자기 나름의 행복을 추구해도 좋다는 것이다." *Ibid*, p. 145.

36 이런 합법성의 논의와 자유 개념 양자를 관련지으며 찰스 테일러는 약간의 유보적 태도를 취하면서도 다음과 같이 헤겔적으로 들리는 비판을 가하고 있다. "그리하여 칸트는 근본적으로 새로운 도덕성의 개념으로 시작하였지만 그의 정치 이론은 실망스럽게도 진부하다. 그것은 우리로 하여금 공리주의(utilitarianism)로부터 충

헤겔의 입장에서 보면 칸트가 서 있는 도덕성의 입장은 윤리적 영역을, 또 자유의 문제를 개인적이고 주관적인 측면에 국한하게 되며, 그런 한에서 정치 공동체 또는 국가 내의 법과 제도적 차원에서 자유를 실현한다는 측면에 대해서는, 그리고 두 가지 측면을 포괄하는 차원에 대해서는 적절한 이론적 설명을 제공해주지 못하고 있다.

필자는 이미 앞에서 헤겔이 생각하는 진정한 자유 개념이자, 유형으로 보아 세 번째의 자유 개념이 이성적이고 자율적인 성격을 갖는다는 것을 언급하면서, 그것이 칸트의 자유 개념과 유사하다는 점을 지적한 바 있다.[37] 이제 그의 칸트 비판을 염두에 두고 헤겔의 이러한 자유 개념이 지니는 성격을 다음의 두 가지 측면에서 보다 상세히 고찰하고자 한다. **첫째로**, 헤겔이 도덕성과 합법성을 통합하는 인륜성의 입장에서 자유 개념을 규정하고자 한다는 것은 그의 칸트 비판을 다룬 앞 단락의 설명으로부터 드러났는데, 여기서 추가적으로 언급되어야 할 것은, 칸트와는 달리 헤겔에게서 한 사회 내에서의 법의 체계는 그 자체로 자유의 객관화를 의미하는 것이라는 점이다. 즉 인간의 자유는 일종의 텅 빈 진공상태에서 개인에게 주어지고 또 주어져야 하는 것이 아니라, 사회적·역사적 차원에서 인간의 도야 과정과 더불어 실현되어온 것이며, 그것의 객관적 결과물은 곧 정치 공동체의 제도들 속에 구현되어 있고, 무엇보다도 법체계 속에 집약되어 있다는 것이다. 말하자면 헤겔에 따르면 진정한 자유는 이러한 객

분히 벗어나지 못하게 하는데, 그 이유는 그것의 주된 문제가 여전히 개별적 의지들을 조화시키는 것에 머물러 있기 때문이다." C. Taylor, *Hegel*, Cambridge, Cambridge University Press, 1975, p. 372.

37 이 책 237-239쪽 참조.

관화된 측면과 더불어 고찰되어야 한다는 것이다. **둘째로**, 헤겔은 칸트가 자율성을 위해 이성적인 행위 주체로부터 단절시키는 충동, 욕망 또 경험적 차원에서의 동기나 감정 등을 전적으로 배제하고 있지 않다. 이와 관련하여 그가 어떤 견해를 가지고 있는지는 다음과 같은 그의 언명 속에서 잘 드러난다.

> 사유된 것으로서의 이성성(Vernünftigkeit)의 내용 속에 존재하는 이성적인 것은 **선한** 실천적 감정이 갖는 것과 동일한 내용을 지닌다. 그러나 물론 그것의 보편성과 필연성 그리고 그것의 객관성과 진리 속에서 말이다. [...] 감정, 심정(Herz), 그리고 의지에 있어 지성(Intelligenz)이 불필요하다고, 심지어 해롭다고 생각하는 것은 어리석은 일이다. 그런데 진리 그리고 이와 동일한 것인 심정과 의지의 현실적인 이성성은 감정 그 자체의 개별성 속에서가 아니라 오로지 지성(Intelligenz)의 보편성 속에서만 있을 수 있다. 어떤 감정들이 참된 것이라면 그것들은 자신들의 규정성(Bestimmtheit), 즉 내용을 통해서 그러하다. 그리고 이러한 내용은 그것이 내적으로 보편적인 한에서, 즉 사유하는 정신을 그것의 원천으로 갖는 한에서만 참된 것이다.[38]

말하자면 여기서의 요점은 우리의 감정, 또는 심정을 채우는 것으로서 욕망 등은 그 자체로 이성과 전적으로 이질적이거나 실천철학적 견지에서 배제되어야 할 것이 아니라 특정한 조건하에서 이성

---

38 Enz. III, § 471.

적인 것과 동일한 내용을 지닌다는 점이다. 즉 모든 감정이나 욕구나 충동의 내용들이 이성적일 수 있다는 것은 아니지만, 일종의 이성적인, 이성적인 것과 동일한 내용을 지니는 감정이나 욕구들이 가능하다. 자유와 관련하여 말하자면 이러한 내용은 바로 이성적인 것으로서, 실현되어 마땅한 자유의 내용을 이룬다. 그러니까 예컨대 사랑이나 우정의 감정 또는 명예감 등이 그 자체의 개별성 속에서가 아니라 "지성(Intelligenz)의 보편성" 속에서 존재할 때 이러한 감정들은 "참된 것"으로서 자유로운 인간의 자유로운 실천의 내용을 이룬다는 것이다. 그리하여 이러한 이성적인 내용을 지니는 것으로서의 자유는 그것이 감정이나 충동과 연관되어 있으면서도, 이성 외적인 것에 종속되지 않음으로써 자율적이라는 기준을 위배하지 않게 된다.[39]

이상에서 본 바와 같이, 헤겔은 칸트의 윤리학적 또는 실천철학적 원리로서의 자유 개념이 지니는 이성적 자율성과 보편성 주장을 따르면서도 칸트의 견해를 개인주의적이고 주관적 차원을 넘어서지 못한다고 비판하면서 그것의 일면성과 결함을 지적하고, 특정한 면에서 칸트와는 다른 자신의 자유 개념을 제시한다. 헤겔의 자유 개념과 그의 이러한 비판에는 사실상 자유주의에 대한 그의 비판 역시 담겨 있는데, 왜냐하면 그는 자유주의 역시 이러한 주관주의적이고 개인주의적 경향을 벗어나지 않는다고 보기 때문이다. 그러나 헤겔의

39 감정이나 우리의 심정을 채우는 욕구 등을 배제하지 않고 이것들을 특정한 조건하에서 이성적 욕구, 즉 의지의 내용으로 포괄하고 있는 헤겔의 자유 개념은 그가 다른 곳에서 말하는 그의 자유 규정에 배치되지 않는다. "자유란 본질적으로 내가 나와는 전적으로 다른 어떤 것도 갖지 않는다는 것에, 즉 나 자신이기도 한 그런 내용에 의존한다는 것에 존재한다." Enz. I, § 38, Zus.

이러한 비판은 단순하지 않다. 즉 그는 개인주의적 경향 자체에 대해 반대하고 있지 않으며, 주관적인 측면에 치우친 자유 개념 역시 전적으로 부정하는 것이 아니기 때문이다. 이제 헤겔의 자유주의 비판을 개인주의라는 관점에서 보다 상세히 고찰하고자 한다.

3. 개인주의에 대한 헤겔의 입장과 주관적 자유

헤겔의 자유주의 비판과 관련하여 개인주의를 언급할 때, 우리는 그의 비판 속에서 개인주의가 정확히 어떤 뜻으로 사용되고 있는지를 분명히 해둘 필요가 있다. 그래야만 우리는 그를 단순히 반개인주의자, 나아가서 집단주의자 내지는 전체주의자로 낙인찍는 오해를 피할 수 있다.

우리는 앞서 헤겔이 "원자의 원리"를 자유주의에 귀속시키고 있음을 보았다.[40] 바로 이러한 사실은 자유주의가 그것의 원리로 삼고 있는 개인주의에 대한 헤겔의 비판이 어떤 성격을 갖는지를 잘 보여주고 있다. 즉 그는 자유주의가 일종의 원자론적 개인주의를 기반으로 삼는다고 보고 있으며, 바로 이러한 측면을 비판하고 있는 것이다. 이러한 개인주의에서 개인들이란 그가 "원자론적 개인들의 무리(atomistischer Haufen der Individuen)"[41]라고 부를 때의 개인들로서, 이들은 마치 한곳에 우연히 모인 자갈 더미처럼 본래 서로 아무런 필연

40 이 책의 230-231쪽을 참조하시오.

41 GPR, § 273.

적 관계도 맺지 않는, 그런 의미에서 언제라도 분리되거나 다시 모일 수 있는 성격을 지닌다고 할 수 있다. 즉 자유주의는 일반적으로 단지 사적인 이익과 관심사를 목적으로 삼는 개인들, 즉 자신의 안전과 자유 그리고 재산을 목적으로 삼는 개인들을 전제하며, 국가란 이런 목적을 효과적으로 달성할 수 있는 수단이라는 일종의 도구적 국가관을 내세운다.[42] 그러나 헤겔은 이러한 원자적 개인들이라는 견해가 그릇된 것이며, 국가는 단지 그런 사적 목적을 위한 수단이 아니라고 주장한다.[43] 즉 개인은 이미 한 공동체 내에서 자신의 역할을 통해 그리고 구성원과의 관계를 통해 매개되어 있는 존재이지 원자들의 무리처럼 상호 간에 우연적으로 모여 있는 존재가 아니라는 것이다.[44] 그러나 헤겔이 이런 주장을 펼친다고 해서 단순히 그가 개인보다 집단 또는 공동체를 우선하는 전통적인 사고방식으로의 회귀를 주장하고 있는 것은 물론 아니다. 헤겔은 근대의 개인주의적 경향 일반에 대해 그리고 주관적 자유의 확대 내지는 인간의 주관성의 고양이라는 점에 대해 외면하거나 부정하는 입장에 서지 않으며, 이것들이 오히려 근대 세계를 이루는 특징이라고 간주한다. 즉 그는 다음과 같이

---

42 이런 국가관을 우리는 대표적으로 홉스에게서 발견하는데, 이에 대한 헤겔의 언급에 대해서는 이 책의 203쪽 각주 15 참조.

43 헤겔 자신의 국가관과 관련하여 자유주의적 국가관이 기초하고 있는 사회계약론적 입장에 대한 헤겔의 비판 및 시민사회와 국가의 관계에 대한 그의 견해는 다음 장에서 상세히 다루어질 것이다.

44 이러한 맥락에서 그리고 명백히 헤겔적 사유의 영향 아래서 찰스 테일러는 "원자론"이라는 제목의 논문을 발표한 바 있다. C. Taylor, "Atomism", in *Philosophy and Human Sciences: Philosophical Papers*, Vol. 2, Cambridge, Cambridge University Press, 1985, pp. 185-210.

말한다.

> 만족을 경험하는 주체의 **특수성**의 권리(Recht), 또는 다른 말로 하면 **주관적 자유**의 권리(Recht)가 **고대**와 **근대**의 구분에 있어 전환점과 중심점을 이룬다.[45]

여기서 헤겔은 "주관적 자유의 권리(Recht)"를 "주체의 특수성의 권리(Recht)"로 지칭하기도 하면서 이를 근대 세계에 고유한 것으로 주장하고 있다.[46] 여기서 등장하는 주관적 자유라는 것은 대체로 우리가 앞에서 고찰한 이른바 자유의 두 번째 단계인 자의와 유사한 개념이라고 할 수 있다. 헤겔이 이를 명시적으로 언급하고 있는 것은 아니지만, 그가 주관적 자유에 대해 언급하고 있는 대목에서 우리는 이를 어렵지 않게 간취해낼 수 있다. 말하자면 주관적 자유에는 개인이 각자의 특수하고도 주관적인 관심사를 추구하고 또 자신이 선택한 삶의 방식을 실행하는 자유, 각자가 자기 자신의 양심에 따라 행위할 수 있는 자유, 자기 자신의 주관적 관점과 선택에 따라 공동체 내에서의 역할과 제도에 참여하고 이를 평가하는 자유 등이 포함된다.[47] 사실상 이러한 자유라는 것은 근대의 자유주의자들이 생각하는

---

45 GPR, § 124.

46 다른 곳에서 헤겔은 "주관적 자유의 원리(das Prinzip der subjektiven Freiheit)"를 언급하며 이를 "특수성의 원리(das Prinzip der Besonderheit)"로 부르기도 하는데, 그는 이러한 원리가 "기독교"와 "로마 세계에서" 실질적으로 등장하게 되며, 그런 의미에서 "역사적으로는 그리스 세계 이후"에 나타난다고 말하고 있다. GPR, §§ 185-186.

47 GPR, §§ 121-124, 185, 260, 262, 273 참조.

자유 개념과 상당 부분 일치하고 있다.[48] 헤겔에 따르면 이러한 자유, 또는 특수성의 원리는 고대에서는 실현될 수 없었는데, 이것은 이러한 원리를 철저히 배제한 형태로 설계된 플라톤적인 국가에서 잘 드러나고 있다.[49] 그는 이렇듯 플라톤의 예를 들면서 고대 세계와 근대 세계의 윤리적 토대에 관한 자신의 주장을 다음과 같이 상술한다.

> 플라톤의 국가의 근저에 놓인 **중심 사상**은 그리스적 인륜성의 원리로 간주될 수 있는 것이다. 이것은 말하자면 인륜적인 것이 실체적인 것의 성격을 지닌다는 것, 즉 신적인 것으로 확고히 존립한다는 것이다. 그리하여 모든 개별 주체는 정신, 즉 보편적인 것을 자신의 목적으로, 자신의 정신이자 인륜적인 것으로 삼는다는 것이다. [...] 또한 그리하여 이것이 자신의 본성, 즉 제2의 본성이 된다는 것이다. 이것이야말로 실체적인 것 일반의 근본 규정이다. 이와 대립되어 있는 규정은 [...] 개인들의 주관적 자의, 도덕(Moral)이다. 즉 개인들이 국가의, 조국의 제도와 기관들에 대한 존중과 경외심으로부터 자발적으로 행위하는 것이 아니라 자기 자신의 확신으로부터, 도덕적인 숙고에 따라 어떤 결정을 [...] 내리는 것이다. 이 주관적 자유의 원리는 나중에 등장한, 근대적인, 보다 발전된 시대의 원리이다. [...] 플라톤은 자신이

48 이런 주관적 자유와 관련하여 헤겔은 다음과 같이 말하기도 한다. "이러한 주관적 또는 도덕적 자유는 유럽적인 의미에서 자유라고 불리는 바로 그것이다." Enz. III, § 503.

49 "플라톤의 국가에서 주관적 자유는 아직 전혀 타당성을 획득하지 못한다. [...] 그런데 마땅히 고려되어야 하는 주관적 자유라는 것은 개인의 자유로운 선택을 요구한다." GPR, § 262, Zus. 또한 GPR, § 185 참조.

속한 세계의 정신, 진리를 인식했고 파악했으며 이를 다음과 같이 보다 상세한 규정에 따라 실행하였다. 즉 그는 자신이 설계한 국가에서 이 새로운 원리를 금지하고자, 불가능하게 만들고자 하였다. 그는 실체적인 관점에 따랐고, 이것은 그가 속한 시대의 실체적인 것이 그 근본에 놓여 있었기 때문이었다. [...] 근대 국가에는 양심의 자유가 존재한다. 모든 개인은 자신의 관심사가 이끄는 대로 나아갈 것을 요구할 수 있다. 그러나 바로 이것은 플라톤의 관념 속에서는 배제된 것이었다.[50]

이 인용문에서 우리는 헤겔이 근대 세계 및 근대 국가가 지니는 특성과 관련하여 주관적 자유의 원리와 이것의 바탕에 놓인 개인주의적 성격을 충분히 인정하고 있을 뿐만 아니라,[51] 이러한 원리를 구

---

50 VGP II, pp. 113-114.

51 헤겔은 그의 초기 저작에서부터 근대적인 개인주의적 사회와 고대 그리스의 공동체적 사회를 종종 대비하고 있는데, 여기서 부인할 수 없는 것은 그 역시 당대의 많은 지식인들이 품었던 고대 그리스적 문화에 대한 동경 내지는 이상화를 공유하고 있었다는 점이다. 그러나 성숙기 헤겔의 기본입장은 그리스적 이상이 결코 근대 사회에서 부활될 수 없다는 것인데, 이와 관련하여 그는 플라톤적 정치사상이 왜 근대 사회에 그대로 적용될 수 없는 것인지를 특수성의 원리 또는 주관적 자유의 측면에서 고찰하고 있다. 이런 점에서 보아도 헤겔은 근대적 개인주의나 이에 기초한 자유 개념이 갖는 의미를 충분히 인정한다고 할 수 있다. 그러나 그에게 있어 더욱 중요한 문제는, 앞으로 본문에서 다루어지겠지만, 그가 원자론적이라고 칭하는 개인주의적 관점에 기초하여 도대체 진정한 윤리적 기반이 마련될 수 있느냐 하는 것이며, 또한 진정한 자유가 실현될 수 있는가 하는 것이다. 한편, 고대 그리스의 정치적 공동체와 근대 사회의 정치적 토대를 대비하는 것은 헤겔 당대의 독일 지성계에만 국한된 것이 아니었는데, 예컨대 헤겔의 시민사회 이론의 형성에 영향을 끼친 것으로 간주되는 스코틀랜드의 한 역사가에게서도 이런 식의 대비가 나타난다. "고대의 그리스인들에게서 개인은 아무것도 아니었고(nothing), 공적인 것(the public)이 모

현하는 조건으로서의 근대 국가의 성격에 대해 논하고 있음을 알 수 있다.[52]

그런데 앞에서 살펴본 바와 같은, 주관적 자유에 대한 헤겔의 강조는 매우 자유주의적으로까지 보이기도 한다. 그렇지만 자유와 관련하여 근대 국가의 핵심적인 역할이란, 이러한 주관적 자유가 가능한 한 방해받지 않고 추구되도록, 또 이를 추구하는 개인들 간에 분쟁이 생기지 않도록 조정하는 것이라는 식의 자유주의적 자유관과 국가관을 헤겔이 그대로 추종하고 있는 것은 아니다. 헤겔에 따르면 개인주의적이고 주관적인 토대로부터 나오는 자유, 특수성의 원리를 구현하는 것으로서의 주관적 자유는 그가 말하는 "시민사회(bürgerliche Gesellschaft)"의 영역에서 실현되어야 할 근본적 관심사이다. 시민사회란 한편으로는 개인과 가족, 그리고 다른 한편으로는 국가 사이에 놓인 영역으로서 고대 세계에는 존재하지 않았던, 전적으로 근대적인 산물인데,[53] 바로 이 근대적인 산물로서의 시민사회는

든 것(everything)이었다. 우리 근대인들에게는 유럽의 아주 많은 국가들에서 볼 수 있는 것처럼 개인이 모든 것이고 공적인 것은 아무것도 아니다." A. Ferguson, *An Essay on the History of Civil Society*, ed. by F. Oz-Salzberger, Cambridge, Cambridge University Press, 1995, p. 57. 그리스적 인륜성에 대한 헤겔의 입장을 서술하고 있는 연구로는 다음을 참조하시오. M. J. Inwood, "Hegel, Plato and Greek 'Sittlichkeit'" in Z. A. Pelczynski(ed), *The State and Civil Society: Studies in Hegel's Political Philosophy*, Cambridge, Cambridge University Press, 1984, pp. 40-54.

52 GPR, § 261, Zus.

53 GPR, § 182, Zus. 자유주의를 비판하는 맥락에서 헤겔이 시민사회와 국가를 어떻게 대비하고 있는지는 다음 장에서 다루어질 것이다. 설명의 편의를 위해 한 가지 언급하자면, 헤겔은 특수성의 원리가 구현되는 영역으로서 시민사회를 말하지만 그것은 이 영역의 근본적인 성격을 지시할 뿐 시민사회가 보편성과 아무런 관계가 없다는 뜻이 아니다. 시민사회가 일종의 공동체적 성격을 가지는 한에서 시민사회 역시

말하자면 주관적 자유를 실현하는 일차적인 조건이 되는 것이고 진정한 자유는 헤겔에 따르면 궁극적으로 국가라는 영역에서 더 높은 원리에 따라 실현되어야 하는 것이다. 달리 말하면 주관적 자유의 구현은 그가 생각하는 진정한 자유의 실현의 한 계기일 뿐이며, 이와 관련하여 국가의 역할은 바로 이러한 진정한 자유의 실현에 놓여 있다. 그런데 국가에서 실현되는 진정한 자유란 이러한 주관적 자유를 배제하는, 이와 단지 상이한 자유가 아니라 이를 포괄하는, 보편적 견지에서 구현되는 것이다.[54] 이런 의미에서 그는 자유의 실현과 관련하여 특수성과 이성적 보편성의 통일을 말하고 있다.[55]

주관적 자유의 원리를 실현하는 영역으로서의 시민사회에 대한

보편성을 지니게 되는데, 그러나 이것은 이 논문의 4장에서 보다 명료히 드러나겠지만, 국가의 원리로서의 보편성과는 동일하지 않다.

54 이러한 관점에서 국가의 본질과 역할에 대해서는 이 책의 220쪽 각주 63 참조.

55 고대와 구분되는 근대 세계의 본질적인 특성으로서의 주관적 자유의 원리가 절대화되어서는 안 되며, 이러한 원리가 보다 높은 차원에서 보편적인 것과 통일됨으로써만 이성적이고도 진정한 자유가 실현된다는 자신의 입장을 헤겔은 다음과 같이 피력하고 있다. "플라톤적 원리와 대립되는 것이 이 개별자들의(der Einzelnen) 의식적인 의지의 자유라는 원리이나. 이것은 보다 후대에 특히 루소에 의해 드높여진 것으로서, 그 내용은 개별자가 개별자로서 갖는 자의, 개별자의 자기주장이 필수적이라는 것이다. 그런데 여기에서 그 원리는 직접적인 극단으로까지 치닫고 그것의 전적인 일면성 속에서 드러나게 되었다. 이러한 자의와 이렇게 형성된 문화에 대하여 즉자대자적인 보편성, 즉 사유된 것이 현명한 통치자나 관습으로서가 아니라 법칙으로서 그리고 동시에 나의 본질이자 나의 사유 즉 주관성이자 개별성으로 존재해야 한다. 인간은 이성적인 것을 자신의 관심사, 자신의 열정과 함께 자기 자신으로부터 산출해내야만 한다." VGP II, pp. 129-130. "중요한 것은 이성의 법칙과 특수한 자유의 법칙이 상호 간에 융합되어 나의 특수한 목적이 보편적인 것과 일치하게 되는 것이다. 그렇지 않다면 국가는 허공에 떠 있는 것과 같다. 개인들의 자기의식이 국가의 현실성을 이루는 것이고, 국가의 안정성은 위의 두 계기들의 동일성에 놓여 있다." GPR, § 265, Zus.

헤겔의 규정 및 자유주의에 대한 헤겔의 비판이라는 맥락 속에서 말하자면, 그는 자유주의가 표방하는 국가가 실제로는 시민사회를 뜻하는 것에 다름 아니라고 생각한다. 달리 말하면 자유주의의 바탕에는 이른바 원자처럼 분산되어 자연 상태에 존재하는 개인들이 스스로의 사적인 필요와 목적에 따라 계약을 통해 국가를 수립한다는 사회계약론이 놓여 있는데, 이러한 계약을 바탕으로 존립하게 되는 것은 헤겔의 관점에 따르면 시민사회인 것이고 그가 생각하는 진정한 국가가 아니라는 것이다. 따라서 그는 자유주의자들이 주장하는 사회계약론에 입각한 국가관에 반대하고 이들이 시민사회와 국가를 혼동한다고 비판하고 있다. 이제 이러한 비판의 내용과 근거를 살펴봄으로써 그의 입장에 대한 이해를 한층 심화하고자 한다.

4. 헤겔의 자유주의적 국가론 비판과 시민사회

자유주의적 입장에서 보면 국가란 일종의 타협의 산물이다. 즉 자연 상태에서 개인들은 자신의 이른바 주관적 자유를 아무 간섭 없이 누리려 하는데, 그것은 쉽게 개인들 간의 갈등과 충돌로 발전한다. 그리하여 이때에 개인들 각자는 서로의 생명과 안전 및 자신의 소유물에 대한 보장이 끊임없이 위협당하는 상태에 놓이게 된다. 이것이 사실상 홉스가 묘사하는 만인에 대한 만인의 투쟁으로서의 자연 상태이다. 그리하여 개인들은 서로 간의 자유를 어느 정도 제한하는 대신 위에서 언급한 기본적 권리를 보장받기 위해 일종의 계약을 체결하게 되고, 이러한 계약의 산물이 바로 국가이다.[56] 국가의 발생을 이런 식으로 설명하는 이론을 우리는 사회계약론이라고 부르는데, 자유주의적 입장은 국가를 사회계약론의 관점에서 이해한다.[57] 그런데 이러한 입장에서 보면 국가는 여러 법적·제도적 장치를 통해서 개인들이 자연 상태에서 누릴 수도 있었을 무제한적 자유를 제한하는 역할을 하게 된다.[58] 그런 한에서 사회계약론의 관점에 서면 국가란 앞서 언급한 목적을 위해 필요한 것이기는 하지만, 개인이 지니는 자유의 실현을 제약하거나 간섭하는 기구가 된다. 말하자면 여기서 국가와 개인의 관계란 반드시 적대적이지는 않을지라도 상당한 정도로 대립적인 요소를 지닌다. 이로부터 우리는 자유주의자들이 대체로 왜 최소한의 정부라는 입장을 지지하는 경향이 있는지를 알 수 있다.

사회계약론적 관점은 적어도 다음과 같은 두 가지의 이론적 전제

---

56 물론 여기서 개인들 간의 계약 및 개인들과 군주와의 계약 양자가 구분될 수 있지만, 헤겔의 자유주의 비판의 맥락에서 이러한 구분은 특별히 중요한 의미를 지니지 않기에 여기서 필자는 이러한 구분과 무관하게 논의를 진행하고자 한다.

57 대표적 사회계약론자로 홉스, 로크, 루소 등을 꼽을 수 있겠는데, 넓은 의미에서 칸트 역시 사회계약론자에 속한다. 이들을 모두 사회계약론자라고 부른다고 해서 이들 각각의 이론이 동일한 것은 아니다. 그러나 필자는 이들이 대체로 자유주의자로 간주될 수 있다는 것과 헤겔 역시 그런 관점에서 이들의 이론을 비판하기 때문에 이들 사이의 이론적 차이를 일일이 언급하는 것은 이 논문의 목적상 필수적이지는 않다고 생각한다. 이들의 사회계약론적 입장들과 이에 대한 헤겔의 비판적 견해에 대한 연구로는 다음을 참조하시오. P. Riley, *Will and Political Legitimacy: A Critical Exposition of Social Contract Theory in Hobbes, Locke, Rousseau, Kant, and Hegel*, Cambridge, MA., Harvard University Press, 1982.

58 이미 앞에서 보았듯이 칸트 역시 합법성과 관련하여 자유의 제한에 대해 말하고 있다(각주 35 참조). 헤겔은 이러한 측면에 주목하면서 칸트의 관점, 즉 루소와도 유사한 개인적이고도 주관적인 자유의 관점에 대해 비판적으로 언급한다. GPR, § 29.

를 지니고 있다. **첫 번째 전제는** 앞의 설명에서 어느 정도 암시되었듯이, 계약이란 개인들의 자유로운 또는 임의적인 선택에 의한 것으로서 이때 개인은 계약의 참여자가 될 수도, 안 될 수도 있다는 것이다. 말하자면 계약에 동의함으로써 그렇게 정치 공동체의 일원이 되는 것 역시 개인의 선택에 달렸다는 것이다. **두 번째 전제**는 첫째 전제와 바로 연결되는 것으로서, 자연 상태에서 인간은 이렇듯 사회계약 여부를 스스로 선택할 수 있는 자유의 상태에 이미 도달해 있다는 것이다.

이 두 가지의 전제 모두에 대해 헤겔은 반대하는 입장을 표명하며 이를 통해 자유주의자들이 국가에 대해 갖는 사회계약론적 토대를 반박한다. **첫 번째 전제**와 관련하여 헤겔은 국가라는 것이 개인들의 자유로운 선택으로부터 기원하는 것이 아니며, 국가의 구성원으로 사는 것은 인간의 이성적 본성에 속하는 것이라고 주장한다.[59] 따라서 개인들의 자발적인 의사에 기초하는 계약관계로는 국가와 개인의 관계를 설명할 수 없다고 본다. 그렇기에 그는 루소를 비롯한 사회계약론자들이 이성적이고 보편적인 의지가 아니라 개별적 의지들의 연합에 기초하여 국가의 성립을 설명하려 한다고 비판한다.[60] 또

59 "근대에 들어와 국가를 만인의 만인과의 계약으로 간주하는 견해가 매우 인기를 끌고 있다. [...] 인간의 이성적 규정은 국가에서 사는 것이며, 만일 국가가 존재하지 않을 경우 그것이 건립되어야만 한다는 이성의 요구가 존재한다. [...] 국가는 자의를 전제로 하는 계약을 기초로 삼지 않는다. 우리가 한 국가를 건립하는 것이 모든 사람들의 자의라고 말한다면 그것은 틀린 말이다. 오히려 모든 이가 국가 속에 존재한다는 것이야말로 절대적으로 필연적이다." GPR, § 75, Zus.

60 "국가의 본성 역시 계약관계에 놓여 있는 것은 아니다. 국가가 만인의 만인과의 계약으로 간주되든 아니면 이 만인과 군주 및 정부와의 계약으로 간주되든 말이다." GPR, § 75. 헤겔은 국가의 기초를 이루는 원리로 자유로운 의지를 내세운 루소의 공헌을 인정하면서도 그가 개별적 의지들의 계약관계로부터 국가의 성립을 설명하

한 헤겔은 진정한 자유가 국가라는 조건 위에서 실현된다는 입장을 취하기 때문에, 국가가 그 본성상 개인의 자유를 제한한다는 식의 견해에도 반대한다.[61] 개인적이고 주관적인 자유가 자유 전체를 포괄한다면 이러한 제한은 바로 제한으로서 의미를 지니겠지만, 헤겔이 생각한 대로 이러한 주관적 자유를 하나의 계기로 삼는 보다 고차적인 자유 개념을 인정한다면, 이러한 제한이 반드시 이 고차적인 자유 개

는 것에 반대하면서 다음과 같이 말하고 있다. "루소는 [...] 그 형식에 있어서뿐만 아니라 [...] 그 내용에 있어서도 **사유인** 원리, [...] 다시 말해서 **의지**를 국가의 원리로 확립한 업적을 이룩했다. 그러나 그가 의지를 오로지 **개별적** 의지라는 특정한 형식 속에서(나중에 피히테가 그랬듯이), 그리고 보편적 의지를 즉자대자적으로 이성적인 것으로서의 의지가 아니라—**의식적인** 의지로서의 이러한 개별적인 의지로부터 나오는—단지 **공통의 것**(das *Gemeinschaftliche*)으로 파악했기 때문에, 국가에서 개별자들의 통일은 하나의 **계약**, 즉 개별자들의 자의, 의견 및 임의적이고 명시적인 동의를 토대로 삼는 **계약**이 되고 만다." GPR, § 258. 헤겔의 이러한 평가와 관련하여 그가 특히 루소의 보편적 의지 개념에 대한 올바른 해석에 근거하여 비판을 행하는 것이냐 혹은 아니냐 하는 해석상의 문제들이 존재하기는 한다. 그러나 헤겔이 사회계약론에 대해 분명한 반대 입장을 내세운다는 점에서 보면, 루소의 사회계약론 역시 헤겔의 정당한 비판의 대상이 됨은 부인할 수 없으며, 또한 사회계약론자 루소에게 상당한 정도의 개인주의적 측면이 존재하는 것 또한 사실이다. J.-J. Rousseau, *Social Contract*, in *The Basic Political Writings*, trans. by D. Cress, Indianapolis, Hackett Pub. Co., 1987, pp. 147-148, 197-199 참조.

61 "국가 속에서 자유는 대상화되고 실질적으로(positiv) 현실화된다. 그러나 이것은 마치 개별자의 주관적 의지가 보편적 의지를 통해 실현되고 향유되며 보편적 의지는 이 주관적 의지를 위한 수단인 양 해석되어서는 안 된다. [...] 우리가 자유를 다음과 같이 생각한다면 그런 자유는 단지 부정적으로 파악된 것이다. 즉 개별 주체가 다른 주체들 사이에서 자신의 자유를 제약하여, 이러한 공동의 제약이, 즉 모두가 서로에게 행하는 방해가 또한 모두에게 그저 작은 활동공간을(이 안에서만 자기 뜻대로 할 수 있는) 허락한다는 식으로 자유를 파악한다면 말이다. 그러나 오히려 법, 인륜성, 그리고 국가는, 아니 이것들만이 오직 자유의 실질적인(positiv) 현실성이고 충족인 것이다. [...] 여기서 제약되고 있는 자유는 자의인 것인데, 이 자의란 욕구들의 특수성과 관련된 것이다." Hegel, *Die Vernunft in der Geschichte*, p. 111.

념의 제한으로 이어지는 것은 아니다. 다시 말하면 개인의 주관적 자유를 절대화한 후, 국가는 계약에 따라 본래 이러한 자유를 어느 정도 제한할 수 있는 권한을 위임받았다는 식의 국가관과 자유 개념에 대해 헤겔은 반대하는 것이고, 이것이 사회계약론의 근저에 놓여 있다는 점에서 그리고 자유주의가 사회계약론에 기초하고 있다는 점에서 헤겔은 이 양자에 대해 모두 비판적 태도를 취하는 것이다.[62]

두 번째 전제에 대해 반대하면서 헤겔이 주장하는 것은, 자연 상태가 이미 계약을 위한 자유로운 선택을 가능하게 하는 조건을 제공한다는 가정, 즉 그런 식으로 자연 상태를 상정하는 것이 허구라는 것이다. 오히려 자연 상태라면 홉스가 지적하는 대로 만인의 만인에 대한 투쟁 상태일 것이고 그런 조건하에서 자유롭게 자신의 의지를 행사하는 개인이라는 것은 불가능하다는 것이다.[63] 그런 까닭에 사회계약이라는 목적을 위해 이성적 고려와 더불어 선택의 자유를 행사

---

62 우리가 헤겔의 입장을 지지한다는 가정하에 다음과 같은 예를 생각해볼 수 있다. 대의적 민주주의가 이루어지는 한 국가를 상정하고 시민의 대표를 뽑는 투표가 진행된다고 가정하자. 이것은 물론 국가적으로 중요한 일이고 국가의 커다란 관심사의 하나일 것이다. 그렇기에 시민은 투표에 참여할 것이 요청될 것이다. 그런 한편 어떤 시민은 투표일이 공휴일인 까닭에 모처럼 여행을 가고자 하는 욕구를 지닐 수 있다. 그런데 이러한 욕구를 실행할 자유를 억제하고 그가 투표를 하는 것이 반드시 그의 자유를 전적으로 제한한다고만은 볼 수 없는 것이다. 스스로 여행에의 자유를 제한한 것은 맞지만 그는 자신이 속한 공동체의 정치에 참여하는 권리를 행사한 것이 되고, 이것은 그런 권리를 행사할 자유를 실제로 행한 것이 될 뿐만 아니라, 보편적이며 공적인 목적에 따르는 자유를 실현한 것이 되기 때문이다.

63 "우리는 자연 상태라는 허구(Fiktion)로부터 시작하는 데 익숙해져 있다. 그런데 이것은 물론 정신의 상태, 이성적인 의지의 상태가 아니라 동물들끼리의 상태이다. 진정한 자연 상태는 홉스가 정확히 지적한 대로 만인의 만인에 대한 투쟁 상태이다." VGP II, p. 108.

한다는 식의 그러한 자유는 이미 어떤 사회적 조건과 제도들을 전제하는 것이며, 그런 한에서 이와 같은 허구적 가정으로부터 출발하는 사회계약론은 지탱될 수 없다는 것이다. 그리하여 헤겔은 다음과 같이 말하고 있다.

> 자유란 [...] 직접적이고 자연적으로 존재하는 것이 아니다. 그것은 오히려 획득되어지는 것이고 인식과 의지작용의 끝없는 훈육(Zucht)의 매개를 통해 비로소 얻어지는 것이다. 그렇기에 자연 상태는 오히려 불의와 폭력 그리고 제어되지 않은 자연적 욕구의, 비인간적인 행동들과 느낌들의 상태인 것이다. 물론 사회와 국가를 통해 제약이 일어나기는 한다. [...] 이러한 제약은 매개과정의 일부이며, 이런 과정을 통해서 비로소 자유의 의식과 욕구가 그것의 진정한, 다시 말해서 이성적인 형식 속에서 그리고 개념에 따라 형성된다. 앞서 말한 제약이란 오히려 자유가 획득되어지기 위한 조건인 것이다 [...].[64]

헤겔은 이렇듯 자연 상태에서 주어지는 직접적인 자유라는 견해에 반대하면서 이런 식의 자유 개념을 전제로 하는 사회계약론을 비판하고 있다. 그에 따르면 이런 식의 자유 개념이 지니는 문제는 인간이 교육과 도야를 통해 획득하게 되는 이성적인 자유에 대해서, 또 그런 자유를 행사할 수 있는 능력을 지닌 인간의 형성에 대해서는 아무런 의미 있는 설명도 제시할 수 없다는 점이다. 그리고 헤겔이 말

64 Hegel, *Die Vernunft in der Geschichte*, p. 117; GPR, § 194 참조.

하는 이성적 자유가 실현될 수 있는 조건을 제공하는 것이 국가인 까닭에, 그는 자유란 사회와 국가 속에서만 실현될 수 있다고 주장하고 있다.[65]

이상에서 우리는 헤겔이 어떤 근거로 자유주의가 표방하는 사회계약론적 입장에 대해 반대하는지를 살펴보았다. 그런데 그는 이러한 반대에 그치지 않고, 이렇듯 계약관계에 기초하여 성립하는 것으로 가정되는 국가란, 이 논문 3장의 말미에서 간략히 언급했듯이, 사실상 시민사회에 해당된다고 주장한다. 다시 말해서 자유주의가 표방하는 국가, 사회계약론에 입각한 국가란, 그에 따르면 시민사회에 다름 아닌 것이다. 이러한 주장은 곧 자유주의가 시민사회와 국가를 혼동하고 있다는 비판이 되고 있는데,[66] 이제 헤겔이 국가와 구분되는 시민사회를 어떤 식으로 규정하고 또 설명하고 있는지 보다 상세히 살펴볼 것이다.

필자는 이미 이 논문 3장의 말미에서 헤겔이 시민사회를 근대적 산물이라고 주장한다는 사실을 지적한 바 있다. 그에 따르면 시민사회란 앞서 논의한 바 있는 주관적 자유가 실현되고 있는 영역이며, 그 안에서는 기본적으로 구성원들의 특수한 목적과 이해관계들이 상호 복합적이고 체계적으로 연관되고 매개되어 있다. 이러한 관계들의 총체로서 헤겔은 시민사회를 "욕구의 체계"로 명명하기도 한다.[67]

---

65 Hegel, *Die Vernunft in der Geschichte*, p. 118.

66 GPR, § 258.

67 GPR, §§ 188-189. 그는 시민사회가 그 구성원들의 특수한 이해관계와 욕구들이 추구되고 실현되는 영역이라는 의미에서 "특수성의 영역"이라고 부르기도 한다. GPR, §§ 181, 200 참조.

이 체계 안에서 구성원들은 사적인 개인들로서 자신들의 주관적 욕구에 따라 행위하며, 또 그 안에서 개별적 의지들은 서로 충돌하고 갈등을 빚기도 할 뿐 아니라 각자의 목적을 실현하기 위해 서로를 필요로 하기도 한다. 또 그런 의미에서 각자는 서로에게 수단이 되고 있다. 이러한 시민사회에서 각 개인들은 재화와 용역의 생산 및 교환을 통해, 또 노동분업을 통한 사회적 과정에 참여함으로써 서로 관련을 맺으며 상호 간의 이익을 증진시킨다. 이런 식의 매개와 의존관계 속에서 결국 개인은 단지 사적인 이해관계에만 머물러 있는 것이 아니라, 개별적 의지에 기초하긴 하지만 공동의 이해관계를 맺게 되며 또 이를 추구하게 된다. 그렇기에 시민사회에서는 개인의 사적인 이해관계 및 주관적 자유의 실현 그리고 이러한 공동의 이해관계의 실현을 위한 각종의 기구와 제도들이 수립된다.[68] 말하자면 시민사회는 우선 개인이 추구하는 이익의 극대화라는 원리로부터 설명될 수 있지만, 여기서 그치는 것이 아니라 시민사회에서는 또한 공동의 이해관계와 결부된 보편성이 생겨나게 되며, 이것은 또 공동의 목적을 구현하게 되는 기구들을 통해 객관화되기도 한다는 것이다.

이러한 보편성은 우선 두 가지로 구분하여 설명될 수 있다. **그 하나는** 영국 고전경제학자들의 "보이지 않는 손"과 같은 표현을 떠올리게 하는 일종의 파생적 효과로서, 사적인 이익 추구가 구성원 모두의 이익 및 번영으로 전환된다는 것이다.[69] 그리고 **또 다른 하나는** 시

---

68 여기에는 대표적으로 시장 기능을 위한 제도와 기구들뿐만 아니라, 헤겔에 따르면 개인들 간의 그리고 공동의 이해관계를 조정하고 주관적 자유의 실현을 촉진하며 분쟁을 해결하는 업무를 담당하는 사법기구 및 경찰기구가 포함된다.

69 "[...] 변증법적 운동으로서, 보편자에 의해 특수자가 매개되는 것을 의미한다. 그리

민사회 내에서 한 위치를 점하고 어떤 특정한 직업에 종사하는 개인이 도달하게 되는 보편성이다. 헤겔의 설명에 따르면 시민사회의 개인들은 분업화된 체계 속에서 노동에 종사함으로써 실천적이고 이론적인 "자기형성(Bildung)"에 이르게 된다. 말하자면 이러한 노동을 통해서 개인은 직업적 지식과 숙련은 물론이고, 자기 자신의 관심사에만 머무르는 것에서 벗어나 공동의 목표를 추구하는 존재로서의, 또 자유를 행사하고 실현하는 존재로서의 자기의식을 획득하고 이를 실천하게 되는 일종의 자기형성 과정을 거치게 된다. 여기에서 개인은 그가 단지 자기 자신만의 협소한 이해관계에 국한된 존재가 아니라 보편적 관심사와 관련된 존재라는 자기의식을 획득한다. 시민사회에 속한 존재로서 노동을 통해 인간이 이렇듯 보편적 관점에 도달한다는 점에서 보면, 시민사회는 특수성의 원리가 지배하는 영역이기는 하지만 일종의 보편성과 관계하고 있다는 점이 드러나게 되며, 이것은 곧 시민사회가 단지 개인적 이익추구의 각축장으로서만 존재하는 것이 아님을 말해준다. 그러나 이러한 보편성이란 일종의 우연적 산물로서 시민사회를 추동해나가는 가장 근본적인 원리라고는 볼 수 없다. 그런데 사실상 이런 식으로 묘사된 공동체로서의 시민사회는 일종의 "국가"라고 지칭될 수도 있으며,[70] 헤겔은 이를 그가 말하는 진정한 의미에서의 국가, 즉 이성적 국가와 구분하여 "오성국가"라고 부르고 있기도 하다.[71] 이렇듯 헤겔이 "오성국가"라는 명칭을 사

하여 각자가 자기를 위하여 획득하고 생산하며 향유함으로써 그것은 동시에 나머지 모든 이들의 향유를 위해 생산하고 취득하는 것이 된다." GPR, § 199.

70 헤겔에 따르면 시민사회는 사실상 사회계약론자들이 말하는 "국가"에 다름 아니다.

71 GPR, § 183.

용한다는 것은 그가 시민사회를 한편으로 보다 낮은 단계의 국가로 본다는 것을 의미하는 것인데, 그렇다면 헤겔은 그가 말하는 진정한 의미의 국가, 이성적 국가를 시민사회와 어떻게 구분하고 있는가?

헤겔에 따르면 우선 국가는 시민사회와는 달리 보편적인 것을 목표로 삼는다. 우리는 바로 앞의 단락들에서 시민사회에서도 일종의 보편성이 추구되고 있음을 보았는데, 거기에서 도달하게 되는 보편성은 일종의 파생적·비의도적인 보편성이었다면, 국가에서 추구되는 것은 처음부터 보편적·이성적인 것으로 상정된 공적 목적들이다. 따라서 국가적 차원에서는 개인들도 단지 사적 이익을 추구하는 존재가 아니라 이성적이고 공적인 목적을 추구하며 공동체 전체를 고려하는 구성원으로 간주된다. 물론 다른 한편으로는 시민사회나 개인들이 모두 국가 안에 속해 있으므로 국가의 구성원으로서의 개인들이란 공적 목적의 추구자인 동시에 사적 목적의 추구자이기도 하다. 즉 실제로 개인들이란 사적인 욕구와 공적이고 보편적인 욕구의 달성 모두를 추구하며, 이것들이 언제나 분명히 구분되어 의식되고 있는 것은 아니다. 그러나 개인이 스스로를 시민사회의 일원으로 여기는 것과 국가의 구성원으로 여기는 것 사이에는 그럼에도 불구하고 분명한 차이가 존재한다.

우리가 헤겔의 입장을 따라 생각해본다면, 오성국가로서의 시민사회를 진정한 국가로 간주할 경우 국가의 역할이란 대체로 개인들의 또는 이익집단들의 사적인 이해관계를 조정하고 균형을 유지하는 역할을 하거나 분쟁을 방지하는 정도의 역할을 지니게 된다. 이것은 대체로 자유주의자가 생각하는 국가의 역할이라고 볼 수 있으며, 앞에서도 말했듯이 자유주의가 최소한의 정부를 지향한다는 사실과도 잘 들어맞는다. 그러나 헤겔이 생각하는 이성적인 국가란 구성원들이 자신들의 특수한 욕구들을 실현할 수 있게 하는 일종의 도구가 되는 것이 아니라 그 자체로 공적이고 보편적인 목적을 구현하는 조건이 되어 구성원들을 대표한다는 점에서, 또한 이러한 실현의 주체가 되는 것이다. 그리고 여기서 국가가 설정하는 목적이란 헤겔에 따르자면 궁극적으로는 자유의 실현이다. 그리하여 우리가 흔히 국가 체제를 구성하는 것으로 간주하는 사법, 행정, 입법 등과 관련된 제도들은 궁극적으로는 자유의 실현을 위한 조건인 것이자 그 자체로 자유가 실현된 객관적 대상이기도 하다. 국가 속에서만, 이성적 국가 속에서만 진정한 자유가 실현된다는 헤겔의 주장은 그가 시민사회를 통해서는 또는 시민사회적 원리를 통해서는 자유가 충분히 실현될 수 없다고 간주한다는 것을 함축한다. 그런데 헤겔이 국가와 시민사회를 구분한다는 사실은 그가 양자를 단지 분리하기만 하거나 또는 단지 전자를 후자의 우위에 놓기만 한다는 것을 뜻하는 것이 아니다. 시민사회란, 그에 따르면 국가의 한 계기, 다시 말해서 국가를 이루는 한 측면이기 때문이다. 따라서 국가에서만 충분히 실현되는 자유, 즉 이성적 자유 역시 시민사회에 상응하는 주관적 자유를 단지 도외시하는 데서 성립되는 것은 아니다. 그가 생각하는 이성적 자유란 오히려 특수성에 기초하는 주관적 자유를 이성적 차원 속에서 통합한 것을 의미한다. 그렇기에 그는 근대 국가가 지녀야 할 원리적 측면에 대해 다음과 같이 말하고 있는 것이다.

> 근대 국가의 원리는 다음과 같은 엄청난 강력함과 깊이에 놓여 있는 것인데, 이것은 주관성의 원리를 개인적 특수성이라는 자립적인 극단

에까지 이르도록 완성시키고 또한 동시에 이를 실체적인 통일성으로 다시금 복귀시켜, 이 원리 자체 속에 이러한 통일성을 유지시키는 강력함과 깊이인 것이다.[72]

5. 맺는말

지금까지 헤겔이 자유주의에 가하는 비판, 정확히 말하면 자유주의가 기초하고 있는 원리들에 대한 비판을 토대로 이에 관련된 헤겔의 입장을 서술하고 그의 비판이 갖는 성격과 그 타당성에 대해 고찰해 보았다.

헤겔이 행하는 비판의 근저에는 그 자신의 자유 개념이 놓여 있으며, 그의 비판은 보다 구체적으로 말하자면 자유주의의 기반에 놓여 있는 개인주의 그리고 사회계약론에 입각한 자유주의적 국가관을 겨냥하고 있다. 그러나 그의 비판적 입장이 곧 반자유주의로 귀착되는 것은 아니다. 그는 오히려 자유주의의 불충분성을 지적하고 있는 것이며, 이러한 불충분성을 논할 때 그가 기준으로 삼는 것은 무엇보다도 자유의 실현이다. 그는 인간의 윤리적·실천적 차원의 최고원리를 자유로 규정하며, 자유주의의 근저에 놓인 주관적 자유 개념은 인간의 이성적 본질을 충분히 표현하지 못한다고 보고 있다. 그런 까닭에 헤겔에 따르면 이러한 주관적 자유의 일방적인 강조와 조장은 오

---

72 GPR, § 260.

히려 인간의 이성적 본질을 왜곡시킬 수 있는 것이며, 이러한 왜곡의 가능성은 시민사회적 차원에서는 현실적으로 상존한다. 그리고 이러한 왜곡의 극복과 치유는 보다 높은 차원, 즉 국가의 차원에서 이루어질 수 있는데, 그런 의미에서 헤겔은 국가에 인간의 윤리적·실천적 차원 전반에 관련된 과제와 역할을 부여한다.

사실상 자유주의라는 것 역시 시대의 흐름에 따라 많은 변화를 겪었으며, 또 이에 따라 자유주의는 여러 유형으로 진화되었다고 볼 수도 있다. 그렇지만 어떤 유형이 되었든 그것이 자유주의인 한 그것의 원리적 측면은 변함없이 유지되고 있다고 할 수 있으며, 그런 한에서 헤겔의 자유주의 비판이 가질 수 있는 유효성 역시 헤겔 당대에만 국한되는 것은 아니다. 게다가 오늘날처럼—헤겔식 표현을 따르자면—주관적인 특수성의 자유가 강조되고 한 사회의 특권적 계층이나 이익집단이 자유와 민주주의의 이름으로 사적인 이익을 극대화할 위험이 상존하는 때에는, 또한 시장경제의 원리가 사회의 온갖 부문에 침투하여 국가 전체가 이러한 원리에 따라 움직일 수밖에 없는 것이 아닌가 하는 우려를 낳는 때에는 헤겔의 자유주의 비판이 갖는 유효성이 오히려 더 커진다고 볼 수도 있다.

오늘날 자유주의 또는 신자유주의의 파고가 드높지만, 다른 한편으로 보면 양도할 수 없는 국가의 역할 또한 강조되고 있음을 우리는 목도하고 있다. 시장의 원리에만 맡겨둘 수 없는 공적인 과제들, 예를 들자면 교육·복지와 같은 보편적이고 공적 목적을 지닌 과제와 관련하여 혹은 경제 전반의 운영과 관련하여 국가 또는 국가적 기구의 적극적인 개입과 역할이 요구될 때 우리는 헤겔의 이론을 상기하게 되는데, 그는 시민사회와 국가가 각기 담당하는 기능과 역할을 분명히 구분하여 시민사회의 원리가 국가의 활동까지 지배해서는 안 된다는 것을 체계적으로 제시한 바 있다. 그런 한에서 헤겔의 자유주의 비판 속에 담겨 있는 실천철학적 통찰들은 오늘날에도 여전히 그 생명력을 잃지 않고 있다고 말할 수 있을 것이다.

❁ 참고문헌

1차문헌

Hegel, G. W. F., *Grundlinien der Philosophie des Rechts* (=GPR), Bd. 7 der von E. Moldenhauer und K. M. Michel besorgten Theorie-Werkausgabe (=TWA), Frankfurt, a. M., Suhrkamp, 1969ff.

———, *Grundlinien der Philosophie des Rechts*, hrsg. von Georg Lasson, 3. Auflage, Leipzig, Felix Meiner, 1930.

———, *Grundlinien der Philosophie des Rechts*, hrsg. von Johannes Hoffmeister, 4. Auflage, Hamburg, Felix Meiner, 1955.

———, *Hegel's Philosophy of Right*, trans. by Thomas M. Knox, Oxford, Clarendon Press, 1952.

———, *Elements of the Philosophy of Right*, ed. by Allen W. Wood, trans. by H. B. Nisbet, New York, Cambridge University Press, 1991.

———, 『법철학』, 임석진 역, 한길사, 2008.

———, 『법철학 강요』, 권응호 역, 홍신문화사, 1990.

———, *Vorlesungen über Rechtsphilosophie 1818-1831*, Edition und Kommentar in sechs Bänden von Karl-Heinz Ilting, Stuttgart, Frommann-Holzboog, 1973-1974.

———, *Wissenschaft der Logik* I, TWA, Bd. 5.

———, *Wissenschaft der Logik* II, TWA, Bd. 6.

———, *Enzyklopädie der philosophischen Wissenschaften im Grundrisse* 1830 (Erster Teil: Die Wissenschaft der Logik mit den mündlichen Zusätzen) (=Enz. I), TWA, Bd. 8.

———, *Enzyklopädie der philosophischen Wissenschaften im Grundrisse* 1830 (Dritter Teil: Die Philosophie des Geistes mit den mündlichen Zusätzen) (=Enz. III), TWA, Bd. 10.

———, *Vorlesungen über die Philosophie der Geschichte* (=VPG), TWA, Bd. 12.
———, *Vorlesungen über Ästhetik* I (=Ä I), TWA, Bd. 13.
———, *Vorlesungen über die Geschichte der Philosophie* II (=VGP II), TWA, Bd. 19.
———, *Vorlesungen über die Geschichte der Philosophie* III (=VGP III), TWA, Bd. 20.
———, *Jenaer Systementwürfe* III, Gesammelte Werke, Bd. 8, hrsg. von R. P. Horstmann, Hamburg, Felix Meiner, 1976.
———, *Die Vernunft in der Geschichte*, hrsg. von Johannes Hoffmeister, Hamburg, Meiner, 1955.
———, *Jenaer Realphilosophie*, hrsg. von Johannes Hoffmeister, Hamburg, Meiner, 1969.
Kant, I., *Kritik der reinen Vernunft*, hrsg. von Raymund Schmidt, Hamburg, Meiner, 1956.
———, *Werke in sechs Bänden* (=WS), hrsg. von W. Weischedel, Darmstadt, Wissen-schaftliche Buchgesellschaft, 1956-1964 (Nachdruck, 1983).
———, *Kritik der praktischen Vernunft*, WS, Bd. IV.
———, *Grundlegung zur Metaphysik der Sitten*, WS, Bd. IV.
———, *Metaphysik der Sitten*, WS, Bd. IV.
———, *Idee zu einer allgemeinen Geschichte in weltbürgerlicher Absicht*, WS, Bd. VI.
———, *Über den Gemeinspruch: Das mag in der Theorie richtig sein, taugt aber nicht für die Praxis*, WS, Bd. VI.

2차문헌

필러, G., 「헤겔의 시민사회와 국가의 구별에 관한 새로운 숙고」, 『헤겔연구』 제9호(『헤겔과 근대정신』), 2000, 239-271쪽.
김준수, 「헤겔의 시민사회론: 시민사회의 이중적 성격과 시민정치의 가능성」, 『시민과 세계』 제5호, 2004, 344-345쪽.
———, 『헤겔: 정신의 체계, 자유와 이성의 날개를 활짝 펼치다』, 한길사, 2015.
나종석, 『차이와 연대: 현대 세계와 헤겔의 사회·정치철학』, 길, 2007.
루카치, G., 『청년 헤겔 1』, 김재기 역, 동녘, 1986.
마르크스, 칼, 『경제학-철학수고』, 김태경 역, 이론과 실천, 1987.
스미스, 애덤, 『국부론』, 김수행 역, 동아출판사, 1993.
에드워즈, 마이클, 『시민사회』, 서유경 역, 동아시아, 2005.

에렌버그, 존, 『시민사회, 사상과 역사』, 김유남, 주미영, 이상환 역, 아르케, 2002.
이재성, 「헤겔의 정치철학-헤겔은 자신의 국가철학을 어떻게 정당화시키고 있는가?」, 『헤겔연구』 제21호, 2007, 85-116쪽.
이정은, 「헤겔 법철학에서 시민사회와 국가의 매개체」, 『헤겔연구』 제12호, 2002, 247-278쪽.
임재진, 「헤겔에서의 시민사회와 국가」, 『범한철학』 12집, 1996, 191-219쪽.
정대성, 「청년 헤겔의 유기체론이 갖는 정치철학적 의미」, 『헤겔연구』 제28호, 2010, 139-162쪽.
코헨, 진 L., 아라토, 앤드루, 『시민사회와 정치이론 1』, 박형신, 이혜경 역, 한길사, 2013.
홍영두, 「헤겔과 자유주의」, 『시대와 철학』, Vol. 13, 2002, 353-414쪽.
후쿠야마, 프랜시스, 『역사의 종말』, 이상훈 역, 한마음사, 1992.

Anderson, J., "Hegel's Implicit View on How to Solve the Problem of Poverty: The Responsible Consumer and Return of the Ethical to Civil Society", R. R. Williams (ed.), *Beyond Liberalism and Communitarianism: Studies in Hegel's Philosophy of Right*, Albany, State University of New York Press, 2001, pp. 185-206.
Arato, A., "A Reconstruction of Hegel's Theory of Civil Society", D. Cornell, M. Rosenfeld, and D. Gray Carlson (eds.), *Hegel and Legal Theory*, New York, Routledge, 1991, pp. 301-320.
Avineri, Shlomo, *Hegel's Theory of the Modern State*, Cambridge, Cambridge University Press, 1972.
Bellamy, R., "Hegel and Liberalism", in R. Stern (ed.), *G. W. F. Hegel: Critical Assessments*, Vol. 4, London and New York, Routledge, 1993, pp. 325-344.
Berlin, I., *Four Essays on Liberty*, London and New York, Oxford University Press, 1969.
Bernasconi, Robert, "With What Must the Philosophy of World History Begin? On the Racial Basis of Hegel's Eurocentrism", *Nineteenth-Century Contexts*, Vol. 22, 2000, pp. 171-201.
Black, Anthony, "Concepts of Civil Society of Pre-modern Europe", Sudipta Kaviraj and Sunil Khilnani (eds.), *Civil Society: History and Possibilities*, Cambridge and New York, Cambridge University Press, 2009, pp. 33-38.
Creuzer, Friedrich, *Symbolik und Mythologie der alten Völker, besonders der Griechen*, 4 Bde., Leipzig und Darmstadt, Heyer und Leske, 1810/1812.
Dallmayr, F., "Rethinking the Hegelian State", D. Cornell, M. Rosenfeld, and D. Gray Carlson (eds.), *Hegel and Legal Theory*, New York, Routledge, 1991, pp. 321-346.

Drüe, H. et al., *Hegels "Enzyklopädie der philosophischen Wissenschaften" (1830): Ein Kommentar zum Systemgrundriss*, Frankfurt a. M., Suhrkamp, 2000.

Durst, D. C., "The End(s) of the State in Hegel's Philosophy of Right", R. R. Williams (ed.), *Beyond Liberalism and Communitarianism: Studies in Hegel's Philosophy of Right*, Albany, State University of New York Press, 2001, pp. 229-248.

Elliott, Carolyn M., *Civil Society and Democracy: A Reader*, Oxford and New York, Oxford University Press, 2006.

Ferguson, A., *An Essay on the History of Civil Society*, ed. by F. Oz-Salzberger, Cambridge, Cambridge University Press, 1995.

Franco, P., "Hegel and Liberalism", *The Review of Politics*, Vol. 59, pp. 831-860.

Hardimon, M. O., *Hegel's Social Philosophy: The Project of Reconciliation*, Cambridge and New York, Cambridge University Press, 1994.

Hartmann, Klaus, "Towards a New Systematic Reading of Hegel's Philosophy of Right", Z. A. Pelczynski (ed.), *The State and Civil Society: Studies in Hegel's Political Philosophy*, Cambridge, Cambridge University Press, 1984, pp. 114-136.

Haym, R., *Hegel und seine Zeit*, Berlin, Rudolph Gaertner, 1857.

Heiman, G., "The Sources and Significance of Hegel's Corporate Doctrine", Z. A. Pelczynski (ed.), *Hegel's Political Philosophy: Problems and Perspectives*, Cambridge, Cambridge University Press, 1971 (1976 printing), pp. 1-29.

Hobbes, Thomas, *Leviathan*, ed. by M. Oakeshott, Oxford, Blackwell, 1957.

———, *On the Citizen*, ed. and trans. by Richard Tuck and Michael Silverthorne, Cambridge, Cambridge University Press, 1998.

Honneth, A., *Leiden an Unbestimmtheit: eine Reaktualisierung der Hegelschen Rechtsphilosophie*, Stuttgart, Reclam, 2001.

Ilting, K.-H., "The Structure of Hegel's 'Philosophy of Right'", Z. A. Pelczynski (ed.), *Hegel's Political Philosophy: Problems and Perspectives*, Cambridge, Cambridge University Press, 1971 (1976 printing), pp. 90-110.

Inwood, M. J., "Hegel, Plato and Greek 'Sittlichkeit'", in Z. A. Pelczynski (ed.), *The State and Civil Society: Studies in Hegel's Political Philosophy*, Cambridge, Cambridge University Press, 1984, pp. 40-54.

Jaeger, Hans-Martin, "Hegel's Reluctant Realism and the Transnationalisation of Civil Society", *Review of International Studies*, Vol. 28, 2002, pp. 497-517.

Kaufmann, W. (ed.), *Debating the Political Philosophy of Hegel*, New Brunswick, Transaction Publishers, 2010.

Keane, John (ed.), *Civil Society and the State: New European Perspectives*, London, Verso, 1988.

Kolb, David, *The Critique of Pure Modernity: Hegel, Heidegger, and After*, Chicago, University of Chicago Press, 1991.

Kowalski, M. G., "Substantial Freedom as Identity of Rights and Duties", in Philip T. Grier (ed.), *Identity and Difference: Studies in Hegel's Logic, Philosophy of Spirit, and Politics*, Albany, State University of New York Press, 2007, pp. 253-276.

Kumar, K., "Civil Society: An Inquiry into the Usefulness of an Historical Term", *The British Journal of Sociology*, Vol. 44, No. 3, 1993, pp. 376-377.

Locke, John, *An Essay Concerning Human Understanding*, ed. with an introd. by Peter H. Nidditch, Oxford, Clarendon Press, 1975.

———, *Second Treatise of Government and a Letter Concerning Toleration*, ed. by J. W. Gough, Oxford, Basil Blackwell, 1976.

———, *Two Treatises of Government*, ed. by Peter Laslett, Cambridge, Cambridge University Press, 1993.

Maihofer, W., "Hegels Prinzip des modernen Staates", M. Riedel (Hrsg.), *Materialien zu Hegels Rechtsphilosophie*, Bd. 2, Frankfurt a. M., Suhrkamp, 1975, pp. 361-392.

Marx, Karl, *Das Kapital I*, vierte durchgesehene Auflage, Hamburg, Verlag von Otto Meissner, 1890.

Moyar, D., "Die Verwirklichung meiner Autorität: Hegels komplementäre Modelle von Individuen und Institutionen", in C. Halbig, M. Quante, und L. Siep (Hrsg.), *Hegels Erbe*, Frankfurt a. M., Suhrkamp, 2004, pp. 209-253.

Neuhouser, F., "Hegel's Social Philosophy", F. C. Beiser (ed.), *The Cambridge Companion to Hegel and Nineteenth-Century Philosophy*, Cambridge and New York, Cambridge University Press, 2008, pp. 204-229.

O'Hagen, T., "On Hegel's Critique of Kant's Moral and Political Philosophy, in S. Priest (ed.), *Hegel's Critique of Kant*, Oxford, Clarendon Press, 1987, pp. 135-159.

Parkinson, G. H. R., "Hegel's Concept of Freedom", in M. Inwood (ed.), *Hegel*, Oxford and New York, Oxford University Press, 1985, pp. 153-173.

Patten, A., *Hegel's Idea of Freedom*, Oxford, Oxford University Press, 2006.

Pelczynski, Zbigniew A. (ed.), *Hegel's Political Philosophy: Problems and Perspectives*, Cambridge, Cambridge University Press, 1971 (1976 printing).

———, "The Hegelian Conception of the State", Z. A. Pelczynski (ed.), *Hegel's Political Philosophy: Problems and Perspectives*, Cambridge, Cambridge University Press, 1971

(1976 printing), pp. 1-29.

——— (ed.), *The State and Civil Society: Studies in Hegel's Political Philosophy*, Cambridge, Cambridge University Press, 1984.

———, "Introduction: The Significance of Hegel's Separation of the State and Civil Society", Z. A. Pelczynski (ed.), *The State and Civil Society: Studies in Hegel's Political Philosophy*, Cambridge, Cambridge University Press, 1984, pp. 1-13.

———, "Political Community and Individual Freedom in Hegel's Philosophy of State", in R. Stern (ed.), *G. W. F. Hegel: Critical Assessments*, Vol. 4, London and New York, Routledge, 1993, pp. 248-273.

Pippin, R. B., *Modernism as a Philosophical Problem: On the Dissatisfactions of European High Culture*, Cambridge, MA., Blackwell, 1991.

———, "Hegel's Practical Philosophy: The Realization of Freedom", in K. Ameriks (ed.), *The Cambridge Companion to German Idealism*, Cambridge and New York, Cambridge University Press, 2000, pp. 180-199.

Popper, K., *The Open Society and Its Enemies*, London, Routledge, 1962.

Rawls, John, *Lectures on the History of Moral Philosophy*, Cambridge, MA., Harvard University Press, 2000.

Riedel, M., "Hegels Begriff der bürgerlichen Gesellschaft und das Problem seines geschichtlichen Ursprungs", M. Riedel (Hrsg.), *Materialien zu Hegels Rechtsphilosophie*, Bd. 2, Frankfurt a. M., Suhrkamp, 1975, pp. 247-275.

———, *Zwischen Tradition und Revolution: Studien zu Hegels Rechtsphilosophie*, Stuttgart, Klett-Cotta, 1982.

Riley, P., *Will and Political Legitimacy: A Critical Exposition of Social Contract Theory in Hobbes, Locke, Rousseau, Kant, and Hegel*, Cambridge, MA., Harvard University Press, 1982.

Ritter, J., *Hegel und französische Revolution*, Frankfurt a. M., Suhrkamp, 1965 (『헤겔과 프랑스혁명』, 김재현 역, 한울, 1982).

Rosenkranz, Karl, *Hegel's Leben*, Darmstadt, Wissenschaftliche Buchgesellschaft, 1977.

Rosenzweig, Franz, *Hegel und der Staat*, hrsg. von Frank Lachmann, Berlin, Suhrkamp, 2010, pp. 397-399.

Rousseau, J.-J., *Social Contract*, in *The Basic Political Writings*, trans. by D. Cress, Indianapolis, Hackett Pub. Co., 1987.

Ruda, Frank, *Hegels Pöbel: Eine Untersuchung der "Grundlinien der Philosophie des Rechts"*, Konstanz, Konstanz University Press, 2011.

Schacht, R. L., "Hegel on Freedom", in A. MacIntyre (ed.), *Hegel: A Collection of Critical Essays*, Notre Dame, University of Notre Dame Press, 1972, pp. 289-328.

Schiller, J. Ch. F., *Über die ästhetische Erziehung des Menschen in einer Reihe von Briefen* in *Sämtliche Werke*, Bd. 5, München, Carl Hanser Verlag, 1989.

Schnädelbach, Herbert, *Hegels praktische Philosophie*, Frankfurt a. M., Suhrkamp, 2000.

Sedgwick, S., "On the Relation of Pure Reason to Content: A Reply to Hegel's Critique of Formalism in Kant's Ethics", *Philosophy and Phenomenological Research*, Vol. 49, 1988, pp. 59-80.

———, "Metaphysics and Morality in Kant and Hegel", in S. Sedgwick (ed.), *The Reception of Kant's Critical Philosophy: Fichte, Schelling, and Hegel*, Cambridge and New York, Cambridge University Press, 2000, pp. 306-323.

———, "The State as Organism: The Metaphysical Basis of Hegel's Philosophy of Right", *The Southern Journal of Philosophy*, Vol. 39, 2001, pp. 171-188.

———, "Hegel's Critique of Kant: An Overview", in G. Bird (ed.), *A Companion to Kant*, Malden, Blackwell, 2006, pp. 473-485.

Siep, L., "Die Aktualität der praktischen Philosophie Hegels", in W. Welsch und K. Vieweg (Hrsg.), *Das Interesse des Denkens: Hegel aus heutiger Sicht*, München, Fink, 2003 (2007 printing), pp. 191-204.

Simone, Chambers and Kymlicka, Will (eds.), *Alternative Conceptions of Civil Society*, Princeton, Princeton University Press, 2002.

Smith, S. B., *Hegel's Critique of Liberalism: Rights in Context*, Chicago and London, University of Chicago Press, 1989.

Stewart, J. (ed.), *The Hegel Myths and Legends*, Evanston, Northwestern University Press, 1996.

Taylor, C., *Hegel*, Cambridge, Cambridge University Press, 1975 (『헤겔』, 정대성 역, 그린비, 2014).

———, *Hegel and Modern Society*, Cambridge, Cambridge University Press, 1979 (reprinted 1985).

———, "Atomism", in *Philosophy and Human Sciences: Philosophical Papers*, Vol. 2, Cambridge, Cambridge University Press, 1985, pp. 185-210.

———, "Kant's Theory of Freedom", *Philosophy and Human Sciences: Philosophical Papers*, Vol. 2, Cambridge, Cambridge University Press, 1985.

———, "Hegel's Ambiguous Legacy for Modern Liberalism", in R. Stern (ed.), *G. W. F. Hegel: Critical Assessments*, Vol. 4, London and New York, Routledge, 1993, pp.

345-360.

Teichgraeber, R., "Hegel on Property and Poverty", *Journal of the History of Ideas*, Vol. 38, No. 1, 1977, pp. 47-64.

Tibebu, Teshale, *Hegel and the Third World: The Making of Eurocentrism in World History*, Syracuse, Syracuse University Press, 2011.

Varty, J., "Civic or Commercial? Adam Ferguson's Concept of Civil Society", Robert Fine and Shirin Rai (eds.), *Civil Society: Democratic Perspectives*, London, FRANC CASS, 1997.

Waszek, Norbert, *The Scottish Enlightenment and Hegel's Account of 'Civil Society'*, Dordrecht, Kulwer Academic Publishers, 1988.

Williams, R. R. (ed.), *Beyond Liberalism and Communitarianism: Studies in Hegel's Philosophy of Right*, Albany, State University of New York Press, 2001.

Wolff, M., "Hegels staatstheoretischer Organizismus", *Hegel-Studien* 19, 1984, pp. 147-177.

Wood, A. W., "The Emptiness of the Moral Will", *Monist* 72, 1989, pp. 454-483.

———, *Hegel's Ethical Thought*, Cambridge and New York, Cambridge University Press, 1990.

———, "Hegel's Ethics", in F. C. Beiser (ed.), *The Cambridge Companion to Hegel*, Cambridge and New York, Cambridge University Press, 1993, pp. 211-233.

❁ 찾아보기

[ㅅ]

[ㅇ]

[ㅈ]

게오르크 빌헬름 프리드리히 헤겔(Georg Wilhelm Friedrich Hegel, 1770-1831)

칸트와 함께 독일 근대 철학을 대표하는 철학자로서, 독일 관념론의 완성자로 평가된다. 1770년 독일 슈투트가르트에서 태어났으며, 튀빙엔 신학교에서 수학한 후 스위스의 베른과 독일의 프랑크푸르트에서 가정교사 시절을 보냈다. 이때 영국의 고전경제학에 관한 책들을 연구했으며, 종교와 정치에 관한 여러 단편들을 남겼다. 1808년부터 1816년까지 뉘른베르크의 한 김나지움에서 교장직을 수행한 후, 2년간 하이델베르크 대학에서 교수직을 역임하였다. 1818년 베를린 대학의 정교수로 취임하면서 자신의 철학적 생애의 전성기를 맞이하였으며, 이 시기에 그의 실천철학적 명저 『법철학(*Grundlinien der Philosophie des Rechts*)』을 출간하였다. 1831년 콜레라로 사망하였으며, 이후 철학사의 전개에 지속적이고도 심대한 영향을 끼쳤다. 헤겔의 철학체계는 논리학, 자연철학, 정신철학의 세 부분으로 이루어지며, 그의 철학은 자연, 역사, 정신의 영역 전체를 부단한 운동과 변화, 발전의 과정으로 서술하고, 그것들의 내적 연관성을 파악하려는 거대한 시도라고 할 수 있다. 주요 저서로는 『법철학』 외에 『정신현상학(*Phänomenologie des Geistes*)』, 『논리학(*Wissenschaft der Logik*)』, 『엔치클로페디(*Enzyklopädie der philosophischen Wissenschaften im Grundrisse*)』 등이 있다.

박배형(Park, Bai Hyoung)

서울대학교 경제학과와 같은 대학교 미학과 대학원을 졸업하고, 독일 빌레펠트 대학에서 철학박사학위를 받았다. 미학과 정치철학, 형이상학 및 인식론의 주제들에 대해 연구하고 있으며, 현재 서울대학교 인문학연구원 HK연구교수로 재직 중이다. 주요 논문으로는 「인식능력들의 자유로운 유희-칸트 미학의 한 문제」, 「헤겔의 실천철학에서 국가의 목적에 관하여-시민사회와의 연관성을 중심으로」, 「영원한 평화 그리고 제국주의」, 「칸트의 인식론적 이원론에 대한 헤겔의 비판」, 「세계시민주의에 대한 헤겔의 입장과 타자성」 등이 있으며, 저서로는 『헤겔 미학 개요』, 『미학과 그 외연』(공저), 역서로는 『칸트 미학: 〈판단력비판〉의 주요 개념들과 문제들』, 『문학이론 입문』(공역)이 있다.

❁ 문명총서 발간사

서울대학교 인문학연구원은 2007년 11월 한국연구재단의 인문한국(HK) 사업을 수탁하여 HK문명연구사업단을 출범시켰다. 한국과 아시아, 세계를 향한 문명연구의 허브를 구축하기 위해 '한국 인문학'의 정립을 목표로 인문학 제 분야는 물론 인근 분야의 전공자들까지 한 지붕 아래 모였다.

인문학연구원이 한국 인문학의 도약을 위해 핵심과제로 주목한 것은 문명에 대한 새로운 이해이다. 문명이란 장구한 세월 동안 인류가 일구어낸 정신적·물질적 성과들의 종합이며, 타 문명들과 서로 영향을 주고받으며 진화해온 복합적 실체이다. 이에 대한 심층적인 이해가 선행되지 않는다면, 현재와 미래에 대한 유효적절한 준비와 대응은 불가능하다.

'문명텍스트총서'는 인문학 안팎의 다양한 전공을 가진 우리 연구원의 연구자들이 자신의 영역에서 과거와 현재 문명의 정수와 그에 대한 인식을 담은 중요한 텍스트를 선정하여 번역하고 주해한 결과물이다. 이는 긴 시간의 노동을 요하면서도 성취가 단기간에 가시화되지 않는 우직한 작업이지만, 인류의 유산을 한국화하는 이 같은 작업이 주체적으로 세계문명을 사유하고 새로운 문명을 개척하는 데 발판이 되리라고 믿는다. 문명텍스트총서가 현재와 과거를 엮는 씨줄 놓기 작업이라면, 문명공동연구총서는 인간과 세계를 총체적으로 이해하려는 날줄 얽기라고 할 수 있다. 오랫동안 자신의 분야에서 전문화를 추구했기에 공동연구가 쉬운 일은 아니지만, 문명 이해의 융합적 시각뿐만 아니라 한국 인문학의 새로운 전망을 써 내려가는 방법론을 제시할 수 있기를 희망한 결과물이다. 또한 문명지평총서는 연구원 안팎의 연구자들이 참여한 연구서와 교양서를 아우르고 있다.

아무쪼록 문명총서 시리즈가 동서고금의 문명을 더 깊고 더 넓게 이해하는 창발의 효과를 가져오길 기대하며, 국내외의 학자들이 참여하고 교류하는 열린 연구공간이 되길 바란다.

2014년 4월

서울대학교 인문학연구원 원장